Mit Dutt und Highheels
Abenteuer Stewardess

interconnections

Mit Dutt und Highheels
Abenteuer Stewardess

Höhenflüge, Turbulenzen, Weltspaziergänge

Gabriela Sonntag

interconnections

Zur Autorin

Als Blumenkind Mitte der Siebziger geboren, unternahm die Autorin schon früh abenteuerliche Ausflüge in Wald und Flur. Sammeln von Bucheckern, sonnige Rheinauen, Baumhäuserbauen usw. Und abends verschlag sie Geschichten von Maditas Flugversuchen, Michels Ausflügen zum großen Volksfest nach Kathult und Pippis Abenteuern im Taka Tuka Land. Der Wunsch, die weite Welt zu entdecken, ließ sie nicht mehr los. Da sie fest daran glaubt, dass unsere Träume uns immer den richtigen Weg weisen, entschloss sie sich dazu, „hauptberuflich Weltreisende“ zu werden. Seit geraumer Zeit reist sie nun schon für verschiedene Airlines um die Welt und kümmert sich währenddessen um alle möglichen Probleme ihrer Passagiere. Wenn sie sich nicht gerade rührend um Menschen sorgt oder um die Welt jettet, verbringt sie ihre freie Zeit am allerliebsten bei Salsa, Rumba oder Tango oder widmet sich ihren schriftstellerischen Ambitionen!

Impressum

Reihe »ReiseTops«, Band 22
Gabriela Sonntag
Mit Dutt und Highheels - Abenteuer Stewardess
Höhenflüge, Turbulenzen, Weltspaziergänge

Erste Auflage
2014
ISBN: 978-3-86040-207-8

Umschlagentwurf: Sonja Münkner
Umschlagfoto vorne © Maksim Šmeljov - Fotolia.com
Alle anderen v. der Autorin

Verlag interconnections,
interconnections, Schillerstr. 44, 79102 Freiburg
Tel. +49 761 700 650, Fax +49 761 700 688
info@interconnections.de
www.interconnections.de, www.interconnections-verlag.de
www.reisetops.com

Griechenland neu entdeckt

Landschaften, Menschen, Begegnungen

Griechenland heute, neu erlebt, neu erwandert. Museen und Ruinen natürlich, aber auch die kaum erschlossene Bergwelt mit ihren den Göttern geweihten Gipfeln, Schluchten und heiligen Quellen. Ausgezeichnete Einblicke in die reiche Vogel- und Blumenwelt.
Brochierte Ausgabe, s/w-Foto
136 S
15,90 €

Sex, Mord und Halluzinationen

Traum und Alptraum eines Aussteigers in Venezuela

Ein Frankfurter Banker, beschreibt und verarbeitet in seinem Roman abenteuerliche und lebensgefährliche Erlebnisse während seiner Rucksackreise durch Venezuela.

152 S.
15,90 €

Reise ins Herz Australiens

Menschen, Mythen und Geschichten

Potpourri von Beobachtungen, Begegnungen, Geschichten sowie Hintergründen zur australischen Gesellschaft.
Brochierte Ausgabe

180 S.
15,90 €

interconnections.de

interconnections-verlag.de, > Katalog oder im Buchhandel

USA - Auswanderung auf Zeit

Skurriles, Amüsantes und Liebenswertes aus unserer Zeit mit den Eingeborenen

Ein junges Ehepaar schildert seine Erfahrungen aus dem Leben mit Amerikanern.
Brochierte Ausgabe

Ca. 200 S
15,90 €

Traumland Australien

Auswandern leicht gemacht

Eine deutsche Journalistin, vor Jahren ausgewandert, macht Appetit auf ihre neue Heimat.
Brochierte Ausgabe

144 S.
18 €

Lust auf Frankreich

Leben Arbeit, Urlaub Freizeit. Wie ticken die Franzosen? Wie findet man sich zurecht?
Gesellschaft, Arbeit, reisen, alles, was man wissen muss.
Brochierte Ausgabe

224 S.
18 €

interconnections.de

interconnections-verlag.de, > Katalog oder im Buchhandel

Inhaltsverzeichnis

„Für die das Leben eine Reise ist, für die hört das Abenteuer nie auf!"
„Jede Reise beginnt mit dem ersten Schritt"
„Die größte Sehenswürdigkeit, die es gibt, ist die Welt – sieh sie dir an"
„Entspanne dich. Lass das Steuer los. Trudle durch die Welt. Sie ist so schön"

Kurt Tucholsky

„Der kürzeste Weg zu sich selbst, führt um die Welt herum" Hermann Keyserling
„Nur Reisen ist Leben, wie umgekehrt das Leben Reisen ist" Jean Paul
„Die Welt ist ein Buch und wer nicht reist, sieht davon nur eine einzige Seite" Aurelius Augustinus
„Die Welt gehört dem, der sie genießt!" Giacomo Leopardi

„Willst du fliegen, lass los, was dich nach unten zieht"
„I am going to see the World – Ich geh mir mal die Welt anschauen"

„In Liebe für die wunderbarste Mutter, die immer zusammen mit mir an meine Träume glaubt und für den besten Mann der Welt, meinen allerbesten Freund und größten Unterstützer, ohne dessen Hilfe ich sie niemals hätte umsetzen können und für Gaia – the traveller´s home".

Ein Dank tendiert zu oft dazu, sich verstohlen auf die letzte Seite eines Buches zu schleichen, fast so, als wollte er sichergehen, von niemandem aufgespürt zu werden. Als ich ihm vorschlug, den Auftakt meiner Reise zu markieren, sträubte und wand er sich gewohnheitsmäßig eine Weile, doch ich beharrte – außerdem hatte ich die besseren Argumente!

Daher zuallererst mein Dank an diejenigen, die diese Reise erst möglich machen, für all Eure Liebe, Freundschaft, Unterstützung und Loyalität – eine bessere Crew könnte ich mir nicht wünschen. Ich danke meiner geliebten Mutter, die immer mit mir zusammen an meine Träume glaubt und dem besten Mann auf der Welt, meinem besten Freund und größten Unterstützer, ohne dessen Hilfe ich sie nie hätte umsetzen können.

Aus tiefstem Herzen danke ich den beiden Menschen, denen dieses Buch gewidmet ist, für ihre Begleitung auf der Reise meines Lebens, durch alle Höhenflüge, langen Passagen, Kurztrips, Turbulenzen, Startabbrüche, harten Landungen und den unvermeidlichen gelegentlichen Abstürzen. Das Zusammenleben mit einem leidenschaftlichen Menschen garantiert einige Auf und Abs. An manchen Tagen sieht man den Sonnenaufgang sich golden auf den Tragflächen spiegeln, an anderen wird man kräftig durchgeschüttelt und dann heißt es „bitte fest anschnallen"!
Euch verdanke ich meine unzähligen „Happy Landings"!

Daneben geht mein tiefempfundener Dank an alle meine Freunde, Familienangehörigen und Tanzpartner – danke vor allem Olaf, Michael, Rolf und Heike – die sich über die Jahre so klag- und fraglos meinen Dienstplänen ergeben haben, nie sauer waren, wenn ich ihnen nicht so viel Zeit widmen konnte, wie sie verdient hätten und natürlich all meinen entzückenden Kollegen und Kolleginnen und all unseren wunderbaren Passagieren – danke für alle vertrauten Gespräche, die selbstlose Hilfsbereitschaft, das gemeinsame Lachen und den lebensrettenden Kaffee um fünf Uhr früh!
Und zu guter Letzt danke ich allen meinen bisherigen Lieben, Freunden und Reisebekanntschaften – ihr habt mein Leben unendlich reich gemacht.
Das hier ist für Euch alle – thanks for coming along on the ride!

And thank you, Joshua – you are truly inspiring me!

WELTUMRUNDUNG MIT DUTT, HEELS UND KIRSCHMUND

Müsste ich versuchen, meinen Beruf in einem kurzen, prägnanten Satz zusammenzufassen, wo würde ich vermutlich auf die Beschreibung einer Kollegin im Zeitungsinterview zurückgreifen:

„Du musst deine eigenen Bedürfnisse, wie Schlafen, Essen, Trinken und den Toilettengang, für bis zu 14 Stunden völlig zurückstellen und stattdessen lächelnd eine Kotztüte entgegennehmen!"

„Wie beneidenswert" und „wie schrecklich" sind Aussprüche, die ich regelmäßig höre, wann immer ich von meiner Tätigkeit plaudere. Und beides könnte nicht wahrer sein. „Oh, Sie sind Stewardess? Was für ein absoluter Traumberuf! Da fliegen Sie ja die ganze Zeit zu Traumdestinationen und sehen die ganze Welt! Erzählen Sie doch mal!" So oder ähnlich beginnt jedes Gespräch über meinen Beruf. Meinen Berufsstand umweht ein Hauch von Abenteuer und Aufregung. Stewardessen, wie Piloten, Kreuzfahrtstewards und Kapitäne haftet dieser besondere Geruch an: Der Duft der großen weiten Welt. Alle Augen sind auf uns gerichtet, wenn wir in Uniform und Rollenkoffer das Flughafengebäude betreten. Wir eignen uns ganz wunderbar als Projektionsfläche aller möglichen und unmöglichen Utopien, Wünsche und Ideen. So sehr, dass ein lieber Kollege nach 15 Partys, die unter Fliegeranekdoten verstrichen, auf die Frage nach seinem Beruf nun antwortet: „Ich bin Fahrkartenkontrolleur!"

Ich bin Stewardess und nun erzähle ich: Von einem Job, der so ganz anders ist; der mir alles, von meiner Kraft abfordert. Der mich mit Schlafentzug, Höhenstrahlung, Dauermüdigkeit und herausfordernden Situationen an Bord konfrontiert. Vom Arbeiten am Rand der Erschöpfung.

Aber auch von neuen Horizonten, Begegnungen, Menschen, Ländern, Kulturen, Erlebnissen und Erfahrungen – Tag für Tag. Von Weltendeckungen und Weltspaziergängen. Von einem Leben der Extreme zwischen Schlafmangel und Turbulenzen, Kotztüten und Kindergeschrei aber auch Sonnenaufgängen am Horizont und Sternschnuppennächten über dem ligurischen Meer. Von Winterchaos, Streik und Nachtflugverbot am Flughafen sowie Pferdeausritten durchs mexikanische Hochland und Husky-Schlittenfahrten an der russischen Grenze. Von Abenteuern am anderen Ende der Erde.

Von einem außergewöhnlichen und oft genug extremen, kräftezehrenden, ruhelosen und dennoch meistens glücklichen Leben einer modernen Nomadin in Uniform. In dem das Zuhause die Welt und mein Kleiderschrank der Rollenkoffer ist. Kommen Sie mit auf eine Reise um die Welt, über den Wolken, zwischen Himmel und Erde. Machen Sie sich bereit für …

…halsbrecherische Rikshaw-Fahrten durchs nächtliche Südindien; schwarze Käfer als Delikatessen in Hongkongs und Chinas Garküchen; ausgewachsene Kletterpartien im turkmenischen Gebirge; Paragliding über Steilklippen und den offenen Ozean; Kamelausritte und Bauchtanzauftritte im heißen Wüstensand; Wasserpfeifentausch mit iranischen Eselstreibern; Elefantenritte im indonesischen Dschungel; Walbeobachtungen in British Columbia; argentinischen Tango; wilde Äffchen in Tempelhöhlen; Kinderlachen in äthiopischen Waisenhäusern …
… für Schüttelfrost vor Ermüdung während langer Nachtwachen; fruchtlose Diskussionen über Auswahlessen in der Kabine; erhebende Frühdienste um 2 Uhr früh; Streiks und Winterchaos am Flughafen; Schlafstörungen und verlorenes Zeitgefühl.

„Lass dich verzaubern, flieg durch die Welt", heißt ein schönes Lied. „Lustig ist das Zigeunerleben" ein anderes. Und ein Sprichwort sagt dazu: „Zahme Vögel singen von Freiheit – Wilde Vögel fliegen".

Als hauptberuflich Weltreisende erlebt man so einiges – im Himmel und auf Erden. Begleiten Sie mich also ein Stückchen auf meiner Reise um unseren schönen Globus – mit Dutt und Highheels, mit Etuirock und Rollenkoffer über die Wolken – einmal Himmel und zurück – ermüdend, erschöpfend manchmal, reich, erfüllend ein anderes Mal, immer jedoch ziemlich surreal.

„Ich mach mir die Welt widde widde wie sie mir gefällt", sang damals schon Pippi Langstrumpf. In Anlehnung an mein großes Vorbild aus Kindertagen, dachte ich so bei mir: „Ich geh mir mal die Welt anschauen". Heute ist mein Zuhause die Welt. Kommen Sie ein bisschen mit mir auf Entdeckungsreise. Suchen Sie das Echte, das Authentische. Seien Sie offen für Überraschungen und Zufälle. Seien Sie bereit ein kleines Stück vom Weg abzukommen. Nicht immer allerdings, das sei angemerkt, fliegt man seinen Träumen mit spielerischer Leichtigkeit entgegen. Neben den Welterkundungen und den Höhenflügen warten mitunter recht heftige Gewitterböen und Turbulenzen auf einen. Und trotzdem ist die einzig richtige Zeit, um alle seine Träume zu erfüllen jetzt. Weil Träume eben dazu da sind, dass man sie sich erfüllt. Weil es heißt: „Träume nicht dein Leben, sondern lebe deinen Traum" und „Die Welt gehört dem, der sie genießt" und „Lebe deine Träume dann wird der Weg leicht". Und weil jede Reise mit dem ersten Schritt beginnt.

Hauptberuflich Reisende zu sein ist wahrlich nicht immer nur das reinste Zuckerschlecken – die ganzen letzten Jahre gingen nicht spurlos an meinem Körper vorüber: Früh- und Nachtschichten, Weckrufe um 2, 4, 5 Uhr früh oder um Mitternacht – 12-13 Stunden Flüge, nach einem bereits durchwachten Tag, Höhenstrahlung, Druckluft, Flugzeugessen und ständige Müdigkeit und doch ist es jede einzelne Strapaze wert.

Wie konnte es aber erst soweit kommen, dass ich mit großen Passagier-Flugzeugen in Uniform die verschiedensten Erdteile durchquere? Mein Leben wurde bereits seit frühester Kindheit bestimmt von vier großen Leidenschaften: dem Reisen, dem Schreiben, dem Tanzen und dem Dienst an Menschen und generell Lebewesen. Und davon, an seine persönlichen Träume zu glauben und sich mit ganzem Herzen für diese einzusetzen.

Eines schönen Tages traf ich auf Klaus und Claudia, die eine 16 Jahre lange Weltreise hinter sich hatten. „Abgefahren", ihr mitreißender Erlebnisbericht, wurde zum Bestseller und selbstverständlich ist ihre Geschichte unfassbar, unglaublich und an manchen Stellen surreal, denn sie erlebten hautnah all die Abenteuer von denen der "Normalsterbliche" nicht einmal zu träumen wagt ...
Doch was ich wirklich spürte, was mich zu tiefst ergriff, war die spürbare Energie von zwei Menschen, die alles auf eine Karte gesetzt hatten, um ihren Lebenstraum zu verwirklichen – ihre Botschaft handelte demnach nicht vom Reisen, auch wenn ihr Lebenswunsch so perfekt mit meinem harmonierte. Sie lautete: „Lebt Eure Träume, traut Euch, das Unmögliche zu denken, und dann macht es wahr!!!" So fing es an – und dann habe ich genau das getan.
Heute bin ich ... aber lesen Sie doch einfach selbst:

Höhenflüge, Turbulenzen und Weltspaziergänge

Hallo, ich bin Flugbegleiterin, Stewardess, Saftschubse, Trolley Dolly, wie immer Sie wollen. Ich arbeite in den Lüften, über den Wolken, da wo die Freiheit... Sie wissen schon. Ich bin privilegiert, wie Annett Louisan singt "Fühl dich wunderbar, sei dem Himmel nah, bis die Sterne greifbar sind, frei wie der Wind; flieg so hoch wie nie, folg Deiner Fantasie... hör` auf dein Herz und es trägt dich ganz weit, finde zu dir und lern fliegen dabei". Ich darf um die ganze Welt jetten – heute Indien, morgen Buenos Aires; ich sehe Orte, von denen "Normalsterbliche" nur träumen: Iran, Turkmenistan, Äthiopien ...

Ich flaniere einen Tag in Nizza unter Palmen, um am übernächsten durch die verschneiten Rocky Mountains zu wandern. Florida, Venedig, Mexiko, Brasilien, Bangkok, Helsinki. In meinem Job ist kein Tag wie der andere. Ich arbeite in ständig wechselnden Teams – passt eine Kollegin mir nicht, sehe ich sie vielleicht nie mehr wieder, bei 18.000 Flugbegleitern ist das möglich – unglücklicherweise auch die nicht, die unter Umständen eine gute Freundin hätte werden können.

Ich tanze Tango in Argentinien, Samba in Brasilien, reite durch kakteenbewachsene Weiten in Mexiko und trinke frische Kokosmilch in Thailand – dies alles während der Arbeitszeit. Fragt man mich nach meiner Kleidung, sind meine Schuhe aus Bombay, der Rock aus Mailand und mein Top vom Mitternachtsmarkt in Bangkok. In meinem „Layover“ fahre ich die Ostküste entlang, trinke Apple- und Watermelontinis, besuche die Opern und Nationalmuseen in Moskau und Washington, die Parks und Tempelanlagen in Delhi und Bangalore oder liege mit frisch gepresstem Ananassaft am Pool, den Duft von Oleander in der Nase, während blau-gelbe Falter mich umschwirren und kleine Äffchen in den Bäumen über mir spielen.
Ich bin hauptberuflich Reisende, sehe die ganze Welt, kaufe Datteln und Halwa auf dem Markt in Teheran, frühstücke an der italienischen Lagune, streife zwischen Kühen und bunten Saris umher und nachts trinke ich heißen Karamell-Moccaccino in Argentinien oder Strawberry Margherita in Mexiko. Das ist die eine Seite.

Dafür stehe ich mal morgens um zwei auf, mal um fünf, um sieben oder erst mittags um 12. Ich fliege 4 mal 2 Stunden am Tag Kurzstrecke oder 13 Stunden am Stück ans andere Ende der Welt. Ich stehe verloren in Washington auf der Straße und frage verwirrte Passanten welcher Tag heute ist. Ich habe jegliches Zeitgefühl verloren, habe ständig Hunger und leide unter Schlafdefizit; seitdem ich fliege, war ich nie mehr richtig wach, meist habe ich das Gefühl, wie in Trance herumzuschleichen.

Meine Freundschaften aufrecht zu erhalten ist schwierig, denn wenn ich zuhause bin, schlafe ich – oder schlafe, verbringe die verbleibende Zeit mit meinen Lieben oder bin in meiner 2.Wohnung am Flughafen, falls ich mal wieder um fünf Uhr früh zum Dienst antreten muss oder erst um 10 Uhr früh nach 30 Stunden Wachen und Schlafentzug aus Südamerika vom selbigen komme. Meine Haut hat inzwischen Dellen und Besenreißer und meine Augenringe werden immer tiefer. Mein Gehalt erfordert einen Zweitverdienst – trotz Vollzeit und Schichtzulage und wenn nach zwei Nachtflügen in der Woche mein Wecker um 5 Uhr früh klingelt, denke ich, ich sterbe. Gerade wenn so langsam die Erholung zuhause einsetzt, muss der Koffer neu gepackt werden. Haustiere und Wohnungspflanzen sind nicht mehr möglich. Regelmäßige Termine, wie Theatergruppen oder Formationstanzen einzuhalten: ein Ding der Unmöglichkeit – und die Nachtwache zwischen drei und sechs Uhr früh, nach mehr als 20 Stunden auf den Beinen, fühlt sich fast unmenschlich an.

Dafür erlebe ich an Bord wundervolle Situationen: ein älterer iranischer Herr, der mich zum Zeichen der Dankbarkeit auf Stirn und Wangen küsst; eine kleine runzelige italienische Lady, die mir mit Tränen in den Augen die Hände schüttelt und noch lange nach dem Aussteigen Kusshände zuwirft; die gesamte türkische Reisegruppe, die mir ihre Hände reicht und mir versichert, wie wohl sie sich bei uns gefühlt haben; die Familie, die mich wissen lässt, dass sie den schönsten

Flug ihres Lebens hatten und der Fluggast, der sich bedankt, weil er durch mich seine Flugangst verloren hat. Da ist die indische Reisegruppe, die mir die Nacht mit netten Witzen und Sprüchen versüßt – und dann sind da die Kollegen: Manchmal trifft man Seelenverwandte an Bord, in die man sich sofort "verliebt", dann sitzt man bis tief in die Nacht hinein beim Wein und erzählt sich seine Lebensgeschichte – diese muss man oft erzählen, weil man ja fast nie zweimal die gleichen trifft – und es tut sehr weh, wenn sie sich verabschieden.
Die Kolleginnen, die mit einem in enger Gruppenumarmung stehen und sich nicht lösen können, nach fünf gemeinsamen Tagen; der Kollege, der "beste Freund" Qualitäten hat, einen zum Abschied herumwirbelt und noch festhält, ganz ganz lange. Manchmal muss man schlucken und ab und zu sogar weinen, denn unterschiedliche Dienstpläne, lange Shuttlewege und die manchmal fatale Leichtigkeit, die die Fliegerei mit sich bringt lassen einen nicht auf schnelle Wiedersehen hoffen.

Zum Thema Leichtigkeit und Oberflächlichkeit in ständig wechselnden Teams könnte ich einiges schreiben. Ebenso über den therapeutischen Effekt, den dieses Arbeiten hat. Denn weil man nicht wie in einem Großraumbüro, "für immer" zusammenarbeitet, kann man sich hier öffnen, weil alles irgendwie in der "Anonymität" bleibt. Der Liebhaber, der Ehestreit, die sexuellen Probleme, die psychisch kranke Tochter; die kurze und doch intensive Zeit auf den Umläufen macht es möglich, sich selbst über Themen klarzuwerden, die einen beschäftigen – und in der nächsten Crew kann man dann wieder neu auftreten; es ist quasi möglich, sich jedes Mal neu zu erfinden. Teamstreitereien sind selten, da die Zeit meist zu kurz ist, um alle Marotten und Abgründe der Kollegen kennenzulernen. Auf dem Hinflug ist es die Vorfreude auf das „Layover", auf dem Rückweg denkt man schon an die Lieben daheim. Irgendwie trifft der Alltag nie mit gleicher Härte auf einen ein, wie in einem normalen Job, denn "den Alltag" gibt es so gar nicht wirklich. Die Fliegerei bringt viel Leichtigkeit, aber eben auch Unbeständigkeit und Kurzlebigkeit mit sich.
Meistens macht der Service Spaß und die Gäste sind, ebenso wie die Kollegen, nett, freundlich und hilfsbereit und die Frage nach Kaffee oder Tee wird begleitet von einem strahlenden Lächeln, was so gar nicht schwerfällt, sondern einfach die Freude an meiner Arbeit widerspiegelt. Nie ist sie eintönig, jeder Service, jeder Flug bringt neue Erlebnisse mit sich.

Und dann die ganzen Verantwortlichkeiten – wundervoll. Ich gab einst meine Selbständigkeit auf, in der Hoffnung auf weniger Verantwortlichkeit, aber da hatte ich mich nachhaltig getäuscht! In kaum einem Job der Welt ist man für so viele Dinge verantwortlich: für verspätete und verpasste Flüge, zu wenig Platz zwischen den Sitzen, ausgefallene Monitore, nicht vorhandenes Auswahlessen, für zu dicke Sitznachbarn, zu kleine Ablagefächer, für unfreundliche Bodenmitarbeiter und ausgefallene Computersysteme bei der Onlinebuchung, für verlorenes Gepäck, schreiende Kinder, zu kalte und zu warme Temperaturen an Bord, vergriffene Magazine und vor allem, das Nachtflugverbot – doch darüber ist eine eigene Kolumne zu schreiben.

Man ist Abladeplatz und Projektionsfläche, Kinderbetreuerin und Krankenschwester, Psychotherapeutin und Diplomatin, Kellnerin, Dienerin, Putzfrau, Köchin, Streitschlichterin, Seelsorgerin, Mediatorin, Servicefachkraft und Gastgeberin, Sicherheitsbeauftragte und zu guter Letzt Repräsentantin, Aushängeschild und Visitenkarte der Airline – mit stets perfektem Make-up, Maniküre und strahlendem Lächeln für unsere Gäste – egal in welcher Situation, egal zu welcher Tages- oder Nachtzeit.

Es ist mein Traumjob, naja, fast immer, (der sich allerdings manchmal innerhalb Sekunden zu einem ausgewachsenen Alptraum entwickeln kann) auch jetzt wo ich dies schreibe, um 7 Uhr abends, weil eben aufgewacht und "gefrühstückt", weil erst um 13 Uhr ins Bett gekommen, nach 26 Stunden Schlafentzug.

Die Vögel singen und ich sitze in meiner zerknitterten Uniform, mit der ich vorhin in mein ungemachtes Bett gefallen bin, auf der Terrasse. Ich blicke auf zum Himmel: Über mir macht sich ein Flieger auf zu seiner Reise über die Wolken, dahin, wo die Freiheit nicht immer ganz grenzenlos ist.

Zwischen vollkommener Übermüdung, Kaffeeverbrühungen, Rutschen auf dem Bordfußboden und Wühlen im Müll und dem erhebenden Blick aus dem Fenster: Eisschollen in Grönland, von der Sonne in rosa Licht getaucht oder dem Hindukusch im gleißenden Morgenlicht; zwischen Jetlag und Jetset, zwischen Kaffee und Kaviar, zwischen Sternschnuppen und Sternallianzen, zwischen Stützstrumpfhosen und Highheels, Kotztüten und Kindergeschrei, Übermüdung und Überdrehtheit, Magazinen und Margheritas, Turbulenzen und Sonnenaufgängen am Horizont kommt hier die ungeschminkte und völlig subjektive Wahrheit über das Leben über den Wolken. Bitte machen Sie es sich bequem und stellen Sie Ihre Rückenlehne senkrecht, klappen Sie Ihre Tische hoch und schenken Sie mir einen kurzen Moment Ihre Aufmerksamkeit.

Lassen Sie Ihren Sitzgurt bitte noch solange geschlossen, bis die Anschnallzeichen über Ihnen erloschen sind. Bei Fragen, Wünschen oder Anregungen wenden Sie sich bitte jederzeit vertrauensvoll an Ihre Flugbegleiterin. Ich heiße Sie herzlich Willkommen in meiner Welt, herzlich Willkommen an Bord.

In der Welt daheim

Cocktails statt Emails – Singapore Sling

„How much will I get for chinese Money? – it depends on how much you give me!"

Und über Nacht sieht die Welt ganz anders aus – vor allem fühlt sie sich viel wärmer an als wir, 12 Flugstunden entfernt von Deutschland im eisigen Wintergriff, am Changi Airport in Singapur (dem kleinen Stadtstaat in Südostasien, mit 690 km sogar noch kleiner als Hamburg) ins Freie treten.

Nach der Hitzeperiode der vergangenen Wochen zogen mehrere prall gefüllte Regenwolken über das Land, welches sich dafür revanchiert mit rosarot, buttergelb und himmelblau leuchtenden Blüten und sattgrün blühenden Bäumen …

Ich bin wieder einmal – Überraschung! – in der Welt unterwegs. Diesmal in Singapur und das heißt mit anderen Worten: tropische Gärten erschnuppern, bunte Hindutempel besichtigen, vorgelagerte Inselparadiese erkunden, Korallen bewundern, Singapore Sling trinken am Singapore River, der Seele der Stadt; Kokosnussmilch im Kimono, feilschen um chinesische Seide – währenddessen mein fernes Zuhause in winterlicher Kältestarre verharrt. Mein Zuhause? Der Ort an den ich komme, um aufzutanken, Luft zu holen und auszuschlafen oder all die vielen Orte, in denen ich meine Koffer aus- und wieder einpacke in jedem Erdteil und Kontinent? Mein Zuhause ist inzwischen die Welt! Und hier, gegenüber bonbonbunten Kolonialbauten, mit Mandel- und Kirschblütenzweigen geschmückten Booten auf dem Flüsschen, ist sie gerade wunderschön. In Chinatown reihe ich mich unter die Einheimischen, um mit Ihnen das chinesische Neujahrsfest zu zelebrieren, entzünde Räucherstäbchen um meinen Wünschen – ja, ein paar kleine hab selbst ich noch – auf die Sprünge zu helfen; erweise barfuß Krishna meine Ehre, hülle mich in seidene Kimonos, quetsche mich irgendwie durch die Menschenmassen des Neujahrsmarktes, bewundere wildgesprenkelte Orchideen und strahlende Frangipaniblüten im Botanischen Garten; probiere erst Saris und dann Samosas mit Mangochutney – und bin einen Moment vollständig verwirrt, weil ich schlichtweg vergesse, dass ich mich in Singapur und nicht geradewegs in Delhi befinde – Berufsrisiko! Zu vertraut kommt es mir in Little India vor. Vielleicht etwas weniger wild und laut und verrückt und mit tatsächlich ausweichenden Autos …

Auch auf der Night Safari lässt sich das Gehirn täuschen – die tiefen Gräben sind in der Dunkelheit nicht zu sehen – dafür aber Tiger, Löwen, Hyänen, Elefanten, Nashörner, Nilpferde, Wölfe und Giraffen, nur einen Katzensprung entfernt, inmitten des tropischen Regenwaldes, indem die Natur ihr gesamtes Nachtorchester aufgefahren hat. Der Wald brummt und zirpt, summt und quakt, zwitschert und singt. Maulesel, Rehe, Waschbären und Fischotter kreuzen unseren Weg bevor sie sich in den Schutz der Dunkelheit zurückziehen. Überdimensionale Spinnennetze hängen zwischen den Ästen, kleine Käfer krabbeln durch den Sand, von irgendwoher ruft ein Raubvogel …

Die größte Ausstellung tropischer Orchideen der Welt zeigt sich im Botanischen Garten, Singapore. Sogar Angela Merkel hat hier eine, nach ihr benannte Orchidee, neben Princess Masako und Nelson Mandela. Umgeben von Frangipaniblüten blühen hier fast alle Orchideenarten des Planeten – ich lasse mich verzaubern, um im Anschluss die Bromelien Sammlung und den gesamten botanischen Garten mit seinen verspielt-romantischen Skulpturen, dem Ingwer- und Seerosengarten und seinem Schwanensee zu durchstreifen.

Ein Flug im Singapore Flyer, dem weltweit größten Riesenrad, verspricht mir am Abend Glück und Reichtum; man kann's ja mal ausprobieren ... Denn wer nicht wagt, der nicht gewinnt!

Durchaus interessant ist noch eine kleine Besonderheit, die Singapore zu bieten hat und welche dafür sorgt, dass die Straßen sich dem Besucher wahrhaft im Sonntagsstaat präsentieren: „Littering, Spitting, Smoking", sprich: einfach seinen Müll in die Gegend zu werfen – in anderen Teilen der Welt nur nicht gerne gesehen. Hier warten jedoch recht saftige Geldbußen von 300 – 5000 Singapore Dollar auf die Umweltsünder. Doch damit nicht genug: wem diese eine erste Verwarnung nicht reichen sollte, der darf sich schick machen, um vor Gericht zu erscheinen und sich wahrscheinlich darauffolgenden Arbeitsauflagen beugen. Das Resultat kann sich sehen lassen: eine ziemlich saubere Stadt!

Kokosnuss statt Kopfnuss

16.30 Uhr – gleich geht's zur Arbeit. Ich packe also meinen Koffer: Flip Flops, Hippierock, Bikini ... denn mein Arbeitsplatz bringt mich heute in die Sonne ...

... 18 1/2 Stunden später, nach mehr als 12 Stunden Dienst und 26 Stunden Schlafentzug sitze ich vor einer gigantischen Kulisse, die Erinnerungen an Hongkong weckt, nur sehr viel entspannter, relaxter wirkt; Wolkenkratzer, quietschbunte Autos, Garküchen, Tempel ...

Bangkok Layover. Ein „Layover" ist ein Stopp von mehreren Stunden – Tagen am Zielort selbst, um auf der nächsten Strecke wieder fit zu sein. Dies wird vor allem verständlich bei Flügen von 13 Stunden; selbstredend können wir nicht nonstop wieder zurückfliegen und hier fängt der eigentliche Spaß erst an!

Nach weiteren 11 Stunden Schlaf, erfrischt und ausgeruht unterwegs in Downtown Bangkok. Eigentlich mag ich ja Großstädte nicht so besonders, doch diese hier ist erfrischend anders. Ich lasse mich treiben in der entspannten Stimmung, trinke frische Kokosmilch auf einem der 25 Märkte, denen ich heute noch meinen Besuch abstatten werde ... Wassermelone, Ananassaft, schlendere bis zum Pier; vorbei an noch mehr Garküchen, bunten Straßenmärkten und geschmückten Weihnachtspalmen bei 35 Grad im Schatten.

Vom Sathorn Pier fahren die Boote ab, sowohl die regulären Stadtlinien, als auch die Touristboote – welche man wählt bleibt dem individuellen Geschmack überlassen. Wer es individuell und authentisch mag, so wie ich, steigt ein in die regulären Linienboote, die einen bis in Bangkoks Norden, aber natürlich auch nach Chinatown und zur Khao San Road bringen – günstiger sind sie außerdem – und im glühend roten Sonnenuntergang geht man dann noch einmal an Deck und lässt den Tag ganz entspannt auf dem Wasser ausklingen. Sanfte Brise auf dem Schiff, den Wind in den Haaren und mal wieder ziemlich glücklich.

Halb Bangkok wird zu Fuß erlaufen, bunte Hippiemärkte, Shisha Lounges in der Khao San Road, Straßenküchen an allen Ecken, bunte und goldfarbene Tempel, blühende Parkanlagen. Vom vergangenen Hochwasser zeugen glücklicherweise nur noch ein paar Sandsäcke und einige Pfützen auf der Straße.

Kurz danach frische Litschis mit Granatapfelsaft und gebratenen Nudeln und irgendwie passen sogar die fett gefressenen und entsprechend trägen Kakerlaken hierher. Knapp vor dem Sundowner noch ein kleinen Abstecher in Chinatown und als die Sonne rot leuchtend über dem Wasser untergeht, während ich auf den Wellen an leuchtenden, stillen Booten vorbeigleite, wird mir wieder einmal bewusst, dass ich meine Träume leben darf – dies hier ist wirklich real!

Abseits der Hauptattraktionen und mittendrin im Alltag. Ich biege auf eigene Faust und mit Stadtplan ausgerüstet hier und dort in die Nebenstraßen, die Hinterhöfe ein, vorbei an kleineren Marktständen und Garküchen. Gebratene Nudeln und Frühlingsrollen auf dem bunten Markt in Chinatown, um mich dann zwischen die Hippies auf der Khao San Road zu mischen und mit ihnen Geschichten auszutauschen, in einer der unzähligen Shisha-Lounges, von den schönsten Ecken der Welt.

Weithin bekannt und mein Pflichtprogramm für den heutigen Abend ist vor allem der Pat Pong Nightmarket und wenn man auf die teils aggressiven Sexclubbesitzer nicht reagiert, kann man hier einen traumhaften Abend, inmitten erleuchteter Marktstände, erleben; inklusive Feilschen um Glitzerkrimskrams, Mangosaft, tropischer Wärme, interessanten, lehrreichen Gesprächen mit Künstlern – solange bis einen die Füße nicht mehr tragen und die Augen nicht mehr offenstehen ...

Flohmarkt neben Nightclubs: wem dieses Konzept zu kurios erscheint, der begibt sich lieber auf den Chatuchak Weekend Market, welcher ganztägig gegenüber vom Northern Bus Terminal abgehalten wird und als einer der größten Flohmärkte weltweit gilt. Relativ neu ist auch der Asiatique Night Market. Auf dem gibt's entspannte und angenehme Atmosphäre ohne nervenaufreibende Streitigkeiten mit Sexclubbesitzern.

Mit dem geschätzten Coffeingehalt eines gesamten Jahres im Körper, welches meinen wachen Blick und mein strahlendstes Lächeln für die Gäste auch noch um vier Uhr morgens garantiert, beginnt mein neuer Tag. Nochmal den "laidback vibe" auf Bangkoks Märkten genießen, nochmal frische Kokosmilch bis zum Nachmittag auf der Poolterrasse, bis die Sonne rot hinter der gigantischen Skyline versinkt; Lounge Musik, Frühlingsrollen und Mangosmoothie ... hauptberuflich Reisende sein, dieser Traum ist für mich wahrgeworden.

Nach dem Flug auf dem Weg nach Hause – rechts die Weinberge, schön sieht das aus und fast scheint es unglaublich, dass ich gestern Abend in der Skylounge saß, 35 Grad, Halbschatten, sanfte Brise in den Haaren, Bangkoks Skyline vor Augen und heute früh durch kahle, knorrige Weinberge in der Winterruhe

fahre. Elstern, Raben, Krähen, 4 Grad Celsius, Raureif. Bald werden hier die Schneeflocken vom Himmel fallen und ich freue mich drauf, aber nur weil ich weiß, dass ich es hier nicht aushalten muss, einen ganzen kalten Winter lang. Ich kann mich in den Schnee stellen, den Kopf in den Nacken legen und mir die Schneeflocken auf der Zunge zergehen lassen, die Augen öffnen und mir vorstellen, ich bin Sterntaler;
ich kann Schneeballschlachten machen und bunte Beeren und Eiszapfen in den Weinbergen suchen, weil ja nach ein paar Tagen wieder die Sonne auf mich wartet in Indien, in Thailand, in Brasilien, in Afrika ...

Auf dem Pilgerpfad

Nun bin ich also wieder hier – nicht Hongkong, nicht China, aber doch ganz dicht dran.

Fast fühlt es sich an, als würde man einen alten Schulfreund, welchen man jahrelang nicht gesehen hat, auf der Straße treffen und man sagt: "du hast dich aber gar nicht verändert“! Und dann kehrt man ein, in einen urigen Biergarten und bleibt dort lange zusammen sitzen, redet, trinkt, lacht – trinkt noch ein bisschen mehr und tauscht Erinnerungen aus, an die guten alten, längst vergangenen Zeiten.

So geht es mir heute. Ich bin in Japan gelandet und nach 13 Stunden Schlaf, in denen ich außer dem rosaroten Morgenhimmel, dem silbrigen Vollmond und meinem Hotelzimmer noch nicht so richtig viel gesehen habe, geht's am Morgen frisch, doch nicht ganz so gestärkt, nach Kyoto. Das erste Frühstück wird zum

Reinfall: Algen, Fisch und Seetang sind eher nichts für Nicht-Fischessende Europäer und so beschließe ich spontan zu fasten – als hätte ich es geahnt, wird dieser Tag zur spirituellen Übung, auf ganzer Linie.

Der Aufstieg durch den Wald ist lang und steil; durch 10.000 Tore hindurch steigen wir vorbei an größeren und kleineren Tempeln, Schreinen, Gebetsplätzen, Friedhöfen – Kilometerweit aufwärts und die Zikaden musizieren dazu laut im Wald. Wandelnde Blätter passieren, riesenhafte Spinnenweben mitsamt ihren Bewohnerinnen überziehen den Waldboden, bunte Vögel, Schmetterlinge, Libellen und Hirschkäfer kreuzen unseren Weg, irgendwo in der Ferne hören wir Affen – so viel Leben um uns herum und doch solch eine friedliche Stille, in der immer wieder der Bambus rauscht im Wind ...

"Fastenbrechen" am Philosophenweg mit Pfirsichen und Erdbeersaft. Rast im Schlossgarten an den Wasserspielen, dann von der Nankai Station durch die kleinen Gassen streifen, ein Dejá vú nach dem anderen, nur die Garküchen und die Straßenmärkte fehlen hier, mit den schwarzen Käfern, die über die Töpfe und Pfannen huschen und den tausenden gefälschten Sonnenbrillen, Gürteln, Taschen ...

Ich bin gerne wieder hier, spüre wieder die drückende, heiße, feuchte Luft auf meiner Haut, ich mag den harmonischen, singenden Klang der Sprache und die schönen Menschen, die Höflichkeit, die Rücksichtnahme im dichten Gedränge; Ich mag die Neonreklame gerne in den kleinen Gässchen und die wirr herunterhängenden Kabel, die Wäsche, die auf den Balkonen flattert;

Ich mag die Züge im Feierabendverkehr und die stillen Steingärten mit ihren Wasserspielen; die subtropische Wärme in der Nacht, den erfrischenden Sommerregen, ich mag den großen Regenbogen vor meinem Fenster ...

... und zum Abschied nehmen wir uns in die Arme, küssen uns rechts und links auf die Wange, während wir gemeinsam das Lokal verlassen. Es ist spät geworden, wir halten uns noch kurz an den Händen, dann lösen wir uns voneinander und lächeln uns zu: "Es war sehr sehr schön, dich wiedergesehen zu haben."

Natürlich ist unsere Zeit hier wieder einmal zu kurz. Für Kyoto sollte mindestens eine Woche eingeplant werden, am besten im Herbst oder zur bezaubernden Kirschblüte im April. Wir besichtigen den Fushimi Inari Shrine und laufen ein Stück entlang des Philosophenweges – im Herbst oder April ist ein Spaziergang unter den bunten Bäumen ein absolutes Muss – doch die Sehenswürdigkeiten sind endlos: Die wichtigsten sind wohl der Kinkakuji Tempel, der Ginkakuji Tempel der Kyoto Imperial Palace, das Nijo-jo Castle, der Kiyomizudera Tempel, der Heian Schrein, Matsuo Schrein, Shokokuji Tempel, der Shisendo Tempel und der Shimogoryo Schrein; Theater, Museen, Parks und Märkte und der Botanische Garten erschöpfen einen manchmal in ihrer Angebotsvielfalt – zur Ruhe kommt man wieder mit ein paar Reiscrackern und Frühlingsrollen zu einem Gläschen Sake im Schatten eines Baumes vor einem Brunnen mit türkis schimmernden Riesenlibellen, im Garden of Fine Arts und dem Takaragaike Park mit angelegtem See.

Ein bisschen beschaulicher geht's dagegen in Koyasan zu. Die heiligen Stätten und Pilgerpfade in der Kii Gebirgsregion wurden 2004 von der UNESCO zum Weltkulturerbe erklärt. Das jährliche Lichterfest am 13. August, wenn tausende Kerzen eine mystische Atmosphäre herbeizaubern, sollte man keinesfalls verpassen.

Hauptberuflich Weltreisende

Surreal: Motorenlärm und dröhnendes Hupen wecken mich. Tatsächlich in Indien, nachdem ich gestern noch durch die nebelverhangenen Weinberge gelaufen bin, Eisweintrauben probierend.

Obstfrühstück auf der Terrasse, den Blick über Palmen schweifen lassen und über hunderte bunt schillernde Schmetterlinge, die sich schnell über den ganzen Körper verteilen, große türkisfarbene und kleine gelbe, zartrote und buntgemusterte auf Haaren, Füßen, Schulter und Rock (auch türkisblau).

Und dann ist die Ruhe vorbei ... unser Tuk-Tuk bringt uns mitten hinein ins Leben. In die wilden, lauten, bunten, schillernden, farbenfrohen Marktgassen von Bangalore – schwarz vermummte Frauen, streunende Hunde, verstümmelte Bettler, aufdringliche Händler, die einen an Hemden und Röcken ziehen, festhalten wollen, nicht nachgebend; glitzernde Saris, Nobelhotels zwischen Backpackerhostels und Elendshütten. Haufenweise Müll und Kühe, die am Straßenrand darin Nahrung suchen; grellkitschige Hochzeitsmode à la Bollywood, Smog, ohrenbetäubendes Hupen und dazwischen ein goldglänzender hinduistischer Schrein.

Und auch wenn dies hier mein Leben ist, wird es für mich wohl für immer surrealistisch bleiben – ich sitze auf meinem Balkon, Lichter leuchten, Müdigkeit und Kälte zieht mir in die Knochen, aufgeregtes Stimmengewirr, beruhigendes Brunnenplätschern und mal wieder ziemlich viel Glück.

Indien bei Nacht ist definitiv – auch wenn man bezweifelt hatte, dass dies noch möglich wäre – noch wilder, noch verrückter, allerdings ganz genauso laut. Mofas mit ganzen Familien und Säuglingen drängen sich durch den halsbrecherischen Verkehr in einer männerdominierten Welt. Der Verkehrslärm macht niemals Pause. Die Sternschnuppen anscheinend auch nicht. Der Smog brennt in den Augen, lässt einen kaum atmen. An den Marktständen Unmengen von schillerndem, glänzendem Schmuck und reifen tropischen Früchten in verschwenderischer Fülle. Leuchtende Saris in allen Farben der Welt, Schuhe, Taschen und alte Schneiderstuben neben Krankenhausbarracken in Hinterhöfen ... Samosas und Pakoras mit Mangosaft am Marktstand ... Weltenspaziergänge ...

Sonntag in Bangalore wird zu einem der zauberhaftesten Tage, die man sich so vorstellten kann. Und dies geht so: mittags in ein Tuk Tuk einsteigen und auf Sightseeingtour gehen. Durch den wilden Verkehr, quietschende Reifen auf Slalomfahrten, vorbei an bunten Märkten, Spielplätzen, Imbissbuden und Pashmina Läden, am Ulsoor Lake, durch die Commercial Road, zum Vidhana Soudha und zum Bangalore Palace. Frischer „Pineapple Juice“ und Veggie-Sandwich am Marktstand; zusammen schlendern durch den Cubbon Park, Krähen und Streifenhörnchen beobachten ... Im Botanischen Garten wird samstags abends klassische indische Musik gespielt – leider ist heute Sonntag.

Auf dem Markt in der Commerce Street, findet sich wirklich alles, was das Herz begehren könnte, von leckeren Samosas mit Mangodip bis zur Bollywood Filmmusik, klimperndem Modeschmuck und kostbaren Pashminas ... inklusive frei herumlaufender Kühe zwischen glitzerndbunten Saris.

Zu guter Letzt lassen wir uns zum Iskcon Tempel, etwa 45 Tuk-Tuk Minuten vor den Stadttoren, kutschieren. Ein VIP Ticket für einen Tempel zu erwerben, klingt erstmal kurios, aber nur solange, bis man die Menschenmassen auf den Tempelstufen erblickt und hinter der Absperrung an ihnen vorbeischreitet. Nicht nötig, falls man einen ganzen Tag zum Anstehen hat – für eine Stewardess kurz vor ihrem nächsten Pick-up, ist das Geld wirklich gut angelegt. Zudem bringt uns dieses gleich noch in den Genuss von extra Prasadam und einer ganz privaten Segnung – und wer könnte eine solche nicht gebrauchen! Um Schuhe und Kameras ärmer, dafür an bunten Bildern reicher, beginnt der lange Aufstieg durch endlos scheinende Menschenmassen über hohe Treppen und gewundene Gänge stetig nach oben, fast sinnbildlich, bis wir schließlich am Ende unserer Pilgerreise vor dem Heiligtum stehen und chantend Segen, Duftwasser, Blumen und Prasadam empfangen ... barfuß stehen wir auf den weißen Marmorstufen, während im Hintergrund die Devotees chanten, kleine Glöckchen klingeln und uns der betörende Duft der Räucherstäbchen erhebend, beruhigend in die Nase steigt ... auf dem Bazar, den wir nach der Zeremonie erreichen, gibt es kleine indische Süßigkeiten und Kostbarkeiten, Curryreis aus getrockneten Lorbeerblättern und bunte Wasserspiele – immer noch das leise Chanten im Hintergrund.

Barfuß durch indische Markthallen mit ihren Schreinen, Altären, Gebetsketten, Fundstücken, Fußkettchen und genug Prasadam für den Rest seines irdischen Lebens. Über dem künstlich angelegten See, mit bunten Wasserspielen und Springbrunnen, der erleuchtete Tempel im Hintergrund; davor hunderte Menschen in dieser warmen Sommernacht. Auf der Brücke stehen, Safran- und Kümmelreis aus Lorbeerblättern essen – leises Chanten von Ferne, weiße Tauben, noch mehr Klimbim an bunten Marktständen – schweigen, still staunen, barfuß unter der liegenden, orangefarbenen, indischen Mondsichel.

Der ungelogen allerschnellste Tuk Tuk Fahrer der Welt bringt uns auf halsbrecherischer, abenteuerlicher Fahrt durch die hellbunt erleuchtete Stadt bei Nacht, zurück in unser temporäres Zuhause. Nachtluft, Laternen, Lichterketten und an jeder Straßenkreuzung Luft anhalten und schnell die Augen schließen.

Zum Tagesausklang im Caesar´s in der Mahatma Gandhi Road. Alu Gobi Mater, buttered Nan, Papadams mit Mintsoße, dazu frischer Wassermelonensaft und Feni – ein extremst köstlicher Cocktail! Ganz ehrlich, das ganze fühlt sich an, wie ohne Vorwarnung mitten in einen Bollywood-Film versetzt zu werden. Von hoch oben auf der Tempelanlage sieht man in der rosaroten Abenddämmerung glitzernde Feuerwerkssterne von einer fernen Hochzeit, in den Himmel fallen. Im Kino würde ich mich über solche Szenen ziemlich ärgern – Klischee und Photoshop lassen grüßen – hier ist das Ganze echt real und echt cool. Die höchstspirituelle Atmosphäre gibt's obendrauf gratis dazu.

Bangalore ist ganz sicher eine der indischen Städte mit der kosmopolitischsten, der freiesten, offensten und leichtesten Atmosphäre. Soviel muss man hier gar nicht von seiner westlichen Denkweise ablegen. Die billigste und (für mich) alternativloseste Art in sich in Indien zu bewegen sind Auto-Rickshaws. Einzigster Tipp: Preis vorher aushandeln – dann Indien genießen! Wer allerdings ein Tuk-Tuk oder ein Taxi an der Straße anhält muss fast zwangsläufig damit rechnen in irgendwelche Läden von drei Brüdern, fünf Schwagern, Cousins und Schwiegervater geführt zu werden – oft auch gegen den ausdrücklichen Wunsch. Da bleibt entweder genießen, sich deutlich zu wehren oder einfach auszusteigen – wobei es beim nächsten Taxifahrer garantiert nicht besser wird.

Mysore, die historische Sultanstadt kann im Rahmen einer gebuchten oder individuell mit Zug durchgeführten Tagestour besucht werden, allerdings bitte Vorsicht vor den vermeintlich hilfsbereiten "Fremdenführern": schon bald werden sie sehr viel Geld verlangen! Am besten vorher Preisvorstellungen und erwartete Gegenleistungen absprechen, denn es gibt auch sehr gute Tourguides, welche viel über Land und Leute erzählen, schöne Restaurants und Geschäfte kennen und weitere Ausflugsmöglichkeiten anbieten können. Um Bangalore liegen wunderschöne National Parks und Naturreservate, auch die Übernachtung ist dort in Resorts und Lodges möglich. Am besten bei Tourenveranstaltern oder im Internet erkundigen, z.B. Bannerghatta oder Bandipur National Park. Dort können alle Unerschrockenen auch ihre Wunschtouren rund um Rockclimbing, Paragliding, Gleitschirmfliegen und River Rafting realisieren.

Wellenreiten statt mit dem Chef streiten

Alte, heilige Bräuche haben sich in Bali bis heute erhalten und tief im Landesinneren, in den Regenwäldern, auf den Reisterrassen, den abgeschiedenen Dörfern, den unbekannten Tempeln, spürt man noch immer die magischen Kräfte, die hier wirksam sind. Nicht weit muss man nach ihnen suchen, nur die Hauptstraßen muss man verlassen, zu Fuß, auf dem Scooter oder mit einem privaten Fahrer – und schon ist man mittendrin im wirklichen Leben. Und in diesem trifft man die Reisbauern, mit den gekrümmten Rücken – Zeugnis eines Lebens auf den Reisfeldern, watet mit ihnen barfuß durch die feuchte Erde, in die man bis zu den Knien einsackt, isst Bami Goreng in einem kleinen Warung, am staubigen Straßenrand, betrieben von einem winzigen, gebeugten Mütterchen ... sieht Kinder durch Hühnerscharen laufen, fangen spielen, hört die kleinen Mädchen spitze Schreie ausstoßen und erblickt junge Mönche, die am Tempeleingang ihre Gaben drapieren. Und hier draußen sieht auch der Sternenhimmel ganz anders aus, zwischen Gras und Palmen, anstatt inmitten von fahlem Asphalt und grauem Beton.

Kunterbuntes Kunsthandwerk, Stoffe, Silber, Stein, Glas, Gemälde, Holzschnitzereien – auf dem Weg von Sanur nach Ubud – zusammen mit Celuk und Mas Balis Künstlerzentrum – passieren wir Batikfabriken, Silberschmieden, Steinmetze, Glasbläser, Drachenbauer, Musikinstrumentenfertiger und Acrylmaler und erstehen in ihnen allerlei Buntes, Silbernes, Glitzerndes, Kostbares ...

In Tanah Lot haben sich die Händler auf hunderte Touristen eingestellt. Der Weg dorthin, ähnelt daher auch eher nicht einer beschaulichen Einkehr, sondern einem typisch südostasiatischen Markt, durchzogen von Boutiquen und Restaurants – doch hat man das erstmal überstanden, stockt einem wirklich der Atem – vor allem bei Flut und im Sonnenuntergang. Der heilige Tempel versteckt hinter wild-bizarr aufgetürmten Wolkenbergen und Sturmwind der einen fast von den Klippen bläst; Flut, tosende Brandung, wild aufschäumende Gischt – viel näher kommt man der Kraft der Elemente nicht mehr.

Wild und übermütig – und ständig auf der Suche nach Essen oder sonstigen Schätzen, die Touristentaschen entwendet werden könnten – empfangen einen die Rabauken auf dem Affenfelsen. Schüchtern sind sie nicht und wenn sie sich einmal etwas in den Kopf gesetzt haben, ziehen sie es auch durch, zumindest falls die Mama nicht rechtzeitig eingreift und ihr Kleines beherzt am Schwanz festhält.

Zwischen Ganteng - sein Name bedeutet „Schöner"- einem vierjährigen Toddlerelefant und mir ist es Liebe auf den ersten Blick. Nicht nur darf ich ihn füttern mit Kokosholz, Brotfrüchten und Wassermelonen, sondern kuscheln kommt er auch und das fast zwei traumhaft schöne Stunden lang. Zwischendurch verschwindet er im Wasserloch um sich ein klein wenig Abkühlung zu verschaffen, bläst mir verspielt Wasserfontänen entgegen. Gleich darauf ist er aber wieder bei mir, legt mir seinen feuchtwarmen Rüssel um den Hals, auf meine Haut, kitzelt damit meine Beine und Füße, legt mir Blumenkränze um und lässt sich im Gegenzug nur zu gerne kraulen – anschmiegsam und ganz erstaunlich weich. Zuneigung und Vertrauen strahlt er aus, tragen kann er mich noch nicht – das übernimmt Roxy, eine 25 jährige Elefantendame. Durch den Regenwald – Rauschen des dichten Blätterdaches über mir – Sonnenschein, der vereinzelt zu uns hinunter dringt, summende Libellen, Schmetterlinge; flirrende Hitze, Duft von Jasminblüten, sanftes Schaukeln, die bloßen Füße streicheln sanft über ihren haarigen Rücken, zum Dank bückt sie sich und hebt meinen Schuh auf, ihr Rüssel streicht dabei leicht über meine Wange …

Die Inselrundfahrt am nächsten Tag bringt uns zum Pura Taman Ayun – Tempel des schönen Gartens. Der Uluwatu Tempel gilt als einer der schönsten Balis. Daneben sind der Gitgit Wasserfall im Norden der Insel, heiße Quellen in Banjar, Kusamba, mit seinen schwarzen Stränden und eine Fledermaushöhle zu bestaunen. Und wieder: Reisterrassen und Reisfelder – wir ziehen unsere Schuhe aus und waten im Sonnenuntergang am Rande des Feldes durch den warmen Matsch, halten einen kurzen Plausch mit den Reisbauern, lassen uns zeigen, wie kleine junge Setzlinge in den feuchten Boden gesetzt werden. Dann gehen langsam die Sterne, einer nach dem anderen, funkelnd über uns auf.

Zum Abschied, nur kurz bevor wir wieder in den Nachthimmel aufsteigen, kommen wir noch in einen ganz besonderen Genuss. Dem Froschtanz, einem traditionellen Tanz in kunterbunten Kostümen, dem uns besser bekannten Froschkönig sehr ähnlich – und selbstverständlich mit Happy End!

Die Welt zu Füßen

"Sir, calm down, I said, we´re out of chicken, not out of fuel" - "Mein Herr, beruhigen Sie sich bitte, ich sagte, uns ist das Hühnchen ausgegangen, nicht der Treibstoff!"

Liebe Fluggäste, noch ein Wort zum Auswahlessen. Selbstverständlich ist das Flugzeugessen in den meisten Fällen abscheulich – versuchen sie nur mal es zuzubereiten und zu verteilen. Nach mehr als 20stündigem Schlafentzug um fünf Uhr früh riechen Rühreier und Omelett wirklich nicht anders als schon einmal gegessen. Doch wir Flugbegleiterinnen sind ganz ehrlich – Hand aufs Herz – weder zuständig für die Kreation, die Menüzusammenstellung oder die Beladung desselben. Das bedeutet: wenn es Hühnchen oder Pasta gibt, können wir leider auch dann kein Filet Mignon oder leckere Spinat Pilz Lasagne herbeizaubern, wenn Sie mit den Augen rollen, unsere Airline beschimpfen, uns anschreien und mit uns diskutieren wollen. So Sorry – auch wir müssen nämlich genau das Gleiche essen, falls wir Hunger verspüren. Dies allerdings entweder mit dem Essen auf unseren Knien auf einem Flugbegleiter-Klappsitz, unterbrochen von ca. 50 Wünschen der Reisenden, bis es kalt ist, oder gleich im Stehen über dem Mülleimer; dabei vermischt sich der Geruch vom Rührei so schön mit dem der Wastebox. „Wirf nicht deine Spesen fort, iss an Bord“ ist also auch nicht immer unsere erste Wahl!

Mehr Leichtigkeit im Job hatte ich mir gewünscht, wenn allerdings ihr größtes Problem der grüne Tee und der Himbeerjoghurt sind, dann fehlt mir an manchen Tagen, schon ein ganz klein wenig das Verständnis.

Darüber hinaus sind wir, ich weiß, das wird einige in Erstaunen versetzen, nicht verantwortlich für schnarchende Nachbarn, laute Kinder, enge Sitzreihen, eingeschlafene Füße oder medizinische Folgeschäden nach Buchung eines Eco-Tickets.

Auf die höfliche und bedauernde Verneinung der Frage, ob er sich im vollbesetzten(!) – nur die Tragflächen wären noch frei gewesen, was aber auch Security-Gründen inakzeptabel gewesen wäre – Flieger umsetzen könnte, giftete ein besonders korpulenter Herr: „Gut, aber ich mache sie dafür verantwortlich, wenn etwas mit meinem Bein passiert“. Die nette Nachfrage des Kabinenchefs, ob man ihm einen Arzt rufen sollte, der untersuchte, ob er überhaupt flugtauglich sei, beseitigte seine Beinprobleme dann auf der Stelle. Von solchen Therapien und Heilungserfolgen können Ärzte und Therapeuten sonst nur träumen und dann weiß ich wieder, weshalb ich meinen Job gewählt habe.

Wir sitzen alle im selben Boot. Auch wir haben keine große Bewegungsfreiheit, kein nahrhaftes Essen, sehr viel weniger, als mehr Schlaf; wir geben unser Bestes, nachts um zwei, morgens um fünf, doch es ist uns beim allerbesten Willen nicht möglich, die Gepäckablagefächer zu vergrößern, mehr Stauraum unter ihrem Sitz zu schaffen oder die Security Regeln zu ändern. Im Bereich des Notausganges darf nun mal kein Handgepäck stehen, und ihre Beschimpfungen werden in einem wirklichen Notfall ihre Bedeutung verlieren, wenn wir alle, Sie eingeschlossen, innerhalb kürzester Zeit das Flugzeug – über freie und benutzbare Notausgänge – verlassen müssen.

Über Weihnachten hat mir meine Firma ein besonderes Geschenk gemacht. Ich durfte vom 23. - 27. Dezember durch die Welt fliegen und hatte damit keinerlei Möglichkeit, ein beschauliches Fest daheim mit meinen Lieben zu verbringen. Immerhin bekam ich so die Möglichkeit mir fast zwei Tage lang Chicago anzuschauen, erleuchtet im Lichtermeer, und das war dann doch auch wieder sehr schön. Auf diesem Umlauf – so nennt man den gesamten Zeitraum vom Abflug des 1. bis zur Landung des letzten Fluges und Verabschiedung der Crew – war ein extrem ungewöhnlicher Kabinenchef dabei. Ungewöhnlich deswegen, weil er das seltene Talent besaß, viele Fehler zu sehen (außer bei sich), dafür weniger etwas Gutes (außer bei sich). Er stichelte über Passagiere ("die ist ja so fett, die kriegt ja kaum den Tisch über den Bauch"), nörgelte über Kollegen ("ich könnte kotzen, wenn jemand die ganze Zeit lächelt"; "der denkt nur an sich"; du gehst mir extrem auf die Nerven"), zeigte uns in der Küche den Mittelfinger und schaffte es damit, dass ein Team vom Flieger ging, welches sagte, dies sei der schlimmste Flug „Ever“ gewesen.

Doch ganz ehrlich, die meisten Kollegen sind umwerfend freundlich und wurden von der Personalabteilung für ihre Empathie und Hilfsbereitschaft ausgewählt, nur über sie zu schreiben, wäre eher langweilig.

So sind es auch meist nicht, die 99.9% liebenswürdigen Passagiere, die einem in längerer Erinnerung bleiben, sondern eher diese hier:

An einer indischen Passagierin laufe ich vorbei – lächelnd – sie motzt mich an: "I will have tea now!!!" Freundlich entgegne ich: "Certainly Mam, I will get you your tea in a minute", drehe mich um, um ihr in der Bordküche einen Tee zuzubereiten, als sie durch die Kabine schreit: „I will have it now, or I will not have it." Now, what can you do?

Ein von Anfang an ekelhafter Passagier auf einem sonst wunderschönen Flug, sah uns nicht ein einziges Mal in die Augen, kannte weder das Wort "Danke" noch "Bitte" und als ich vor ihm stand, während ich gerade meine Abräumrunde tätigte, machte er eine unwirsche Handbewegung und brüllte: "Take it away!"

Dies passiert vorzugsweise in der Business Class, denn die Economy Gäste nehmen sich meist selbst nicht wichtiger als sie wirklich sind. Wobei es natürlich auch immer wieder in den gehobeneren Klassen zu außerordentlich liebenswürdigen Begegnungen kommt. Dennoch scheint man sich dort oft die allergrößte Mühe zu geben und dieses wird im besten Falle als selbstverständlich angesehen. So laufe ich mit allen verfügbaren Armen und Händen, die ich besitze, vollbe-

packt an einem Gast vorbei: drei Gläser, ein Tablett, vier Mäntel plus Bordkarten, als dieser auf die herzerfrischende Idee kommt, mir seinen Mantel auch noch überzuwerfen. Da mir der Weg mit einem Kleidungsstück über dem Kopf – denn dies wäre die einzigste freie Ablagemöglichkeit – zu beschwerlich erscheint, bitte ich ihn, sich einen kleinen Moment zu gedulden, bis ich wieder bei ihm sein werde, um ihm gerne alle seine Sachen abzunehmen. Ein Augenrollen, begleitet von einem Stirnrunzeln und tiefem Ausatmen ist die Antwort.
Ich empfehle ja in folgenden Fällen, dass Sie mir den Mantel einfach dennoch überwerfen. Sollte ich dann nichts mehr sehen, ins Stolpern geraten und den Rest Kaffee, Rotwein oder Tomatensaft über sie kippen, so halten sie es doch einfach mit dem Gast, der mir zwischen Dresden und Frankfurt, seinen halbvollen Colabecher aufs bereits übervolle Tablett stellte und als dieser umkippte und sich auf sein Shirt ergoss, meine Vorgesetzte aufsuchte, um sich zu beschweren. Nach langem Hin und Her, einem Reinigungsgutschein und zwei Wiedergutmachungs-Pralinen später, bedachte er mich zusätzlich noch mit einem gönnerhaften Blick und meinte verstehend: „Naja, das haben Sie ja sicher nicht mit Absicht gemacht“. Von so viel Güte gerührt möchte man gerne erwidern: „Nein sicher nicht, wenn ich gewusst hätte, welch riesiges Drama für uns alle daraus erwachsen würde, hätte ich gleich die ganze Flasche genommen!“

Auch immer wieder schön ist es, wenn man Nachtwache an der hinteren Tür hält und sich die Gäste dort aufstellen, um ein Schwätzchen zu halten – dabei ihren riesigen Hintern genau vor dem eigenen Gesicht. Ich freue mich immer über Besuch. So eine Nacht kann verdammt lang sein und meist helfen nur die Passagiere mit, dass man nicht einfach in der Kabine einschläft. Doch liebe Gäste, ein schöner Rücken kann zwar entzücken, der Anblick eines riesenhaften Hinterteils jedoch ist oft weniger verlockend, als man annehmen möchte.

Doch dann passiert auch wieder das Andere:
Nie werde ich die italienische Lady vergessen, die bereits winkend ins Flugzeug getragen und auf dem gleichen Wege hinausgebracht wurde, wo ihre Krankentrage bereits auf sie wartete. Kurz vor mir hielt sie die Träger an, zu warten, nahm meine Hände in ihre und fing an, sie, unter Dankesbezeugungen, zu küssen. Auch der ältere Herr auf dem Flug nach Teheran, welcher, auf seinen Stock gestützt, sich noch die Mühe machte, zittrig, den beschwerlichen Weg ans Ende des Fliegers auf sich zu nehmen; meine Hände zu nehmen, meine Stirn und Wangen mit Küssen zu bedecken und mir tränenreich zu danken wird mir für immer in Erinnerung bleiben. Genauso wie das israelische Pärchen, welches wir auf einem weiteren Nachtflug von Tel Aviv betreuen durften: Während die Frau eine Einladung zu sich nach Hause aussprach, warf der Mann der Kollegin und mir über Minuten durch die ganze Kabine Kusshände zu. Immer wieder berührend, wenn sich der Einsatz auszahlt und glückliche Kunden von Bord gehen.

30 über Nacht! Fünf Tage bin ich jetzt am Boden – mein Jahresurlaub hat angefangen. Fünf Nächte habe ich durchgeschlafen – ganze 8 Stunden – Minimum. Fünf Tage oder Nächte, habe ich kein Rührei serviert, sondern stattdessen die dunkle Tageszeit in süßen Träumen und weichen Daunen verbracht. Fünf Tage keine Aircondition, keine Druckluft und keine Höhenstrahlung – und jetzt: eine Haut, so zart und frisch und pfirsichrein. Verschwunden die fiesen Dellen auf den Oberschenkeln, die Furchen unter meinen Augen und die schrumpeligen Handrücken, die so gar nicht nach meinem wahren Alter aussehen. Für einen kurzen, glücklichen Moment sehe ich wieder genauso alt aus, wie ich wirklich bin – vielleicht sogar ein wenig jünger. Und das ganz ohne Skalpell, Botox und Kollagendusche. Das heißt, nur das Arbeiten müsste man also sein lassen, um sich bis ins hohe Alter frisch und makellos zu erhalten. Wo war gleich nochmal der Lottoschein?

Über die (vergebliche) Applikation von Puderzucker

Manche Reisenden sind eher locker und unkompliziert. Freundlich, spaßig und hilfsbereit noch dazu, und mit ihnen kann man jeden noch so langen, unbequemen und nervenaufreibenden Flug zu einem kleinen Fest machen. Ja, auch Nachtflüge von 20-8 Uhr nach Istanbul und zurück. Diese Gäste steigen dann nicht selten mit Handschlag und Wangenküsschen und einem strahlenden Lächeln aus der Kabine aus. Manche sind anstrengender und bringen ihre ganzen Befindlichkeiten mit an Bord. Und wenn sie nicht bekommen, was sie sich in den Kopf gesetzt haben, tragen wir die Verantwortung dafür, sie so lange zu verhätscheln, bis sich die Wogen wieder geglättet haben. Wir bringen Bordeaux aus der Business-Klasse oder Champagner aus der First, Extra-Zeitschriften, kleine Pralineés und sollte es nötig sein, applizieren wir auch gerne etwas Puderzucker. Zufriedenzustellen sind manche Passagiere trotzdem noch nicht. Darüber kann man sich ärgern – ist aber nicht dazu verpflichtet. Am schönsten finde ich dazu den Ausspruch einer Kollegin, die lächelnd vom Sitz eines solchen Gastes zurück in die Galley kam. Gefragt, weshalb sie so ganz mühelos diese Buddha-Haltung einnehmen konnte, antwortete sie mit ihrem wahren und persönlichen Lieblings-Mantra in dieser und ähnlichen Situationen: „Ich mit dir fünf Stunden – Du mit dir dein ganzes Leben!"

Neues aus der Anstalt – der alltägliche Wahnsinn

„Was hätten sie denn gerne" „Cranberry Juice!" „Es tut mir wirklich leid, den haben wir nicht an Bord. Wir haben Orange …" „Dann ein Ginger Ale, bitte!" „Bitte entschuldigen Sie, ich könnte ihnen etwas anderes anbieten: Cola, Fanta, Sprite …" „Also gut, dann geben sie mir eben Guaven-Saft mit einem Schuss Sojamilch." „Meine Dame, wir haben …" „Fein, dann eben einen Latte Macchiato, Haselnuss-Geschmack." Tief durchatmen. „Ok, was für Milchshake

Geschmacksrichtungen haben sie denn?“ Ich gebe endgültig auf: „Amaretto, Creme Caramel, Vanillatoffee, Cinnamon-Ginger, Blueberry-Bubbles…“

„Was möchten Sie denn gerne trinken?“ „Danke, nichts!“ Lächeln, Trolley weiterschieben. Gleiche Dame: „Könnte ich bitte einen Snack bekommen?“ „Selbstverständlich.“ „Und ein Glas Wasser.“ „Bitteschön.“ „Einen Apfelsaft bitte noch.“ „Darf's vielleicht noch etwas sein?“ „Ja, bitte einen schwarzen Kaffee.“ „Trinken Sie Ihren Kaffee nicht mit Milch und Zucker?“ „Schwarz, bitte!“ „Hier bitteschön, ein schwarzer Kaffee.“ „Zucker, bitte.“ „Zucker für Sie, bitteschön!“ „Drei Zucker bitte.“ „Sehr gerne!“ „Und dann noch drei Milch!“

Vier Uhr morgens. Um diejenigen unserer Gäste, die – so wie wir – nicht schlafen können, vor der Dehydrierung zu bewahren, gehen wir während der Nacht immer mal wieder mit Saft- und Wassertabletts durch die Kabine. Diese werden normalerweise auch sehr gerne angenommen und die Passagiere bedanken sich freundlich. Nicht so ein indischer Geschäftsreisender. Mit angewidertem Blick auf den O-saft in seiner Hand, fragte er verächtlich: „Whiskey? Why no Whiskey?“ Why no Whiskey um vier Uhr früh? Da hab ich jetzt so ganz spontan auch keine Antwort drauf. Werte Gäste, Ihre Anliegen sind dennoch Gold wert. Auch selbiges werde ich selbstverständlich auf schnellstem Wege unserer Produktabteilung weiterleiten. Freuen Sie sich daher schon jetzt auf die Umsetzung, mit der wir alle sonstigen Konkurrenten aus dem Feld schlagen werden: Morgens vor dem Frühstücksservice, als Augenöffner, werden wir Ihnen ab sofort nicht mehr popeligen Orangensaft vorsetzen. Das ist längst überholt. Mit uns starten Sie gut in den Tag! Auf unserem Whiskeytablett finden Sie daneben noch Gin Tonic, Wodka Cola, Jim Beam und Bloody Mary. Das ist der neueste Standard. Geben Sie sich keinesfalls mit weniger zufrieden. Denn, wie heißt es so schön: der Morgen macht den Tag!

Der Ruf der Weite Afrikas

Kaffee, Canyons, Kinderlachen

Lautes Hupen – im wirklich allerletzten Moment springt der zottelige Esel auf den winzigen Grünstreifen am Straßenrand. Neben den Eseln, bepackt mit Holz, Reisig oder schon fast verschwunden unter Bergen von Eukalyptus, trifft man hier auf massenweise Kühe, mit einem Höcker am Nacken, Männer auf Eselsrücken, Kinder auf klapprig-rostigen Fahrradgestellen, turtelnde Liebespaare, Frauen bepackt mit großen Körben voller Reisig – und sie alle neigen dazu, vollkommen unvorbereitet die Straße zu überqueren, ohne auch nur nach rechts oder links zu schauen ...

Im Dorf umringt uns augenblicklich eine Kinderschar – sie strecken uns ihre kleinen Ärmchen entgegen, wollen hochgehoben werden und sofort schleppen ihre größeren Geschwister die Waren herbei – selbsthergestelltes Kunsthandwerk – Lunchboxen aus Ziegenfell, bunte Körbchen aus eingefärbtem Bast, Ketten aus geschliffenem rosarotem und weißem Marmor. Die Schokoriegel und Stifte werden uns aus den Händen gerissen ...

Junges Verkaufstalent

Auf unserer Wanderung durch den Canyon huschen Horden von wilden Affen in atemberaubendem Tempo an uns vorbei, die Berghänge hinunter – die meisten von ihnen sind geübte Kletterer und angeln sich völlig mühelos an den steilen Felshängen entlang – einige der kleineren Äffchen verharren noch etwas zurückhaltend am oberen Rand ... sich ängstlich klammernd ans dürre Geäst ...

Mein Sternzeichen, ein Steinbock, liegt regungslos, gemütlich und völlig unbeeindruckt von unserer kleinen Wandergruppe auf einem Felsbrocken und lässt sich sein glänzendes Fell von der Sonne bescheinen – mein katzenhafter Aszendent taucht jedoch zum großen Glück nicht auf!

Sicher führen unsere Guides uns den steilen Geröllweg hinunter, bis zu den Wasserfällen unterhalb der portugiesischen Brücke, auf deren Rand auch heute zumindest ein Klippenspringer ansetzt zum Sprung durch die Wassermassen bis zum Aufprall im tiefen türkisblauen Wasser. Direkt im Felsen vor den Wasserfällen: die Affenhöhle. Einen schönen Ausblick haben sie hier, das muss man ihnen neidlos zugestehen: Das Tal öffnet sich weit, grüne Terrassenfelder im äthiopischen Hochland in dessen wilde Schönheit sich tief hinein der Canyon gräbt, bis zu seinem blaugrün schimmernden Flussbett. Wir staunen eine lange Weile, während sich hinter uns die Wassermassen tosend in die Tiefe stürzen. Dann sehen wir sie: dort oben auf einem kakteenbewachsenen Felsvorsprung sitzen sie brav in einer Reihe und lausen sich. Ob sie sich der Großartigkeit dieser Landschaft bewusst sind, darf bei diesem Anblick getrost bezweifelt werden. Die Menschen wissen darum und doch gibt es hier keine Arbeit für sie, außer der Führung einzelner, weniger Touristen, die sich bis hier hinauf verirren.

Zurück in der Lodge wird uns ein äthiopisches Buffet serviert: Fladenbrote, Reis mit Kohlgemüse, Kichererbsen, Linsen, Spinat und Bohnenmus – es schmeckt köstlich und der Blick schweift über den Canyon und auch immer wieder über die Affen, die direkt vor unserem Fenster im dichten Gras auf Futtersuche gegangen sind.

Mein Frühstück am nächsten Morgen besteht aus frisch gebackenen Samosas, Fruchtsäften und cremigen Kaffeebonbons. Durch kleine Kaffeeröstereien, Lebensmittelläden und vorbei an bunten Marktständen lassen wir uns treiben – bis wir vor dem Kinderheim „Kidane Meheret" stehen, welches von Franziskanerinnen geleitet wird. Sr. Camilla kam einst aus Malta hierher – seit dem Moment, da sie Schwester wurde, war ihr klar, dass sie nach Afrika gehen wollte. Dies sind nun 45 Jahre Leben, ein Leben unter Waisenkindern von 0-16 Jahren.

Wir nehmen die schreienden Babys auf den Arm, stützen ihre kleinen Köpfchen, streicheln ihre empfindlichen Körper. Sie alle sind verschnupft und es scheint nie genug Arme zu geben, um jedem von ihnen Halt und Geborgenheit zu geben. Doch die Mitarbeiterinnen kümmern sich rührend: Unermüdlich wird gewickelt, gestreichelt, gefüttert, gesungen – Babynahrung gibt es dennoch fast nie genug ...

Als die Schulkinder nach Hause kommen wird es laut und binnen Minuten fängt das Haus, inklusive Hof, an zu leben ... sieben von Ihnen, die auf Arme und Rücken klettern und dazu an allen verfügbaren Körperteilen ziehen, lassen uns keine Wahl – und dort zwischen Rutschen, Sandkasten und Klettergerüsten wird mir wieder einmal bewusst, wie sehr ich diese Arbeit eigentlich vermisse – 50 Kinderhände und nicht genug freie Arme um sie alle hochzuheben und jeder der es schafft, zeigt den anderen von oben ein triumphierendes Lächeln. Ich liebe diesen Tag ... die eingefangenen Flöhe spüre ich erst beim Sundowner!

Ja, Flöhe gibt es hier leider anstelle von Malariamücken – wie ich finde, jedoch ein fairer Tausch. Addis Ababa, gegründet 1887, bedeutet ihr Name „neue Blume". Die Stadt und das sie umgebende Hochland liegen 2300-3000 m über Sealevel, daher die Mückenfreiheit. Viele Museen, Märkte, Moscheen, Kirchen und Kunstgallerien, ebenso wie ein traumhaftes Umland, lassen sowohl das Herz des Kunst- und Kultur- wie auch des Naturliebhabers höher schlagen.

Kinderhausmama für einen Tag

Ambo, Awash National Park, Bode Mountains National Park, Awassa, Blu Nile Gorge, Debre Zeit, Debre Libanos, Lake Langano, Nechisar und Omo, Simien Mountains und Vangudi Rassa National Park, Sodere, Wondo Guenet ... sie alle sind nur Tagesausflüge weit entfernt. Die Natur zeigt sich hier noch unverfälscht, das äthiopische Hochland ist touristisch nicht erschlossen, vereinzelt findet man Lodges.

Durch die aktuelle politische Situation und die Minengefahr im Land, sollte auf Individualausflüge ins Umland jedoch verzichtet werden. Mit einem erfahrenen Führer an der Seite, der die Gegebenheiten kennt und sowohl als Fahrer, Tourguide und Übersetzer zur Seite steht, stellt dies aber keinerlei Problem dar. Mit ihm begibt man sich im Taxi auf den höchsten Berg, zu Fuß durch den Canyon oder auch auf Pferderücken durch die Weite der afrikanischen, atemberaubenden Highlands.

Nomadinnenträume im flirrenden Wüstensand

Pünktlich um 11 Uhr früh steht Ahmed, mein Reiseleiter für den heutigen Tag, vor mir, während ich noch genüsslich meinen Granatapfelsaft hinunterschlürfe –

und dann geht es Schlag auf Schlag: Nach Old Cairo und in die Dead City Area, wo herzliche Bewohner uns in ihre Behausungen einladen, die auf den Gräbern der Stadt errichtet sind. Dafür dass sie sich gut um die Grabanlagen der Reichen kümmern, haben sie hier eine permanente Wohnstätte auf der Grabstätte der Vorfahren – mehr oder weniger luxuriöse Wohnungen; im reichen Teil der Stadt, sogar mit Strom und fließendem Wasser in den Wohnräumen. Der Herr des Hauses führt uns in die Grabkammer, wir dürfen symbolisch den Schlüssel des Lebens in den Händen halten, alte Goldsofas in Augenschein nehmen und den Abstieg in die Ruhestätte wagen oder von oben die Marmorgräber und Kronleuchter bestaunen. 16 Mio. Einwohner hat diese Stadt. 3 Mio. davon leben hier auf den Dächern der Gräber, pflegen und bewahren sie.

Wüstennomadin

Über feinsten Alabaster lassen wir unsere Hände in der Moschee der Salah Al-Din Zitadelle gleiten und werden sogleich von einer Horde Kinder umringt, für die wir eine kleine Sensation darzustellen scheinen, immerhin verirren sich momentan ziemlich wenige Touristen in ihre eigentlich recht hübsche Stadt. Am Nil vorbei geht es zu den Pyramiden von Gizeh, um die uns buntgeschmückte Kamele tragen – schaukelnd. Wenn Sie wie ich sind, dann müssen Sie ganz einfach auf ein Kamel steigen und sich wie eine Wüstennomadin fühlen – auch wenn Ungeübten hinterher der Rücken weh tut – aber bitte Vorsicht. Schauen Sie sich gut die verschiedenen Kamelführer, bzw. Reitställe an. Manche behandeln ihre Tiere gut, doch es gibt auch genug schwarze Schafe, deren geschundene Tiere geschlagen werden und im Dreck liegen müssen. Darum bitte einen ganz großen Bogen machen.

Jede Pyramide beherbergt zwei Tempel, im Norden und im Süden, in ihrem Innern. 2 300 000 Steine wurden allein für die zweitgrößte Pyramide an diesen Ort, oberhalb der Stadt, befördert. Ein Stein mit dem Gewicht von 5-15 Tonnen. Die Form der Pyramide symbolisiert dabei die Sonnenstrahlen, die auf die Erde treffen. Mit ihr wird dem Glauben Rechnung getragen, auf diese Weise sei der König der Sonne am nächsten.

Steht man ein klein wenig entfernt, wirken sie schon ziemlich groß. Doch tritt man heran, so dicht, dass man seine Hände über den porösen Kalkstein streichen lässt und hebt dann den Blick gen Spitze, wirken sie gigantisch – und man selbst unsagbar klein.

Im Hintergrund ragen sie majestätisch in den Himmel, bewacht von der weisen Sphinx, die still an ihrem Eingang in sich ruht und das Plateau der Pyramiden sicher bewacht, während ihr Blick über Cairo schweift. Unter mir staubt Wüstensand auf, rot und staubig, in den Atemwegen kratzend. Schaukelnd trägt mich mein Wüstenschiff, mit sanft schwankenden Bewegungen, einen Schritt vor den anderen setzend, vorsichtig Steinen ausweichend. Die Rufe der Muezzin schallen aus hundert- tausenden Minaretten hinauf. Im Schatten sehe ich meinen Körper, aufrecht zwischen den Höckern, mein Kopftuch flattert im Wind; mit ihm bunte Fransen und lange Haare. Nomadin im heißen Wüstensand, denke ich und lächle, während das Rufen anschwillt und uns in eine Aura des Gesanges, des Gebetes, der getragenen Bitten an den Himmel hüllt.

Viele Kolleginnen fühlen sich unsicher und unwohl in diesen Ländern. Ich fühle mich immer ein wenig heimisch und doch fühle ich aus tiefstem Herzen mit den Menschen eines Landes, deren Präsident es zu einem streng islamistischen Land wie Afghanistan, Pakistan oder dem Iran machen möchte und die allesamt um ihre Freiheit fürchten. Leider kann man sich derzeit tatsächlich nicht im Land aufhalten – einige Monate zuvor konnte ich mich ziemlich sicher und frei bewegen und vielleicht wird das auch mal wieder so, vorausgesetzt man beachtet, dass man sich in einem muslimischen Land befindet und stimmt sein Auftreten und seine Kleidung darauf ab. Am allerbesten man nimmt sich einen lokalen Reiseleiter, der bestens mit den aktuellen Gegebenheiten vertraut ist und vom Besuch bestimmter Plätze abraten wird, sollte akute Gefahr bestehen.

Entlang am Nil, bzw. seinen wildromantischen Flussarmen, fahren wir. Eine Kulisse zum Niederknien, wären da nicht die riesigen Müllhalden zu beiden Uferseiten. Herzzerreißend die, teils faulenden, teils schwelenden Abfallberge, um die, kreischend und schreiend, schwarze Vögel kreisen. Immer mehr Frauen betreten den Bordsteig treten aus ihren Häusern mit großen grauen Mülleimern, steuern geradewegs den Fluss an und kippen die nächste Lage Dreck an die, kaum noch sichtbaren, Uferböschungen. Daneben drängen sich prachtvolle Villen, Zeugnis der kunstvollen Architektur des Landes, 123 Pyramiden und 10.000 Moscheen.

Unser mehrgängiges Open-Air Dinner mit Glückskatze und himmlischen Ingredienzen, wie frischem Mangosaft, Baba Ganoush, Tahini, Safranreis und selbstgebackenen Brotfladen aus dem Holzofen wird abgerundet von frischen eisgekühlten Datteln, saftig-prall, die nach der leichten Schärfe einen süßlichen Honiggeschmack auf dem Gaumen zurücklassen.

Fabrikführungen zur Papyrus- und Parfümherstellung benebeln am späten Abend unsere Sinne, mit Wolken aus Rosen-, Jasmin- und Lotusdüften und frischem Erdbeersaft unter Dattelpalmen, sandigem Staub und ruhenden Kamelen am Wegrand.

Und am Ende des Tages sitzt man unter dem weiten Sternenhimmel, während Hunde als schwarze Silhouetten vorbeistreifen, Bellen und Pferdewiehern von Weitem heraufwehen zu den Pyramiden und der allwissenden Sphinx und Laserstrahlen die alte Geschichte aufleben lassen. Doch am allerhellsten strahlt zwischen ihnen der Venusstern am Abendhimmel.

Heimfahrt, so schnell es eben im Berufsverkehr vor sich geht. Pferdekutschen und Eselskarren auf vierspurigen Autostraßen. Dauertönende Hupen im Blechlawinenchaos und an dessen Rand, mit klapprigen Holzkarren, Wassermelonenverkäufer.

Äquatorial Guinea

Besonders vertrauenserweckend sieht das jetzt nicht gerade aus. Kennen Sie Äquatorial Guinea? Ich auch nicht vorher, aber jetzt bin ich auf diesem kleinen Eiland mitten im Westafrikanischen Meer gestrandet, äh, gelandet. Damit befinde ich mich quasi im Malaria Hochgefahrengebiet. Die Gleichung Wasser = Blutsauger geht auch hier auf und nun stehe ich in meinem Hotelzimmer – das beste auf der ganzen Insel – und blicke auf, leider wenig vertrauenserweckende, schwarzbeinige Kadaverreste inmitten hellroter Blutflecken auf Fußboden, an Wänden, Vorhängen und Fensterrahmen. Kennen Sie das? Ihre Freundin erzählt Ihnen von der Flohepidemie im Kindergarten und schlagartig fängt ihr ganzer Körper an zu jucken. Auch mich juckt es jetzt überall und siehe da: wie gerufen schwebt auch schon ein kleines geflügeltes Wesen mit summender Melodie über meinen Kopf hinweg. Und obwohl ich sonst kein so ein Mädchen bin, schlafe ich heute sicherheitshalber mal mit der Bettdecke bis weit über beide Ohren gezogen.

Bunte Falter umschwirren mich und recht große Eidechsen, bzw. ziemlich kleine Geckos – so genau kann ich das leider nicht ausmachen – tänzeln um mich herum, während der Saft der sonnengereiften, baumfrischgepflückten Mangos an mir heruntertropft. Das Meer umspült meine Füße und der Strand ist dicht besiedelt mit den abgefahrensten Schneckenhausformationen, die ich je gesehen habe

– und dafür nimmt man dann doch schon ganz gern einmal eine Nacht unter dicken Kissenbergen auf sich. Oder wie es im Kollegenkreis so schön heißt: Malabo – sterben musst du sowieso …

Über den Wolken im 7. Himmel schweben

„Just a second, please!"
„Einen kurzen Moment bitte, gleich bin ich bei Ihnen" – der meistgesprochene Satz in einem durchschnittlichen Flugzeug. Trolley durch die Gänge schieben, „Frollein, könnten sie mir bitte eine Decke bringen" „und mir bitte ein Kissen", lächeln „Just a second please". „Haben sie auch Obst, ich bin Vegetarier", „Mam, mein Kind braucht einen Plastiklöffel", „kann ich bitte mehr Milch in meinen Kaffee haben", „ich möchte jetzt doch die Earnshaw Watch aus dem Bordverkauf haben", „können sie mir JETZT bitte das Babybettchen aufbauen", „just a second, please" und in meinem Kopf beginne ich ein kleines Spiel: „ich packe meinen Koffer … und nehme mit, eine Zahnbürste für Platz 37, einen Plastiklöffel für 48, ein Kissen für 23, einen Rotwein für 39 …" „Meine Tochter ist allergisch auf Bananen, haben sie auch Äpfel?" „Just a second, please … einen Apfel für 11, zwei Servietten für die 50, Aspirin für die 35 …" „Ich kann nichts Süßes essen, haben Sie vielleicht noch ein Rührei?" Und ich kann keine Nachtflüge machen, aber das interessiert auch keinen … „Just a second, please … in meinem Koffer ist noch ein Rührei für die 28 und ein Whiskey Soda für die 39, der nun doch keinen Rotwein mehr will … ich packe also aus meinem Koffer einen Rotwein …" „Haben sie noch was zu trinken?" „Ich packe ein, ein Wasser" „Am liebsten eine Apfelsaftschorle!" „Ich packe ein, eine Apfelsaftschorle …" „Nein, lieber ein Bier, haben sie drei Bier?" „Ich packe ein, eine Zahnbürste, drei Bier, eine Banane, einen Plastiklöffel, zwei Kissen, drei Decken, zwei Zeitschriften, eine Gala, eine Bunte, ein Times Magazin, ein Rührei … war noch was?" „Kannst Du mir bitte den Bordverkaufscomputer mitbringen, wenn du nach vorne gehst?" „Just a second, please"… „Nehmen sie bitte meinen Abfall mit", „mein Monitor funktioniert nicht richtig", „haben sie heiße Schokolade", „können sie mir einen Kugelschreiber geben", „ich habe kein Einreiseformular erhalten" … Irgendwann kommt zwangsläufig der Moment, da habe ich meinen Koffer ausgepackt, schön und leer steht er in einer Ecke. Lächelnd suche ich ein übriggebliebenes, inzwischen halb-lauwarmes Essen aus dem Ofen und stelle mich damit über den Mülleiner – im Übrigen ein todsicheres Zeichen, um Stewardessen mit einem Blick auf einer Party herauszufiltern – behutsam nehme ich meine Plastikgabel aus der Verpackung, öffne die Salatsoße, spieße die erste Nudel auf, führe den Löffel langsam … „Mein Baby schreit, haben sie heiße Milch und Kotztüten und für meinen Mann und mich bitte noch einen Gin Tonic

und zwei Campari O mit Sprudelwasser.“ Ganz leise nur aufseufzen, aufsehen, lächeln: „Certainly, just a second, please!“

Im 7. Himmel - Heiraten leichtgemacht als Stewardess

Auf der Suche nach einem Mann? Profile bei allen internationalen Dating Börsen? Dauergast auf Friendscout, Elitepartner und Millionärssuche? Werden Sie Stewardess!!!

In Nigeria jogge ich so vor mich hin – eine hübsche Laufstrecke um das Hotel entlang. Nach der ungefähr fünften Runde fängt ein Gecko meinen Blick, welcher soeben eine Eidechse jagt. Neugierig gehe ich in die Hocke, um das Spiel der beiden genauer begutachten zu können, als der abgestellte Sicherheitsmann des Hotels an meine Seite tritt. Eine kleine Plauderei beginnt. Nach etwa 10 Minuten verabschiede ich mich von ihm – das Ende des Eidechsen-Gecko Szenarios habe ich leider verpasst. Gerade möchte ich mich wieder auf den Weg zu meiner Traumfigur machen, da hält er mich am Ärmel fest: “bitte nicht gehen, ich werde dich so vermissen, wenn du gehst.” Nur leicht verwirrt, immerhin haben wir gerade einmal 10 Minuten miteinander gesprochen, blicke ich ihn an. “Willst du mich nicht mit nach Deutschland nehmen?” Ah, daher weht der Wind und nun beginnt er mir fast unter Tränen wülstige Liebesschwüre zu unterbreiten. Ähnliche Erlebnisse habe ich in der Karibik, Äthiopien und in Nordafrika vorzuweisen. Aber auch die Herren Passagiere sind nicht minder bindungswillig. Ein Scheich aus den Vereinigten Arabischen Emiraten versüßte mir meine Pause zunächst mit ausführlichen Erzählungen seiner diversen Bettgeschichten, um im zweiten Teil dazu überzugehen mich mit Visitenkarten, Komplimenten und Anzüglichkeiten zu überhäufen. Ein werter Herr klingelte den halben Flug über nach mir. Beim letzten Mal lautete die Antwort auf meine Frage nach seinen Wünschen: „Das verrate ich ihnen nicht. Ich hätte da zwar einige Wünsche, doch für jetzt wollte ich erstmal nur ihr charmantes Lächeln sehen.“ Ganz süß gab sich auch ein nigerianischer Krankenpfleger aus Rheinland-Pfalz – auf meinem Getränkewagen fand sich wie von Geisterhand ein kleines Zettelchen ein – mit vor Sehnsucht triefenden Worten. Einladungen in zypriotische Strandhäuser und auf Spritztouren entlang der Karibikküste folgten quasi so nebenbei. Nicht immer läuft dies allerdings, da muss ich Sie warnen, ganz so nett; einige Statuskunden meinen, sich mit ihren Meilen gleich noch einen Anspruch auf die Stewardess zu sichern und sind mehr als ungünstig gestimmt, wenn man ihnen diese Illusion raubt. Komplett von den Socken haute mich allerdings ein argentinischer Herr, 80jährig, der nach einem wirklich entspannten Tag, seine Tüte mit Feigen hervorzog, als Überraschungseffekt seinen Zeigefinger über meine Lippen gleiten ließ und mit hochgezogenen Augenbrauen raunte, “ich will sehen, wie die Feige zwischen deinen Lippen verschwindet”. Ja, das Stewardessendasein vergrößert den Heiratsmarkt gleich auf den ganzen Globus und das nicht nur virtuell, sondern sehr real. Als Stewardess müssen Sie sich zudem um Fakebildchen und das Aufhübschen Ihres Profiles keinerlei Sorgen machen. Verkörpern Sie doch in Ihrer Servieruniform, den roten Lippen und Fingernägeln, der dienstbeflissenen, stets lächelnden, hingebungsvollen Hinwendung und dem devoten Augenaufschlag mehr Männerträume als Sie real erfüllen könnten. Nicht jede nett gemeinte Avance werden Sie möglicherweise als solche empfinden. Der angetrunkene, kusswütige russische Passagier in Ihrer Küche oder der sabbernde Ölscheich mögen Sie nicht dazu bewegen, Ihren Beruf noch einmal zu überdenken. Und ich gebe zu, in Uniform dürfen Sie sich die Männer noch nicht einmal schön trinken. Indirektes Kunstlicht hingegen lässt Dellen, Falten und Pickel verschwinden. Die Höhenluft verbunden mit kräftigen Turbulenzen sorgt für den nötigen Schwindel und genügend Schmetterlinge im Bauch. Und wenn das alles so gar nichts zu nützen scheint, dann schauen Sie aus dem Fenster: na bitte, da haben Sie´s weiß auf blau. Sie schweben doch gemeinsam schon auf Wolke 7!

Für lange Zeit in so einem Flugzeug zusammengepfercht werden Sie mit den abstrusesten Beobachtungen konfrontiert, so sie sich die Zeit nehmen ein wenig genauer hinzusehen.

Da wären die Besserwisser, denen ich zu tiefsten Dank verpflichtet bin, da sie sich doch immer wieder die Zeit nehmen, einer unterbelichteten Stewardess die Welt zu erklären: „Houston liegt in Texas", „Der Kapitän hat ganz besorgt geschaut, als er ums Flugzeug rumgelaufen ist, da stimmt was mit dem Flieger nicht, sage ich ihnen", „Rauchen im Flugzeug ist nicht gefährlich und für niemand schädlich". Da danke ich ihnen wirklich sehr für, meine Herren, wer weiß wie es ohne Sie um unsere Allgemeinbildung bestellt wäre.

Sein Kind den Gang hinunterrennen zu lassen, nachdem der Flieger gerade den Boden geküsst, und nun noch immer mit über 200 km/h die Gangway entlangdüst ist einer dieser netten Einfälle.

Aber auch die Idee, man könnte doch barfuß auf eine Flugzeugtoilette gehen, ist gar nicht einmal so selten verbreitet und überzieht mich mit Schüttelfrost und Gänsehaut, wann immer ich ihrer wieder einmal gewahr werde. Witzig ist auch, Menschen dabei zu beobachten, wie sie versuchen, eine Tür zu öffnen. Ja, das ist genauso lustig wie es sich anhört. Flugzeugtoiletten haben tatsächlich Türgriffe, vor denen Passagiere mitunter minutenlang gebannt stehen können, ohne den Einfall zu haben, sie etwa betätigen zu können. Manche kommen irgendwann darauf und drücken den Türhebel NACH OBEN – selbstverständlich, öffnet man so denn nicht jede normale Tür?

Noch einfallsreicher allerdings stellte sich der Herr, der in unserer Küche jedes noch so kleines Fach aufmachte und neugierig hineinschaute. Beim Öffnen des etwa 4 cm^2 großen Wertfaches wurde er von uns erwischt und gefragt, was er dort suchen würde. Seine Antwort verblüffte uns dann doch ein klein wenig: „Toilet!" „In here? – Critical!"

Spätabends in Argentinien. Bereits seit geraumer Zeit, genauer gesagt, seit 15 Uhr, tragen wir unsere Uniform am Körper. Inzwischen ist es halb Neun. Wir stehen mitten auf dem Rollfeld. Der Vogel ist vorbereitet, die Passagiere an Bord, die Kabine klargemeldet. Morgen früh um 11 Uhr sind wir in Frankfurt ... so der Plan.

„Riechst Du das auch?" fragt mich die Kollegin mit verzerrten Gesichtszügen. Drei tiefe Atemzüge später ist mir so schwindelig, dass ich froh bin, zu sitzen – Kopfschmerzen habe ich dazu. Auch die Kollegin drückt sich die Finger an die Schläfen und die Augen fest zusammen. Ein beißender Brandgeruch, wie von verschmortem Elektrokabel. Der Geruch kommt von Außen, nicht von Innen. Vom Flughafen, nicht vom Flugzeug, doch das wissen wir ja nicht. Sofort das Cockpit informieren. Doch dort ist bereits das nächste Problem aufgetaucht. Hydraulikflüssigkeit läuft aus. Viel. Innerhalb von Sekunden. Für die nächste Zeit sind wir arbeitstechnisch ganz gut ausgelastet: Passagiere beruhigen, Techniker erwarten, Situation beobachten, Unruhe bekämpfen. Um 23 Uhr schließlich ist klar, dass wir heute nicht mehr starten werden. Um 24 Uhr kommt endlich der Bus, der uns – vollkommen übermüdet – in Uniform auf unseren Koffern sitzend, vor dem Flughafengebäude aufgabelt. Ankunft im Hotel um 1 Uhr. Notfallbesprechung. Um 2 Uhr fallen mir die Augen zu. Wissen, wie es weitergeht, tut keiner. Auch noch nicht morgens beim Frühstück. Widersprüchliche Meldungen trudeln halbstündlich ein. Der Kollege, der zwei Tage später heiraten soll, wird heute mit einer anderen Maschine nach Hause geflogen. Ob seine Frau ahnt, wie knapp das wirklich war? Das Kapitänsmeeting am Nachmittag bringt uns keine neuerlichen Informationen. Erst der Abend bringt Gewissheit – fürs Erste. Denn das Ersatzteil ist noch lange nicht eingebaut. Morgens um 10 soll's zum Flughafen gehen. So richtig tief schläft heute keiner von uns. Schlaf wird allerdings, wie ich finde, sowieso überbewertet. Genauso wie frische Unterwäsche. Oder Klarheit über Dienstpläne.

Für alle, die das anders sehen, ist die Fliegerei eher nichts. Alle anderen genießen, dreckig und übermüdet, noch zwei Tage Sonnenschein zu Caipis und Margheritas – lustig ist das Zigeunerleben!

Im Sandkasten der Welt

Vater der Gazelle

Auf den arabischen Märkten kann, wer will sein Handelstalent erproben. Wir haben heute mal mehr, mal weniger Glück, auf dem Iranischen Markt, dem großen Goldmarkt sowie auf einem weiteren der unzähligen Gewürz-, Lebensmittel- und Gemischtwarenmärkte. In Goldrausch kommen wir dann dennoch, trotz unserer durchaus ausbaufähigen Handelstalente. Die Sheikh Zayed Bin Sultan Al Nahyan Mosque ist nicht nur die drittgrößte Moschee der Welt. 82 Kuppeln zieren ihr Dach, die höchste von ihnen, 70 Meter hoch. Die 4 Minarette erreichen eine Höhe von 100 Metern. Ihren Innenraum schmückt ein 5000 qm großer Teppich von 47 Tonnen Gewicht, welcher als der größte der Welt gilt. Darüber gibt sich der weltgrößte Kronleuchter aus Swarovski Steinen, mit einem Durchmesser von 10 mal 15 Metern, die Ehre. Samstags bis donnerstags sind Besichtigungen auch für Nicht-Muslime zugelassen, für Frauen jedoch nur bis 11 Uhr früh – früh aufstehen ist also angesagt, dafür werden Schals und Abayas gestellt.

Kurze Ruhepause

Über Verschleierung, Abaya, Mäntel und Kopftücher kann man denken, was man möchte und in diesem Bericht möchte ich dies nicht politisch diskutieren. Wer sich allerdings in solch einem Land bewegt sollte Respekt und Achtung mitbringen. Für kurze Hosen, Miniröcke und Spaghettiträger Tops findet sich am heimischen Baggersee bestimmt noch genügend Verwendung. Im Übrigen gilt die Regel Schultern und Knie bedeckt zu halten für Männer ebenso wie für Frauen. Kurze Hosen gehören auch für sie, wie in den meisten südlichen Ländern, lediglich an den Strand.

Abu Dhabi bedeutet übersetzt „Vater der Gazelle“ und ist nicht nur die Capitale der Vereinigten Arabischen Emirate, sondern auch eine der modernsten und reichsten – dem Öl sei Dank – Städte der Welt. Frauen können sich hier problemlos frei bewegen. Einheimische Frauen trifft man fast immer tief verschleiert an – von Ausländerinnen wird lediglich ein wenig Respekt gefordert. Auch wenn vieles sehr viel liberaler erscheint als in den meisten anderen Golfstaaten, sollte man daher bedenken, dass es ein, in seinem Kern, tief religiöses Land ist und dieser Tatsache in seinem Verhalten und Auftreten zumindest Anerkennung zollen. Dies trifft, wie bereits erwähnt, eben auch nicht nur die Frauen. Männer in Shorts und Muskelshirts sind genauso unerwünscht. Wer die Welt bereisen möchte, darf gern seine eigenen Moral- und Glaubensvorstellungen mitbringen; nimmt er aber die Gastfreundschaft eines Landes und seiner Bewohner an, ist ein Minimum an Anpassung an ihre Kultur und Lebensweise das Mindeste, was ihnen im Gegenzug erwiesen werden kann. Anderen Achtung entgegenzubringen, bringt einem selbst übrigens im Austausch den allermeisten Respekt, Anerkennung und darüber hinaus die allerherzlichste Gastfreundschaft ein.

Wüstenprinzessin

Und irgendwann übernimmt die Wüste … zuerst noch fast unmerklich; dünne Sandfäden beginnen sich hier und da über die breite Autostraße zu schlängeln, auf der gerade eben noch der Asphalt in der Sonne flirrte, gesäumt von Palmenalleen zur rechten und zur linken; Gebäude aus 1001 Nacht, endlos scheinende Wüstenweite in der Ferne, Dattelpalmen und glitzerndes, klares Meerwasser („ich bin im Märchenland").

… Sandverwehungen werden stärker, beginnen zu tanzen vor unseren Augen in improvisierten exotischen Formationen, wirbeln in die Luft, kringeln sich zurück, schlangengleich, auf den Boden. Sand vor unseren Fensterscheiben, über und unter uns und dann –

keine Straßen mehr, rings um uns Dünen aus feinstem, heißem, pudrigen Sand; in ihm, Ziegenhirten im Kaftan …

Noch mehr Sand staubt um uns auf, hüllt unsern Jeep in eine Pastellwolke, während er in gefährlichem Neigungswinkel den Dünenkamm entlangbalanciert, schliddert, ausrutscht, in gefühlter 90 Grad Neigung – die Ohs und Ahs der Insassen mischen sich so perfekt mit Rhiannas und Eminems Stöhnen aus dem Autoradio …

Am Nachmittag geht langsam die Sonne unter, taucht die Wüste in einen milchigen Schleier … ganz alleine sitzt man in der großen Weite und Stille, um sich nur Sand und Himmel und – Bienen? Tatsächlich Bienen zwischen den endlos scheinenden Sandaufhäufungen … nur kurz wundern dann schiebt sich der Sand wieder zwischen einen und die Wüstenlandschaft von sich sekündlich verwandelnden Dünen; Sandhügel über die der Staub wie Nebel schwebt.

Israelische Schönheiten

Ganz oben auf der höchsten Düne stehen, die Füße eingegraben im warmen Sand, sich mit ausgebreiteten Armen in den Wind stellen, pfeilschnell hinabren-

nen und unten liegen bleiben, noch warme Kamelmilch trinken, vor dem schaukelnden Ritt über Wandelberge bis ins Beduinencamp …
… Sandboarding vom höchsten Dünenkamm und unten angekommen Hennaornamente auf die Haut zaubern, Blütengirlanden und Glitzersterne …
… um uns Stille, die Wüste schluckt jeden Laut – gäbe es denn einen; nur ein großer Käfer, der sich als Stein tarnt und der ungehalten ein wenig bei seiner Entfernung brummt, sonst nur lautlose Weite.

Golden versinkt die Sonne, hinterlässt uns ihre Energie, gespeichert in jedem einzelnen Sandkorn, warm unter unseren Füßen und einer nach dem anderen blinken über uns die Sterne auf. Arabischer Tee, Spinatsalat, Mandarinen, Couscous, Hummus, Pfefferminztaboulé, Datteln und gebratene Gemüse im Fladenbrot knirschen bei jedem Bissen – Sand zwischen den Zähnen, in den Augen und Haaren, unter den Fingernägeln, im BH, in jeder Pore – am Abend wird die Badewanne einem Sandkasten zum Verwechseln ähnlich sehen.

Gänzlich unerwartet ein verlockendes Angebot: von der orientalischen Tänzerin aufgefordert, folge ich ihr auf die Tanzfläche, lasse mich fallen, spüre den Rhythmus der Musik, die warme Nachtluft, die lautlosen Sterne, die summenden Käfer und die Sandschicht auf Haut und Haaren – hingebungsvoll, selbstvergessen … der Job, der mir angeboten wird, wäre nicht einmal schlecht bezahlt … doch möchte ich wirklich jeden Abend im warmen Wüstensand tanzen – und dabei auf all die anderen Abenteuer verzichten, die an allen anderen Ecken der Welt noch auf mich warten. Noch nicht … noch zu viel zu sehen, zu viel zu erleben und viel zuviel Leben zu spüren.
Und dann geht der Mond auf. Groß und rot, über der Weite aus Stille und Sand, wirft er sein Licht über die wandernden Hügel, die bald schon neuen Hügeln Platz gemacht haben werden und morgen Nacht zieht hier ein anderer Mond, hinter anderen Wolken über eine andere Dünenlandschaft, über andere Menschen – gleich bleibt nur der Zauber der Stille und die Schönheit der Leere …

Auf dem Frühlingshügel

Tel Aviv bedeutet der "Frühlingshügel" und scheint so passend für die erste hebräische Stadt, die erst 1911, nach einer Lotterie mit weißen und grauen Muscheln, um Einwohner für die neue "Gartenstadt" zu finden, gegründet wurde.
Und ziemlich frühlingshaft schmeckt schon mal der frische Granatapfel-Mango-Wassermelonensaft auf dem Hakarmel Market, der mir zu aromatischen Pistazien, gesalzenen Mandeln und karamellisierten Haselnüssen gereicht wird. Zum Frühstück halte ich einen kleinen Plausch mit Shy: Sein Vater stellte schon frische Halwa her, eine alte Familientradition, der der Sohn gefolgt ist; doch er lacht, frisch stelle er heute nur noch die mit Pistazien und mit Krokant her – sonst, sei er noch zu jung und möchte nebenbei noch was vom Leben haben. Und

was für ein Leben allein in einer einzelnen Straße: duftende Gewürze, frische Früchte, gesalzene Nüsse, pralle Oliven, leuchtende Datteln, riesige Mangos, blaues Glas, bunte Hippiekleider, schrill bunte Gemälde, sich drehende Puppen- und klingende Windspiele, raschelnde Holzketten und schillernde Stoffe, gemütliche Straßencafés und dazwischen die Rufe der Marktschreier. Mit einigen Einkäufen und unzähligen Geschenken in der Tasche stehen wir endlich unten am Meer. Als unsere Füße das Wasser berühren, fängt meine Kollegin an zu singen, vielleicht denkt sie, sie wäre die kleine Meerjungfrau; währenddessen sammle ich bunte Muscheln und weiße Steine in meiner Hand. Um uns baden tief verschleierte Frauen und junge braungebrannte Mädchen im Bikini, Kinder bauen Sandburgen am Strand. Zwischen Skatern und Radfahrern turteln verliebte Pärchen auf der Strandpromenade.

Auf unserem Tisch mit Meerblick türmen sich wenig später die verschiedensten Köstlichkeiten – schwarze Linsen mit Walnüssen, Bulgursalat mit Granatapfelsplittern und frischer Minze, Pickles und Salsa, schaumiger Ananassaft, noch ofenwarme Walnussbrötchen und Rosmarinstangen, gebratene Aubergine mit Fetakäse, grünes Tahin und mediterranes Gemüse in Sesamsoße. Frischer Orangen-Mangosaft mit Pistazienhalwa zum Nachtisch.

Im feuerroten Sonnenuntergang erreichen wir schließlich die Altstadt "Old Jaffa", auf einem kleinen Hügel gelegen, von dem aus sich ein beeindruckendes Panorama über Meer und Strandpromenade bietet. Die hellen Häuserfassaden leuchten, der Markplatz wird bevölkert von spielenden und tanzenden Kindern zwischen Cafétischen im Kerzenschein; Katzen streunen umher und die bunten Holzketten an den Marktständen rascheln wie Windspiele in der Brise, die von Meer bis hier heraufweht. Der Duft von Jasmin und Orangenblüte zieht in die Nase. Durch die Torbögen gelangt man in die engen Gässchen im Mauerwerk.

Stockfinster ist es, als wir wieder am Meer auf den Felsvorsprüngen Platz nehmen, glücklich mit unserem Fensterplatz – für eine Weile – bis die Kakerlaken überall um uns herum aus ihren Felsritzen herausklettern und sich bereit machen, für ihren Abendspaziergang. Schnell spazieren auch wir von dort fort.
Als wir starten, werfe ich noch einen Blick aus dem Flugzeugfenster, zarte Pastellfarben, darüber leuchtendes Gold und die Spiegelung des Sonnenaufgangs auf den Tragflächen …

Jerusalem, die Goldene

Der Geruch von frisch gerösteten Mandeln, warmen Maiskolben, gebratener Falafel und reifen Granatäpfeln hängt in der Luft. Vor dem Damaskus Gate. Gegenüber der Datteln- und Halwastände, der Mango- und Sharonverkäufer, der Pistazien und gezuckerten Feigen; der Radieschen, groß wie Äpfel, Pampelmusen wie Volley- und Kürbisse groß wie Wasserbälle. Majestätisch im Hintergrund erhebt sich das Wahrzeichen der Stadt, die goldene Kuppel des Felsendoms. Für die nächsten sechs Stunden wird mich ein Gedanke auf jedem Schritt begleiten: „Ich bin in Jerusalem". Er begleitet mich, während ich durch die engen Gässchen des Altstadtmarktes gezogen werde, vorbei an paillettenbestickten Kleidern, Porzellan- und Tongefäßen, Silber-, Bronze- und Perlenschmuck; vorbei an jüdischen, christlichen und moslemischen Kunstgegenständen. Vorbei an Goldschmieden, Schneiderstuben, Kebabständen. Er begleitet mich auf dem Weg zu David´s Grab, auf den Zionsberg und an die Stätte des letzten Abendmahls, an der heute der Baum des Friedens steht. Er ist bei mir, auf den Dächern der Stadt, von denen sich ein 360 Grad Blick öffnet, über das jüdische, das christliche, das armenische und das moslemische Viertel; über den goldenen Felsendom, die Altstadt, die Klagemauer und den Tempelberg – in der langsam untergehenden Sonne. Die Stadt taucht sich in ein goldenes Licht, warm leuchtet der weiße Sandstein; sanften Schein verbreiten die angehenden Abendlaternen. Eine Schar Turteltauben fliegt über eine Gruppe Uniformierter. Und für einen kurzen, kostbaren Moment ist Frieden.

Verträumtes Schläfchen

Der Gedanke ist in mir, während ich Granatapfelsaft schlürfe zu gerösteten Pistazien mit Honigdatteln. Und er ist da, während ich an der Klagemauer meinen Herzenswünschen auf die Sprünge helfe, kleine Zettel ins poröse Mauerwerk schiebend. Und immer noch, als schon spät in der Nacht der große Mond aufgeht, über den Palmen, frischen Mangosaft in den Händen haltend. Dort wo die arabischen Marktschreier sich gegenseitig zu überbieten versuchen, im Wettkampf um die besten Trauben, Datteln, Kürbisse, Guaven, Sharons und Drachenfrüchte. Während wieder dieser Geruch aus Kebab, Mandeln, Falafel und überreifem Obst in der Abendluft liegt. Auch als viel später noch die Lichter, aus dem Busfenster, kleiner und kleiner werden und mir irgendwann in diesem Schaukeln die Augen zufallen. Und er ist immer noch da beim Weckruf am frühen Morgen um 1.30 Uhr. Auf dem Flug nach Hamburg um 12 Uhr mittags, sehe ich mich durch die Marktgässchen streifen. Und mein Abendessen bilden Pistazienhalwa, Dattelkonfekt und geröstete Mandeln zu heißer Schokolade und stark gesüßtem Pfefferminztee. „Peace in Jerusalem – Frieden in Jerusalem" steht auf dem neuerworbenen, bunten Schlüsselanhänger in meinem Reisegepäck. „Wer weiß, wer zuerst nach Jerusalem kommt", resigniert die junge jüdische Verkäuferin, mit den traurigen Augen am nächsten Marktstand. „Der Frieden oder der Messias. Ich glaube, der Messias!" – Ich hoffe, der Frieden!

Schneeberge und Zaubersterne

Nach dem Flug bekommen wir Mäntel und Kopftücher ausgehändigt - die Passagiere lachen: "Wir haben gar nicht gewusst, dass Sie die auch tragen müssen".

Ja, auch wir und ich könnte nun schreiben, über fehlende Freiheit, über Einschränkungen und die Abwesenheit all dessen, was wir kennen – oder ich schreibe über die Landschaft, die liebevolle und herzliche Gastfreundschaft, das Lachen und die Hilfsbereitschaft, die Dankbarkeit über die freundschaftlichen Begegnungen und die hohen schneebedeckten Berge von Teheran. Ich entscheide mich für Zweiteres.

Durch tief verschneite Landschaften fährt unser Crewbus, hohe Berge umsäumen uns; junge Frauen bei Schneeballschlachten, eingehüllt in Schneeflocken, wie Zaubersterne.

Der Morgenblick aus dem Fenster offenbart die ganze Schönheit der Schneeberge um uns herum und in der Mitte liegt diese schöne, widersprüchliche, orientalische Stadt, deren Verkehr nie stillzustehen scheint.

Im Schah Palast treffen wir unverhofft auf ganz liebevolle "Fremdenführer"; ein Pärchen, welches uns zwei Stunden lang durch alle Räume und das ganze Anwesen führt. Erklärungen, Geschichte, Lachen und Schneeballschlachten; gemeinsame Streifzüge durch die Museen, bestaunen und bewundern der Spiegelmosaike und der Kunstgegenstände. Fast so etwas wie Freundschaft, und doch dürfen wir uns zum Abschied nicht einmal die Hände schütteln.

Das Kopftuch und der Mantel fühlen sich vertraut an, nicht fremd und störend. Vielleicht, weil ich auf Reisen jedes Mal probiere, mit dem Land, der Kultur zu verschmelzen und in sie einzutauchen, um sie zu fühlen, zu entdecken, auch wenn sich meine politischen Überzeugungen nicht mit den ihren decken müssen und auch, wenn ich um Ungerechtigkeit und Unterdrückung weiß. Doch weiß ich auch, dass ich in meinen zwei Tagen dort nichts verändern werde. So kann ich mich den Forderungen nun verweigern – oder eben ganz und gar in das Land und die Begegnungen in ihm eintauchen. So übe ich ein paar Knotentechniken und fühle und finde mich wunderschön.

Der Verkehr ist chaotisch, milde ausgedrückt. Hauptverkehrszeit scheint hier ganztägig zu sein. Maximal Schritttempo auf dreispurigen Straßen, die fünfspurig befahren werden. Autofahrer und Polizisten schreien sich an, diskutieren ausführlich miteinander. Einbahnstraßen interessieren nicht viele; sie scheinen lediglich Vorschlagscharakter zu besitzen. Unterdessen Hupen, Smog, eine zähfließende Blechlawine, die sich unaufhörlich durch die Gassen schiebt.

Auf dem Bazaar – frische, bunte, überladene Obst und Gemüsestände, Kleidung, Schmuck, Nüsse und Gewürze. Datteln und frischer Melonensaft als Wegzehrung. Götterfrüchte und Kokosmilch mit dem Strohhalm. Die blaue Moschee besichtigen und sich zurück in die bunten und lauten Gassen ziehen lassen, aus denen die Standbesitzer rufen, Ingwer und Chili duften und der Rauch der gedünsteten Bohnen und roter Beete aufsteigt. Goldene Kopftücher erwerben, Pashmina Schals durch die Hände gleiten lassen. Ingwer, Nüsse und Halwa kaufen und die Schönheit der Menschen beobachten: Ältere Männer und Frauen, schwarz verhüllt und junge, langhaarige persische Johnny Depp Typen. Die jungen Frauen hingegen superschick mit Gehrock und bunten Kopftüchern, halb vom Kopf gerutscht; gerade noch annehmbar und doch schon rebellisch ... und von überall die verschneiten Berge im Blick.

Die Globalisierung ist nicht aufzuhalten. Auch das gemeine Stadtbild wird davon geprägt. So oft hilft leider nur noch ein Blick auf die Straßenkarte, der man entnehmen muss, an welchem Ort der Welt man sich gerade befindet, viel zu sehr gleicht eine Metropole der nächsten. Doch dann kommt man in eine Stadt, in der alles anders ist, in der der leicht abgewaschene Sandstein der Hausfassaden, das sanft goldene Licht der Straßenlaternen, die Felsformationen um die Stadtgrenzen und nicht zuletzt der chaotische Verkehr eine ganz neue, nie gehörte Geschichte erzählen – eine solche Stadt ist Teheran.

Welcome to Iran – ungefähr 50 - 100 Mal werden wir mit diesem Ausspruch von wildfremden Menschen auf der Straße begrüßt. Man hilft uns, beim Geldwechseln, beim Essen bestellen, teilt mit uns Datteln und Tee und reicht uns, während wir auf Sitzgelegenheiten im Bergfluss, direkt am abstürzenden, tosenden Wasserfall hocken, die Wasserpfeife hinüber. Mich berührt dies immer wieder aufs Neue – die herzliche Gastfreundschaft von Restaurantbesitzern bis Eselstreibern. Nicht viele Ausländer verirren sich hierher, Tourismus ist so gut wie nicht existent und tagelang kann man hier über Märkte, Bazaare und Bergwege wandern, ohne auch nur einem anderen Nicht-Iraner über den Weg zu laufen. Umso euphorischer wird man denn auch willkommen geheißen. In Museen werden Kunsthungrige sofort zu persönlichen Reisebegleitern, die direkt vor einem die Historie lebendig werden lassen. Auf dem Markt helfen Einheimische beim

Handeln und im Café in den Bergen, mit Studenten und Eselstreibern wandert eben auch wie selbstverständlich die Wasserpfeife einfach so vom Neben- zum Nachbartisch.

Wasserpfeife überm Bergfluss

Ich liebe Teheran! Nicht die Politik, nicht die Unterdrückung, nicht die Abwesenheit von allem, was wir Freiheit nennen. Aber das Land und seine Menschen, die Bazaare und die Berge, saftige Datteln, seidene Kopftücher und salzige Pistazien. Das Szenario im Berufsverkehr, Polizisten und Autofahrer wild gestikulierend, verwickelt in hitzigen Diskussionen, das Feilschen in den engen Marktgassen um Sesam und Halwa, die Marktschreier, die lauthals Mangos und Granatäpfel anpreisen, frisch gebackene Fladen, Farsimusik, gefälschte Ray Ban Sonnenbrillen oder Abercrombie & Fitch T-Shirts.

Schon die Flüge dorthin liebe ich. Wann sonst hat man solch liebevoll-herzlichen Gäste an Bord. Von überall her Lachen, Witze, Hilfsbereitschaft, Dankbarkeit, Berührungen, Küsse auf Hände, auf Wangen, Umarmungen – fast nie macht mir der Service mehr Spaß.

Darüber hinaus: wer sonst kriegt schon die Chance auf so viele Neubeginne im Jahr. Gleich dreimal darf ich Neujahr feiern. In Deutschland im Januar, in Singapur im Februar und schließlich im März im Iran.

Hymnen der Liebe

Teheran hat zahlreiche Sehenswürdigkeiten zu bieten, unter ihnen der Golestan Palace oder der Sa´d Abad Complex, das National Jewels Museum, Niyavaran Palace Museum, der Tehran Bazaar, die Imam Khomeini Mosque, das Glass und

Ceramics Museum, National Museum of Iran, Carpet Museum und natürlich das Museum of Contemporary Art. Der Darband Mountain Trail führt einen in die Bergwelt und irgendwann wird die Stille dort oben nur noch von gelegentlich vorbeiziehenden Maultieren und ihren Führern unterbrochen.

Ganz besonders anzuraten ist ein Besuch der Schah-Residenz; die schöne und weitläufige Parkanlage beherbergt verschiedene Paläste und Museen. Mein Geheimtipp: Ein "Weltreisemuseum" zweier Brüder über ihre Abenteuer auf Reisen, mit unglaublichen Fotos und witzigen Geschenken ihrer Gastgeber. Allerdings sollte man frühzeitig dort sein, um ohne Hektik alles gebührend zu bewundern, denn bereits am Nachmittag schließt die ganze Anlage.

Den großen Bazaar sollten Frauen nicht ohne männliche Begleitung besuchen, ansonsten, auch auf dem kleinen Bazaar, dem Tajrish Bazaar können auch wir uns frei bewegen, wie sonst eigentlich fast überall auch – vorschriftsmäßig gekleidet vorausgesetzt. Auf dem großen Bazaar werden Stoffe, Teppiche, Geschirr ... angeboten, der kleine führt außerdem eine Fülle von Lebensmitteln, Halwa, Pistazien, Götterfrüchte, Datteln, Melonensaft, Kokosmilch ...

Ja, Frauen haben sich hier im öffentlichen Raum zu bedecken und dies heißt im Klartext: geschlossene Schuhe, lange Hosen, Mantel und Kopftuch; Berührungen mit dem anderen Geschlecht sind in der Öffentlichkeit verboten, es herrscht Alkoholverbot und an vielen Stellen auch Fotografierverbot – mit drohenden Freiheitsstrafen. Viele meiner Kolleginnen verlassen deshalb aus Prinzip nicht das Hotel. Schade drum.

Nein, ich bin nicht politisch desinteressiert, doch in den wenigen Tagen in denen ich mich im Land aufhalte, werde ich, wie schon angemerkt, daran nichts ändern können. Nun kann ich die Schönheit des Landes und die Gastfreundschaft der Einwohner genießen – oder auch nicht. Egal wie sie aussehen mag: sich in seinem Auftreten und Benehmen der jeweiligen Kultur anzupassen, in der man sich gerade bewegt ist generell ein guter Ratschlag. Nicht nur findet man auf diese Weise sehr schnell herzliche Aufnahme in die meisten Bevölkerungsgruppen, man verdient sich auch ebenso schnell ihre Achtung und ihren Respekt und fragt nach so wenigen Problemen wie möglich. Mit Gucci Tasche durch südamerikanische Favelas, mit Hotpants über indische Märkte, im Minirock auf den arabischen Bazaar – wem sein Leben nicht aufregend genug ist …

Die liebliche Stadt

Um sechs Uhr früh reißt mich der Wecker unbarmherzig aus meinen Träumen im luxuriösen Bett der Presidential Residence – zwei Nächte hintereinander nur vier Stunden Schlaf und einen anstrengenden Dienst-Tag später; weshalb tue ich mir das ernsthaft an? Eine halbe Stunde später erhalte ich bereits die Antwort: Alan, mein Reiseführer, holt mich in der Lobby ab, gemeinsam betreten wir das Freie.

Gestern spät in der Nacht sind wir in Ashgabat, der turkmenischen Hauptstadt, gelandet. Auf dem Weg ins Hotel standen mir ca. 30 Minuten lang Augen und Mund vor Staunen weit offen: hell erleuchtete Pracht und Paradestraßen, mit noch pracht- und prunkvolleren Palästen – alles in Superlative – vermitteln skurrile Disneyland-Atmosphäre.

Heute früh bei Tageslicht:
Weißer Marmor aus Italien soweit das Auge reicht, entlang der gesamten Straße der Ministerien. Das Bildungsministerium in Form eines aufgeschlagenen Buches, alles aus reinem, kostbaren Weiß. Das Ashgabat Eyes, ein großes überdachtes Riesenrad. Vor der kahlen, rostroten Bergkette ragt der Neutralitätsbogen in die Höhe. Es heißt, neben der Schweiz sei nur noch Turkmenistan völlig neutral. Mein Reiseführer erzählt mir über die Menschen, viele hier seien zufrieden, sie lebten in einem sicheren Land, beteiligten sich nicht an kriegerischen Auseinandersetzungen um sie herum, die Kriminalitätsrate sei entsprechend niedrig. Die Menschen seien hilfsbereit, freundlich und zuvorkommend; die Straßen geradezu pedantisch ordentlich. Uniformierte an jeder Ecke kontrollieren alles ganz genau. Unglaublich viele Arbeiter(innen) verrichten am Wegrand ihren Dienst, kehren mit selbstgeflochtenen Besen jeden eingebildeten und realen Staubkrümel von Fahrbahnen – und da heißt es, wir Deutschen seien überordentlich. Sie tragen bunte lange Kleider mit Blumen und ethnischen Mustern – ebensolch buntgemusterten Kopftücher tragen lediglich die Hälfte, wirklich verschleiert ist keine von ihnen. Ein muslimisches Land - doch sehr moderat, gemäßigt. Alkohol ist erlaubt, auch Schweinefleisch nicht mit einem Tabu belegt – und inmitten dieses Landes eine Stadt der Superlative: die größte Moschee, die größte Bibliothek der Region.

Das Durchschnittseinkommen liegt bei 500 USD, bei einigen Wenigen weit darüber – bei einem Großteil der Bevölkerung jedoch weit darunter.

Die Einwohner wirken nach außen hin ausgeglichen. Gas, wie auch Elektrizität, Salz und Wasser ist frei für alle ... Über fehlende Presse- und Meinungsfreiheit, Zensur, Menschenrechte und diktatorische Vollmachten des Präsidenten sprechen wir heute nicht ...

Natürlich gäbe es über die Menschenrechtslage in verschiedenen Staaten einiges mehr zu berichten. Der Grund, dass ich dies nicht tue, ist nicht der, dass mich diese gänzlich uninteressiert lassen würde. Nein, der Hintergrund ist, dass ich mich im Auftrag meines Arbeitgebers im Lande befinde und diesem verpflichtet bin. Als freie Journalistin würde ich ganz sicher ein paar andere Worte finden können.

Die Stadt liegt inzwischen weit hinter uns, vor uns nur noch die Berge. Wir nehmen die nächste Biegung nach links und befinden uns mitten in einem Talkessel. Eingekreist von Gebirge und kleinen Bergstraßen, die sich durch, um, über die massiven Felsen winden. Überall an den Hanglagen, Berg- und Straßenkontrollen: in nur wenigen Kilometern Entfernung erreicht man die Grenze zum

Iran. Mir reicht für heute die grandiose Berglandschaft Turkmenistans vollkommen aus.

Auch wenn ich den Nachmittag verschlafen werde – jetzt um 6.30 – das frühe Sonnenlicht wirft Schatten an die Bergwände, -hänge, -täler – sind meine Augen weit offen und ich hellwach.

Kleine Bazare, Sanatorien und Sommercamps inmitten der Felsen ... an einem kleinen, eiskalten Fluss, in dem mein Reiseführer später untertauchen wird, während ich plane, mir lediglich die Füße abzukühlen nach Stunden in schweren Wanderschuhen – ein Plan, welcher allerdings durch seine Spritzaktivitäten in meine Richtung vereitelt werden wird.

Der Aufstieg auf den "Hügel" ist steil und anstrengend, doch nicht nur der Ausblick über das Gebirgsmassiv mit seinen Tälern entschädigt dafür, ab jetzt geht es nur noch bergab, bzw. vorwärts zu Kletterpartien im ebenen Gelände. Vor uns erstreckt sich ein ausgedörrtes Tal, vereinzelte winzige gelbe Blumen trotzen der Sommerhitze, ein ausgedörrtes Flussbett, massive Bergformationen, anders, ganz anders als die Berge in Europa, Südamerika oder Südostasien. Steine, Geröll, dazwischen trotzig singuläre Bäume, die ihre knorrigen Wurzeln in die Felswände gegraben haben – wir wandern ein Stückchen, bis sich das Tal verengt, dann biegen wir ab – mein Guide markiert unsere Biegungen und Wendungen und unsere Kletterpartien mit Ästen, Steinen und kleineren Felsbrocken.

Vor unseren Augen tut sich eine tiefe Schlucht auf – im vorderen Teil, aufgrund großer Regenfälle unter Wasser stehend, so dass die geplante leichte Trekkingtour nun unerwartet doch an Bergsteiger- und Kletterqualitäten gewinnt. Und weiter verengt sich das Tal. Vorsichtig rutschen wir in die Schlucht – ganz tief – ganz kurz befällt mich ein mulmiges Gefühl, was wenn hinter dem nächsten Felsbrocken säbelzahnrasselnde Turkmenen oder wilde Wolfsmütter auftauchen würden – doch die einzigen "Gesichter" die ich sehe, sind die von der Witterung in den Fels eingegrabenen ...

Wir rutschen noch tiefer in die Schlucht und ab jetzt steigert sich unser kleiner Ausflug wirklich zur ausgewachsenen Kletterpartie. Über heruntergefallene Geröllbrocken immer tiefer, bis man glaubt, der engste Punkt wäre nun erreicht; bis die Schlucht noch einmal einen allerletzten Bogen macht und uns nach weiteren 20 Minuten ganz an ihren Endpunkt bringt.

Stille, Enge und gleichzeitig unendliche Weite – angelehnt an die kühlen Felswände – vereinzelte Sonnenstrahlen, die ihre Lichtspiele ins Dunkle werfen. Vogelrufe, Ruhe, geborgen wie in einer Höhle – fast mystisch wie in einem Labyrinth, diese Erfahrung, vom weiten Tal in die enge Schlucht, bis uns der Weg abgeschnitten wird von dichten, massiven, undurchdringlichen Felswänden. Sich langsam zurückbewegen, in die Weite, bis wir wieder auf unserem Ausgangspunkt, dem kleineren Berge stehen werden und das Tal überblicken, mit seinen Bergketten, den Grenzposten, den vereinzelten Baumkronen in Braun und Grau ...

Mein Mut wächst; die Kletterpartien auf unserem Rückweg bewältige ich – bis auf ein einziges Mal – ohne seine Hilfe, was mich mit ziemlich viel Stolz erfüllt. Daneben macht sich Dankbarkeit breit, und mir wird bewusst, dass 99% aller Touristen (selbst die wenigen, die es tatsächlich bis nach Turkmenistan schaffen) dies hier wahrscheinlich nie erleben werden. Und weiter wird das Tal.

Verdientes Mittagsschläfchen

Als wir aus der Schlucht ins freie und helle Sonnenlicht treten, werde ich in Sekundenschnelle dankbar für die Beharrlichkeit meines Reiseführers, mit der er mir weitere Stunden erfrischenden Schlaf am Morgen verwehrt hat. Im Laufe des Tages wird das Thermometer auf weit über 40 Grad klettern – kein Schattenplatz weit und breit. Doch noch ist es auszuhalten, kurz nach 11 Uhr – viereinhalb Stunden waren wir im Menschenleeren unterwegs. Aufnehmen der Stille, der Kraft, der Ruhe der Berge, Rast am Fluss. Zurück mit turkmenischer Musik im Autoradio durch die Bergstraßen – bis irgendwann Ashgabat, die "liebliche

Stadt" oder auch die "Stadt der Liebe" – je nach Übersetzung – vor uns auftaucht. Nur mit Mühe kann ich die Augen noch offen halten ...
... erst am frühen Abend öffnen sie sich wieder ... noch steht auch die Sonne hoch am Himmel und lässt mich selbst durchs Fenster ihre Kraft spüren. Doch nach der Stille dieses überwältigenden Morgens bringe ich es einfach nicht über mich, mich jetzt an den überfüllten Hotelpool zu legen. Ich möchte nicht sprechen, möchte einfach nur das Erlebte auf mich wirken lassen, möchte meine Stille nicht teilen …

Tag 2: Das Hotel sagt, zum russischen Bazar könne man nicht laufen – was bitteschön heißt, man könne nicht laufen?

Schließlich kann man überall hin laufen, darum machen wir uns besserwisserisch auf den Weg, vorbei an den weißen Marmorpalästen, an den künstlich angelegten Flüssen und Parkanlagen – biegen ab in kleine Seitenstraßen und sehen den Putz bröckeln hinter der Fassade: Kleine favelaartige Hausansammlungen zwischen Straßen aus rotbraunem Staub. Nach 2.40 Stunden geben wir auf. Der Planet glüht – weit über 45 Grad. Trockene Hitze – kein Schatten – der Bus ist uns jetzt mehr als willkommen.

Innendrin: brütende Hitze, dampfbadartig, der Schweiß rinnt uns in Strömen über den Körper. An uns, keine einzige trockene Stelle mehr; die Kollegin sagt, im Winter bilden sich Eiskristalle von innen an den Busfensterscheiben – und irgendwie wird man da wieder dankbar für unser gemäßigtes Klima daheim ...
... was lange währt ... Endlich angekommen schmecken eiskaltes Wasser, Aloe Vera Saft mit Mangostückchen, frische Pfirsiche und mit Spinat und Kürbis gefüllte Teigfladen gleich dreifach so gut. Auf dem Rückweg sind wir um einiges gescheiter, springen in den nächsten Bus und zeigen unsere Hotelkarte vor. Der Fahrer nickt freundlich und erst an der Endhaltestelle angekommen wird auch uns klar, dass er so gar keine Ahnung hat. Doch schon kommt Hilfe. Freundlich nickend fährt auch dieser Fahrer los –

die Häuser von Ashgabat werden kleiner und kleiner, das Land rauer und wilder und irgendwann winken die Menschen auf der Landstraße einfach nur noch den Bus heran. Berge und weites Land. Meine Kollegin wird ein bisschen nervös. Ich hingegen genieße die Landschaft. Eine gute Stunde und einige Extra Runden später stehen wir wieder wohlbehalten vor unserem Hotel, dem National- und dem Teppichmuseum.

Ein Taxi hätten wir auch nehmen können. Diese „Taxis" sind eigentlich Privatautos, die auf der Straße angehalten werden – ein bisschen wie damals beim trampen, als man den Schulbus verpasst hatte – doch hier wird für die Fahrt Geld genommen. Nicht viel und doch sollte man sich vor dem Transport, um Überraschungen zu vermeiden, über den Preis einigen. Allerdings kommt man auch mit Bussen ganz gut voran.
Heute Abend geht's zurück. Tausend neue Gerüche, Geschmäcker und Erfahrungen im Reisegepäck wieder in den Dienst, durch die Nacht, in den neuen Tag.

Winterkalte kasachisch-sibirische Steppenweite

Kräne und Bagger, wohin das Auge blickt. Eine überdimensionierte Baustelle. Ständig schieben sich Greifschaufeln vor die Fotolinse. Astana, der Name bedeutet passenderweise Hauptstadt, ist die ebensolche von Kasachstan. Inmitten der russischen Steppe aus dem Boden gestampft, ist ihr erklärtes Ziel, bis 2030 die modernste Stadt der Welt zu sein. Von mir aus. Schön ist allerdings was anderes. Grau und kalt und modern, kein Grün. In der Weite keine Berge, keine Hügel, nichts woran sich der Blick fängt. Weites Ödland und darin moderne Prachtbauten. „Paris hat den Eiffelturm, New York das Empire State und wir haben Astana-Bayterek“ erzählt der junge Kasache stolz. Und fragend fügt er hinzu: „Was müssten wir bauen, um noch schöner zu werden?“ Nur ungern möchte ich seinen Lokalpatriotismus dämpfen, doch das Einzige, was mir ehrlicherweise einfällt, ist „mehr Parkanlagen, mehr Grün, mehr Bäume“. Der Bauschutt verursacht Schmutz – und dieser klebt überall, an den Hausfassaden, Autos, Busfensterscheiben. Dazu ist es winterkalt. Nach Ulaanbaatar gilt Astana als die zweitkälteste Hauptstadt der Welt. Da sich den nordsibirischen Winden in der weiten Steppenlandschaft keinerlei geografische Barrieren in den Weg stellen, gelangen diese ungebremst nach Kasachstan. Nachts kann das Thermometer auf -40 Grad fallen. Die durchschnittlichen -15 Grad Wintertagestemperatur heizen einem dann auch nicht wirklich ein. Ein bisschen deprimierend, sich vorzustellen, hier immer bleiben zu müssen. Wir bleiben nur zwei Tage, darum können wir Sightseeing, usbekisches Abendessen sowie das mongolische Buffet genießen. Und wenn ich übermorgen meine Heimat erreiche und durch grüne Weinberghänge, vorbei an südländisch anmutenden Dörfchen fahre, werde ich ziemlich dankbar dafür sein, dass wir ganz sicher eines nicht wollen: die modernste Stadt der Welt zu werden.

Auf dem Kok-Tobe

Da drüben ist Tibet. Gleich hinter der Bergkette, des Altai Gebirges über dem jetzt langsam der, fast volle Mond, aufgeht und seinen silbrigen Schein über die inzwischen tiefschwarzen Bergkuppen fallen lässt. Seit drei Stunden sitze ich hier. Das Naturschauspiel im Blick. Wie sich das braune Gestein färbt, schrittchenweise, seine Farbnuancen und –schattierungen minütlich variiert, akzentuiert; unentschlossen mal flieder, zartrosa und pink ausprobiert, um sich dann zwischen orange, karmin- und burgunderrot zu entscheiden, mit eingearbeiteten Goldpartikeln. Zum großen Glück hat das Bergrestaurant warme Kuscheldecken und glühende Heizstrahler. Auch die Seilbahn bringt einen bis Elf Uhr nachts wieder sicher auf die Erde und unsere Abfahrt zum Flughafen ist erst mitten in der Nacht.

Polizeigebäude

Aber mitnichten ist der Aufenthalt auf dem Hausberg von Almaty nur zur blauen Stunde entspannend oder sehenswert. Die Natur fährt hier das volle Programm auf, welches man auf den Bergrücken oder auch zu ihren Füßen, auf selbigen oder Zweirädern bestaunen kann – immer entlang kleiner Flussläufe. Dazwischen, ab und an, ein Juwel: traditionelle Märkte, versteckte kleine Stände mit Kunsthandwerk und extrem leckerem kulinarischem Warenangebot. Und immer die hohen Bergwände im Blick.

Gold, Gips und Korallen

50 Grad Plus. Die Sonne brennt nicht einmal. Nur ist es so drückend heiß, dass das Atmen schwer wird. Die Arme und Nasen färben sich, fast wie nebenbei, feuerrot. Unter dem Kopftuch, heiße Haut. Und Atemnot.

Sobald wir jedoch die Markthallen des alten Souq betreten, weht uns kühle, erfrischende Luft um die Nase. Zusammen mit Honig-Karamell-Datteln und geeistem Mangosaft verhindert sie so gerade noch einmal den drohenden Hitzschlag.

Der alte Souq liegt inmitten des Stadtzentrums von Kuwait City. Von Gewürzen über Schmuck und Pashminas, von Metallwaren bis zu frischen Wassermelonen, und von Küchenwaren bis zur Kleidung findet sich hier ein kunterbuntes Kaleidoskop all der Dinge, die man brauchen könnte. Oder einfach nur zu begehren meint. Dazwischen alte Schneiderwerkstätten, Lederreparaturbetriebe, Goldschmieden. In der Nähe des alten Souqs liegt der Goldmarkt – ein etwas irreführender Begriff für eine „Mall“ in der die teuersten Juweliergeschäfte wie Edelsteine auf einer samtenen Auslage hübsch aufgereiht aneinander liegen. Gold, Silber, Diamanten und Perlen geben sich hier ein Stelldichein und wer sehr gerne sehr viel Geld loswerden möchte, dem wünsche ich hier einen wunderschönen, kostbaren Tag.

Wir müssen die Kunst nicht gleich kaufen, um reich und glücklich zu werden, so begeben wir uns stattdessen auf einen kleinen Abstecher ins Sadu House. Aus Gips und Korallen erbaut, beherbergt es heute in seinen Mauern ein Museum für beduinische Kunst und Kultur.

Auch das Buffet am Abend kostet kein Vermögen. Dennoch übertreffen sich die Kostbarkeiten auf den überladenen Platten und Tellern gegenseitig. Mezze neben Halwa, Pita, Pilaw, Baba Ganosh und Tahin, garniert mit Petersilienblättern und Granatapfelsplittern …

Der Duft der großen weiten Welt

Die Wüstensafari in Dubai bringt einen mit einem höchst fragilen Ökosystem in Berührung. Gazellen, und das Oryx leben hier zwischen Palmenhainen, Vögeln, Stille und unsagbarer Schönheit. Soviel Stille und Ruhe gilt es zu genießen, denn innerhalb der Stadtmauern findet man diese nicht. Dubai ist unumstritten die

Stadt der Superlative. Zu Füßen des Burj Khalifa, dem höchsten Gebäude der Welt, sprudelt die – wie könnte es anders sein – größte Wasserfontäne der Erde.

Das alte Dubai jedoch ist es erst, was den Zauber des Orients heraufbeschwört: Nicht die neuen Wolkenkratzer sondern die alten Souks, die duftende Vanille, der leuchtende Safran, die süßlichen Limonen und die kunstvoll bestickten Pashminas. Dazwischen die klimpernden Hüftgürtel, der getrocknete Ingwer; die saftigen Honigdatteln, Rosenwasser und Hennapaste neben Aladinlampen und glitzerbestickten Kopftüchern. In den Straßen der Gewürz- und Goldhändler, in denen an jedem Stand, verborgene Kostbarkeiten auf ihre Entdeckung warten. Und auf das Feilschtalent des glücklichen Finders. Denn die Händler sind gerissen und kurz bevor sie so gar nicht mehr weiterkommen, verfallen sie in klagenden Wehgesang: „Please, Mam, Pleeeeaaase. Wie soll ich sonst meinen Kindern ihr Essen bezahlen?"

Im Shisha-Hafencafe werden auf der Terrasse über dem Creek, Hummus, Baba Ghanouj, Falafel-Petersilien-Limonen Salat, gefüllte, noch warme Weinblätter und Auberginenmus zu Pita und Fladenbroten kredenzt. Dabei sieht man die Abras, traditionelle Holzkähne, Passanten über den Fluss kutschieren. Und wenn dann abends die Lichter angehen und man selbst so über den dunklen Creek gleitet, das Kopftuch über die Schultern gerutscht, die Haare wehen im Wind, die Füße knapp über dem Wasser auf dem schaukelnden Kahn, frischen Kokossaft in den Händen, dann ist das hauptberuflich Reisende zu sein ganz sicher besser als jeder Sechser im Lotto.

Im alten Zarenreich

Sechs Uhr früh - Russland erwacht. Goldglänzend geht der Feuerball über Jekaterinburg auf. Kitschig rosarot färbt sich der Himmel über Kirchentürmchen, Birkenwäldern, Einkaufsstraßen und über unserem Hotel. Auf der Baustelle gegenüber laufen bereits die Bauarbeiter, pfeifen, vermessen; der Straßenlärm wird lauter ...

Für uns heißt es jedoch erst mal ins Bett kriechen, Vorhänge zuziehen, einkuscheln, der neuen Welt da draußen für ein paar Stunden verlorengehen ...

... Einige Stunden später versinkt goldrot die Sonne am Horizont, nimmt mit sich einen ziemlich erfüllten Tag, mein allererster in Russland. Nimmt mit sich stundenlange Spaziergänge durch die alte Zarenstadt, vorbei an ehemaligen sozialistischen Fabrikbauten, heute Heimat von stylischen Einkaufszentren und bunten Nachtclubs, schicken Cafés, lustigen Denkmälern, überladenen Ständen von frischem Obst und Gemüse – und nicht zu vergessen, das allerbeste am Reisen, die Begegnungen mit hilfsbereiten und äußerst liebenswürdigen Menschen.
Zu Abend essen wir in einer winzigen Datscha, begleitet von leckeren Cranberrydrinks und jetzt, schon spät in der Nacht, macht uns dieser spektakuläre Sonnenuntergang seine Aufwartung. Und dann weiß ich wieder, wieso ich mir die-

sen Job antue: Nachtflüge, Frühaufstehertouren, konstantes Schlafdefizit inklusive.

Europäisch-asiatische Grenze

Wir treffen Natalya früh am nächsten Morgen. Glücklicherweise hat sie auf die Schnelle einen Babysitter organisieren können und führt uns jetzt Richtung Moskau, auf die Straße der Tränen, die Sibirien mit dem "Heimatland" verbindet. Imposante Kirchtürme, große Birkenwälder im Ural, alte, zum Teil halbverfallene, zum Teil ganz neu angestrichene und herausgeputzte Häuschen in kleinen Dörfchen kreuzen wir auf unserm Weg. Zwischendurch finden wir noch etwas Zeit zum Besichtigen alter Kathedralen und eines alten Mafiafriedhofes – nichts Schöneres, als mit Einheimischen zu reisen ...
Unsere Entdeckungstour findet ihren Höhepunkt an der europäisch-asiatischen Grenzlinie, welche ca. 20 km westlich von Jekaterinburg verläuft. Geographisch gesehen befinden wir uns hier schon auf asiatischem Boden ...

Zurück in die Fußgängerpromenade des Stadtkernes. Nach den fettigen Kartoffeln mit Champignons in triefender Butter von gestern Abend, braucht es zur Abwechslung heute ganz dringend leichte und frische Nahrung. Die Entscheidung fällt auf Cocktail und Pasta mit Blick auf die goldenen Kuppeln der gegenüberliegenden Kathedrale. Dabei Menschen von meinem "Aussichtspunkt" aus beobachten: die jungen russischen Frauen, wunderschön und doch für unsere Verhältnisse, ziemlich freizügig gekleidet und die Männer, die kaum mithalten können, mit dieser Schönheit.

Apropos Schönheit: der erschöpfte Körper verlangt – selten, aber doch ab und zu mal – Zeit, für ein bisschen Wellness. Die Sonnenstrahlen reinlassen, frisches Obst knabbernd, schreibend, die Seele reisen lassen; ins Badewasser abtauchen und abends zum Cocktail in die Bar. Auch das kann „Layover“ sein: Home away from Home!

Der nächste Tag steht ganz im Zeichen der Kultur. Ich beginne ihn mit einem Fitnessprogramm im Spa und Gymbereich, hoch über den Dächern der Stadt, mit Blick auf den City Pond und die goldene Kuppel der "Kathedrale auf dem Blut". Sie steht, als Wahrzeichen der Stadt, erbaut auf der Stelle, an der einst die Zarenfamilie ermordet wurde. Fitness, Ballett und Yoga im angrenzenden Tanzsaal und kurz danach wechsle ich zu einem langen und ausgedehnten "Obstfrühstücksbrunch".

Am Abend treffe ich mich mit meinen Kollegen in der Oper – ein aserbaidschanischer Ballettabend über Liebe und Tod steht auf dem Programm. Nach drei Stunden Kunstgenuss machen wir uns auf in die gemütliche Lounge der Skybar zum Dinner mit Cocktail. Am Fluss entlang "nach Hause" schlendern und zum "Go to Bed - Drink" zusehen, wie der Himmel seine Schattierungen von Minute zu Minute verändert: schwarz, nachtblau, hellaquarell, gelborange, tiefburgund. In die Federn sinken und träumen von russischen Zaren und Bären in der Weite des Ural ...

So viele Dinge geschehen beim Reisen:
man wird innerlich um so vieles reicher, selbst wenn man äußerlich vielleicht ärmer wird. Gleichzeitig lernt man aber, mit wenig auszukommen, zu improvisieren und irgendwie stößt man am Ende immer auf Hilfe.

Dadurch wächst das Zutrauen in das Gute der allermeisten Menschen. Die Welt ist ein viel schönerer Ort, als gemeinhin angenommen wird.

Die Dankbarkeit wächst, das persönliche Glück und das Gefühl von Erfüllung und damit verbunden, die Gewissheit, im Leben tatsächlich nichts versäumt zu haben.

Die Wünsche wachsen, weil man seine Möglichkeiten erkennt und sieht, dass man seine Träume leben kann. Und plötzlich wird die Welt leicht und bunt und nach Paragliding über dem offenen Ozean und Speedbootfahren knapp über den Atlantik, wachsen den Träumen Flügel und alles wird möglich. Weil man anfängt, immer mehr Möglichkeiten, statt Begrenzungen zu sehen und irgendwann glaubt man dann daran, dass man tatsächlich alle seine Träume leben und in die Tat umsetzen kann – und dann fängt das Leben erst an, richtig Spaß zu machen!

Man lernt, Freiheit hoch zu schätzen, die einem diese Erfahrungen erst ermöglicht; umso mehr, als man eben auch in Länder reist, in denen genau dies nicht selbstverständlich war oder ist.

Man lernt auch Ruhe und Zeit für sich ganz neu zu schätzen, um all diese Begegnungen und Erfahrungen zu verarbeiten und die unfassbare Schönheit der Welt auf sich wirken zu lassen.

Und ganz nebenbei lernt man, Leichtigkeit und die Gewissheit: irgendwie ist alles perfekt!

Man kommt sich selbst ziemlich nah, denn trotz aller lieben Reisebekanntschaften, bleibt man bei sich und mit sich und fühlt sich und seine Wünsche und Bedürfnisse so neu und intensiv wie vorher nie.

Allerdings – und das könnte die Kehrseite sein – kann man nirgendwohin vor sich selbst weglaufen. Die Alltagssorgen fallen ab, man spürt Freiheit und sieht Wünsche vor seinen eigenen Augen in Erfüllung gehen. Doch ebenso spürt man auch seine unerfüllten Wünsche und Sehnsüchte sehr deutlich, weil der Blick nicht mehr verstellt wird, auf das Echte und das Wichtige.

Träume werden intensiver, Sehnsüchte reifer, Ziele klarer und langsam kristallisiert sich heraus, wer du wirklich bist und wovon du wirklich träumst und irgendwie kommst du als ein anderer nach Hause, transformiert, verändert, gereift.

Am Wasser in der Sonne sitzen, Boote vorbeitreiben sehen. Die goldene Kuppel der Blutskathedrale im Hintergrund. Summer in the City, fast 30 Grad in Jekaterinburg. Die Menschen flanieren vorbei, ihren kurzen Sommer genießend. Kirschen und Mangosaft am Ufer, eine kühle Brise weht vom Wasser her, Gitarrenmusik von den Straßensängern hinter mir ...

Love makes the world go round

Nein, finanziell reich wird man tatsächlich nicht in meinem Beruf. Der Reichtum, den man hier findet ist von ganz anderer Art.

Heute Nacht geht's auf den Nachtflug und das heißt, kein Schlaf für mich, bis irgendwann mittags. Am Morgen werde ich kaum noch die Augen aufhalten können, mein ganzer Körper wird schreien "schlafen, schlafen!!!" doch heute hier am Fluss in der Sonne mit Mangosaft, während die Boote, Skater, Kleinkinder und Minihündchen mit Kopfputz und an rosa Leinen an mir vorbeihuschen, wollte ich mit Nichts und Niemandem auf der ganzen Welt tauschen.

Russische Großmütterchen empfangen mich im Museum für Juwelier- und Steinkunst. Alte Kunstgegenstände in fast genauso alten Vitrinen, beleuchtet von halb durchgebrannten, rußschwarzen Klipplampen aus weißem Plastik. Die 70er Jahre Kinder erinnern sich vielleicht noch an diese kleinen Leuchten, die man über den Schreibtisch oder das Bett klemmte. Eine kleine Mamutschka läuft vor mir her, von Vitrine zu Vitrine und schaltet eine Lampe ein – und nach mir wieder aus. Raum um Raum verhilft sie mir so zur Erleuchtung.

Die Liebenswürdigkeit und Hilfsbereitschaft hier berührt mich tief: die Saftverkäuferin, die mir Extra Säfte mixt. Die Bürodamen, die für mich ihre Schuhen und Jacken anziehen und fünf Häuserblocks mit mir laufen, um eine Adresse zu finden. Die Jungs von der Straße, die gerade einen Parkservice aufziehen und für mich ganze Straßenkarten drucken lassen. Und natürlich das kleine Großmütterchen, das wissen will, wie es mir gefällt und als ich nicht verstehe, hebt sie ihren Daumen fragend zum Perfekt-Zeichen. Ich antworte lächelnd: „da, ja, Daumen hoch, alles wunderbar hier!“

So richtig romantisch wird's allerdings erst noch – am Abend. Sommer im hohen Norden. Das heißt, so lange in der Sonne zu verweilen, zu picknicken, zu singen, Braut- und Liebespaaren, Ruderbooten und leuchtend bunten Luftballons hinterherzuschauen ... bis sie endlich untergeht. An Orten, an denen der Sommer so gar nicht selbstverständlich ist, wird jede einzelne kostbare Sonnenstunde gefeiert, als ob es die allerletzte wäre.

Am späten Nachmittag erst, auf dem Künstlerpfad entlang. Ein roter "Faden", ist eigentlich ein rot gemalter Streifen auf dem Gehweg und führt in einem etwa zweistündigen Fußweg zu den Skulpturen, Galerien und Museen der Stadt. Auf ihm, den Monumenten Respekt zollen und den Ausstellungen. Es heißt, wer auf der Tastatur des "Keyboards" seinen Wunsch eingibt, dem geht er in Erfüllung.

Im Museum of Fine Arts findet ein sehr spezielles und besonderes Event statt. Es ist die Nacht der Museen, mit Tanz und Pianokonzerten und dazwischen verbirgt sich ein ganz einzigartiger Leckerbissen:

Die Gewinner eines landesweiten Fotowettbewerbes zum Thema "Best of Russia" geben sich die Ehre. Hunderte sind es geworden, aus Tausenden. Einzige Bedingung: das Bild muss in Russland entstanden sein. Und hier hängen sie nun, kategorisiert, um entsprechend gewürdigt zu werden: beeindruckend, lustig, melancholisch, still und manchmal tieftraurig:

ein Fahrradfahrer im tiefen Schnee; Fußballspielende Jungs im Morgenlicht; Kinder auf einem Spielplatz, junge Frauen vor dem Ausgehen; Nebelschwaden über rauchenden Fabrikschornsteinen; Schafherden im Uralgebirge – kurz vor einem Gewitter; bunte Vögel im Winter; weiße Tauben vor grauen Soldaten; Schneeschmelze im Dorf; Rentiere beim Durchqueren einer Nehrung; Braunbären zwischen Eisschollen; der Kreml im Schneekleid; trauernde Witwen auf dem Dorffriedhof; eine Großmutter bei einer Demonstration; eine alte Frau und eine Katze, als einzige Überlebende eines Dorfbrandes hält sie ein Bild in den Händen ... tiefberührende Einblicke in den russischen Alltag ...

Schlussendlich versinkt sie dann doch noch – die Sonne – über dem Fluss und der goldenen Kuppel des Wahrzeichens von Jekaterinburg. Ein geschenkter Sommerkurzurlaub im hohen Norden, Eintauchen in eine für mich ganz neue Kultur, einmal mehr über den Tellerrand geblickt, einmal mehr aufgebrochen zu völlig neuen Horizonten ...

Himmlische Geschichten

Da sich die Menschen den Alltag einer Flugbegleiterin schlecht vorstellen können, hier mal ein kleines Beispiel zur Veranschaulichung. Bereits eine geraume Zeit vor dem Betreten des Flugzeuges beginnt die Anreise an den Flughafen (in meinem Fall drei Stunden Fahrtzeit) und im Anschluss die persönliche Flugvorbereitung: Einsicht in Passagierlisten, Buchungszahlen, Allergikeressen und bestellte Rollstühle, mitgeführte Tiere, allein reisende Kinder und länderspezifische Besonderheiten. Welche Personen brauchen an Bord unsere besondere Aufmerksamkeit und Unterstützung? Gibt es vielleicht besondere Einreisebestimmungen, welche Formulare müssen ausgefüllt werden, wie gestalten sich die Zollvorschriften und damit das notwendige Verplomben? Wie viele Koscher- oder Hinduessen sind beladen, gibt es neue sicherheitsrelevante Vorkommnisse, denn nicht jedes Land erfreut sich zu jeder Zeit des gleichen Friedens wie wir. Rund um Embargos, Demonstrationen, Auseinandersetzungen und anstehende Wahlen ist hin und wieder erhöhte Vorsicht geboten.

Welche kulturellen Besonderheiten, im Land und während des Service, sollten wir beachten? Passagiere des anderen Geschlechts auch dann nicht berühren, wenn sie Hilfe brauchen oder ihnen bei der Begrüßung nicht in die Augen blicken? Sollen wir ihnen ihr Essen mit beiden Händen anreichen oder lieber nicht die linke Hand benutzen? Eine Entschuldigung mit einer Verbeugung versehen oder uns vor allen Dingen um Familien mit Kindern kümmern, da diese als das höchste Gut angesehen werden. Welche Kleidervorschriften gelten im Zielland und welche Verhaltenskodices?

Nach der persönlichen Flugvorbereitung trifft sich die Crew, um sich kennenzulernen, Fragen zum Flugverlauf, Flugzeiten, evtl. Turbulenzen u.ä. zu besprechen, Arbeitspositionen festzulegen sowie Emergencyrelevante Situationen durchzugehen: was tun bei Feuer in der Kabine, bei vorbereiteter Notlandung, bei einer Evakuierung nach Notwasserung oder bei Druckabfall in der Kabine ...

Im Anschluss dürfen wir noch mal strippen für das nette Sicherheitspersonal. Auf dem Flieger angekommen kommen die Checklisten zum Einsatz: wir prüfen die Beladung und Funktionsfähigkeit der Feuerlöscher, Sauerstoffflaschen, Megafone, Notsender, des Defibrillators, der Verbandskästen und des Doktorskit. Nichts wird hierbei dem Zufall überlassen. Sind genug Stablampen an Bord, funktioniert die Türöffnungsautomatik einwandfrei, reicht der Druck der Rutsche aus, ist das Verfallsdatum der Rauchschutzhauben noch nicht abgelaufen? Erst danach wenden wir uns den Servicevorbereitungen zu. Sind genügend Essen beladen, funktionieren alle Öfen und Kaffeemaschinen, wie sieht es aus mit Seife, Handtüchern, WC Papier? Sind Kissen und Decken in ausreichender Anzahl vorhanden, Spielsachen und Babynahrung? Wir verteilen Kopfhörer, bereiten die Getränkewägen vor, besprechen die Serviceabläufe – und dann geht es los:

Während des gesamten Fluges kümmern wir uns um alle Wünsche und Bedürfnisse unserer Gäste und auch nach dem Deboarding sind wir noch lange nicht fertig. Wir sammeln Kindergurte und liegengebliebene Kopfhörer ein, stauen Zeitschriften zurück und gehen auf Suche nach zurückgelassenen Fundstücken.

Bis wir durch alle Sicherheitskontrollen im Hotel angekommen sind, vergehen noch mal gute 1 ½ Stunden. Rechnen Sie kurz nach, was das bei einem 11-14 Stunden Flug bedeutet – meist Nachtflüge, darf ich als Randnotiz einfügen (was bedeutet, weil man ja nicht vorschlafen kann, dass man da bereits vorher schon 8-14 Stunden auf den Beinen war). Auf die Frage, gestellt in Buenos Aires, nach einem 13 Stunden Nachtflug „Fliegen Sie jetzt gleich wieder zurück?“ kann es daher nur eine mögliche Antwort geben: „Natürlich, und im Anschluss gleich noch nach Tokio!“

Ein nettes Ehepaar in den mittleren Jahren betritt den Flieger, die hübsche Frau begrüße ich freundlich, ebenso ihren folgenden Begleiter: „Ein herzliches Willkommen an Bord!“ „Dies ist meine Frau“, erklärt er mir. Nur ein ganz klein wenig verwirrt, was ich mit dieser Info anfangen soll, bildet sich kurzfristig ein mittelgroßes Fragezeichen in meinem Gesicht. Ein Herr vom Fensterplatz wirft ein: „Wer weiß mit wem er sonst noch so unterwegs ist“! Besagte Ehefrau hilft uns dann aber doch noch schnell aus der Patsche, mit ihrer ganz eigenen Erklärung: „Nein, wissen Sie, er muss das einfach so oft wiederholen, damit er es nicht vergisst – oder verdrängt. Männer werden halt auch in Österreich nicht besser mit dem Alter, das ist nicht wie beim Wein!“ Na dann, Cheers!

Über Wurzeln und Flügel

Unser Leben ist kein normales. Heute Peking, morgen Bangkok und übermorgen in der Südsee. Dazwischen Turbulenzen über den Wolken, orangefarbene Sonnenaufgänge am Horizont, Servieren von Champagner und in der Pause naschen vom Kaviar. Eine Unterhaltung von zwei Stewardessen läuft in etwa folgendermaßen ab: „Hallo Liebes, ich komme grad aus Astana und du?“ „Ich bin grad aus

Bombay zurück – so müde. Wollen wir nächsten Monatsanfang zusammen nach China fliegen?“ „Das geht leider nicht, da bin ich schon in Mexico und danach in Tel Aviv. Aber nach Boston hätte ich Zeit. Wie sieht´s da bei dir aus?“ „Eigentlich ganz gut. Ich muss zwar noch nach Denver und San Francisco, aber vielleicht können wir ja zumindest noch zusammen zum Weihnachtsmarkt nach Budapest. Ich schreib dir in zwei Tagen wieder, da hab ich dann frei in Nizza!“
Bei 7-10 Tagen zuhause, den Rest der Zeit in der Welt und über den Wolken unterwegs, bei unvergesslichen Begegnungen, fällt es extrem schwer, ein Privatleben aufrecht zu erhalten. Mit Menschen in der „normalen“ Welt. Und doch ist es eklatant wichtig. Zur eigenen Stabilität, um die Bodenhaftung zu behalten und sich zu erden. Um nicht abzuheben. Und um nicht aufgedreht zurück in eine leere, einsame Wohnung zu kommen, von all unsern Weltspaziergängen. Ich nenne sie gerne so, weil wir nicht im Land herumreisen, es nicht wirklich kennenlernen können. Wir unternehmen Spaziergänge nach Feierabend, wie andere Leute auch, doch unsere Spaziergänge führen uns eben nicht durch die ewig gleiche Fußgängerzone, sondern durch alle Ecken unseres schönen Globus. Die Flügel haben wir. Bei aller Anstrengung, was wir uns dringend bewahren müssen, sind die Wurzeln.

"Ich hab ja nichts gegen Menschen; ich hab nur was gegen Menschen im Flugzeug." (Zitat: Kollegin)

Ich laufe – bzw. schwebe, wie meine Ausbilderin gerne zu sagen pflegte („in Uniform werden Sie nicht mehr laufen, sondern geradezu schweben“) - so den Gang entlang, als mir ein misslauniger Herr seine Decke, begleitet von einem Schwall fremdländischer, unfreundlich ausgesprochener Wörter, vor die Füße pfeffert. Lächelnd hebe ich sie auf und frage, ob er sich sicher ist, sie während des gesamten Fluges nicht mehr zu benötigen. Eine weitere unverständliche Schimpftirade geht auf mich nieder. Und an dieser Stelle muss ich Ihnen meine Menschlichkeit eingestehen. Ich habe nichts übrig, für Menschen, die einen Raum (und sei es auch ein kleiner röhrenförmiger Raum, in dem man mit Beengung, Einschränkung und Klaustrophobie rechnen muss) betreten und sich aufführen, als seien sie die Herrscher des Universums. Der Egoismus im Flugzeug nimmt mitunter Formen an, die beim besten Willen nicht mehr nachzuvollziehen sind. Wie kann demzufolge ein Herr in einer Notausgangsreihe mit 2 Meter Beinfreiheit, einer Frau mit einem 3-monatigem Baby auf dem Schoß, zuerst diesen Platz verweigern, an dem sie ein Babybettchen hätte aufhängen können, so dass sie ihr Kind nicht 13 Stunden lang auf dem Schoß halten müsste und dann zu allem Übel auch noch seinen Sitz so weit zurückklappen, dass nicht nur die Frau kurz nach der Geburt sich keinen Zentimeter mehr bewegen kann, sondern darüber hinaus auch das Neugeborene kaum noch genug Luft zum Atmen hat. Wie kann darüber hinaus derselbe Passagier auf unsere höflichen Aufforderungen mit genervtem Augenrollen und hörbarem Ausatmen reagieren? Wie können Passagiere, wie auf einer Privatreise geschehen, dem Gast vor ihnen beim Schlafen, fest in die Augen pieken, damit er sie hinauslässt oder auf höfliche Bitten anderer Gäste, ihren Sitz ein wenig nach vorne zu schieben, mit lautstarken Auseinandersetzungen antworten.

Wieso können sie nicht verstehen, dass sie in einem dunklen engen Gang nicht ihre Schuhen und Taschen stapeln können, weil diese Stolperfallen darstellen, durch die sich bereits eine Passagierin den Kopf aufgeschlagen und eine Kollegin das Bein gebrochen hat – undenkbar in dem Moment wäre eine Mutter mit Säugling dort entlanggelaufen. Ist ein klein wenig Rücksicht wirklich zuviel verlangt? Ist es wirklich vermessen zu denken, dass auch auf engem Raum die grundlegenden Höflichkeitsregeln im menschlichen Umgang noch Gültigkeit haben sollten?
Sorry, ich weiß, dieses Kapitel ist nicht komisch, ganz einfach weil es nicht zum Lachen ist. Irgendwann ist einfach Schluss mit lustig und für mich hört an dieser Stelle definitiv der Spaß auf!

Unlustig wird´s auch wenn der Ernstfall eintritt. Dafür erneuern wir jährlich unsere Lizenzen als Notfallhelfer. Wenn man nämlich mal einen echt schlechten Tag erwischt, dann bricht ein Feuer aus, kollabiert ein Gast, befinden sich Gefahrgüter, Bomben oder gewalttätige Passagiere an Bord, kommt es zu einem Druckverlust oder einer Notlandung und im äußersten Notfall zur Evakuierung der Kabine. In diesem Fall müssen wir wissen, was zu tun ist, um unsere Gäste und unseren eigenen Hintern zu retten – in genau dieser Reihenfolge. Schon allein dadurch ist ersichtlich, dass auch wir extrem daran interessiert sind, gut informiert auf einen Flug zu gehen. Da wir nämlich nicht davon ausgehen können, dass uns auf jeder Reise Ärzte, Polizisten, Feuerwehrleute oder Mitarbeiter des Technischen Hilfswerkes begleiten, müssen wir in der Lage sein, dieses Manko so gut als möglich auszugleichen. Emergency, einschließlich Notlandung und Evakuierung, Security, psychologische Gesprächsführung, Feuerbekämpfung, Gefahrgutbehandlung, Bombensuche, Erste Hilfe und Reanimation stehen auf der Liste der Punkte, die alle Jahre wieder von uns erwartet werden und deren Kenntnisstand wir in diversen Prüfungen unter Beweis stellen müssen. Dazu gehören auch nichtalltägliche Trainingssituationen, wie das Telefonieren mit angelegter Rauchschutzhaube, die Seerettung mit vollgesogener Kleidung, oder das Bergen einer handlungsunfähigen Person aus ihrem Sitz. Egal bei welcher Airline wir arbeiten, dieses Training wird vom Gesetzgeber vorgeschrieben, damit Sie sich jederzeit in sicheren Händen fühlen können. Wir wissen, was wir tun, sonst dürften wir Sie nicht auf Ihrem Flug begleiten. Dafür sind wir eigentlich an Bord. Den Kaffee servieren wir Ihnen nur, solange unsere anderen Fähigkeiten glücklicherweise nicht benötigt werden – was hoffentlich niemals vorkommen wird. Deswegen können wir auch nicht dereinst durch Cola-Automaten an Bord ersetzt werden. Jemand muss da sein, um sich um Sie zu kümmern – vollumfänglich. Damit Sie mit uns jederzeit sicher starten – und sanft landen.

Ich möchte fliegen, die Wolken verschieben

Der Sonne entgegen, dass müsst ihr verstehn

Mein erster Aufenthalt in der Karibik, in kristallklarem Wasser, unter strahlendblauen Himmel und mit mehr als genug Sonnenschein führt mich in die Dominikanische Republik.

Traumreisen beginnen immer mit dem Träumen ... und während sich die Sonne über dem grünblauen Meer, über dem sich dieser hellblaue Himmel mit der schmalen Mondsichel und diesen weißen Federwolken, die wie tanzende Nordlichter am Himmel aussehen, anschickt zur Bettruhe;

während karibischer Wind meine Haare, meinen Hippierock und das Fransentuch flattern lässt, erinnere ich mich an meine Entscheidung vor ein paar Jahren, mein Leben ganz und gar zu verändern. Damals begab ich mich auf eine Reise, die nie mehr enden sollte und durch die mein Leben sich ein für alle Mal und vollständig verwandelte. Die mich zur hauptberuflich Reisenden machte, zu einer Servicefachkraft an Bord und zu einer Schreibenden über ferne Länder, fremde Geschmäcker und Gerüche, Menschen und Gebräuche, Gedanken und Geschichten ...

Manchmal wenn sich ein Traum verabschiedet, muss er vielleicht genau das tun, um all den anderen Träumen Platz zu schaffen, ein bisschen so, als wenn man die Gardinen abnimmt, um die Sonne herein zu lassen; so, wie wenn man den Kleiderschrank aussortiert, um die neue Kollektion der Saison dort gebührend empfangen zu können.

„Am Ende ist alles gut", heißt es oft, doch hier im Sonnenuntergang durch die Karibik zu schippern, das Meer unter, den Himmel über und den Mojito neben mir, ist meine Reise weder zu Ende, noch gut, sondern kommt eher schon gefährlich nahe an die Vorstellung von Perfektion heran.

Die einstige Flucht hat sich verselbständigt und mir ein Leben geschenkt, von dem die meisten nur träumen. Der alte Satz, „träume nicht dein Leben sondern lebe Deinen Traum", so banal er klingt, ist heute meine – manchmal auch für mich surreale – Realität.

Und es gibt noch ein drittes Sprichwort: „Auch wenn der Himmel bereits mit Sternen bedeckt ist, kannst Du Dir jederzeit Deine eigenen erschaffen" ...

Nachts um eins. Der Wind streichelt leise die Haut. 28 Grad. Die rauchige Stimme der Sängerin und das Meeresrauschen als Untermalung. Der rote Wein im Glas, als Nachtisch nach karibischen Cocktails ... ganz sanft schwankt das Schiff, ganz hell leuchten die Sterne, ganz still breitet sich das Glück aus – ganz weit.

Flieg deinen Träumen mit Leichtigkeit entgegen

Das Leben kann so schön sein: ein schattiges Plätzchen – dringende Zuflucht vor der prallen karibischen Sonne – Zitronen-Eis-Wasser und Tequila Sunrise inklusive. Die Schiffshymne erklingt, während das Schiff den Hafen verlässt, während Arubas Lichterschein kleiner und schwächer wird und die Erinnerung noch bei Victor und Lili im bunten Bus verbleibt und auf dem Markt zwischen bunten Pareos, Kettchen, frischen Kokosnüssen, dem puren karibischen Leben, seinem Geschmack und seiner Musik ... und der Gastfreundschaft der Menschen hier auf Aruba – one happy Island ...
Die tiefe, melodiöse Stimme der Sängerin und der Virgin Golden Cadillac machen den Abschied jedoch ganz leicht – bis morgen früh.

Egal wohin du willst, wir fliegen um die Welt

Curacao – das sind bilderbuchartige Traumstrände mit versteckten Buchten, kristallklares und türkisblaues Wasser und eine, an Artenvielfalt kaum übertroffene, Unterwasserwelt, neben bunten Fassadenhäusern, schwimmenden Märkten und dem bekannten tiefblauen, hochprozentigen Curacao-Likör. Mit ihm, so sagt man, entstehen die allerherrlichsten Mixgetränke und der sanft türkisschimmernde „Swimmingpool" sähe wirklich extrem verlockend aus, gäbe es da nicht diese eine Geschichte, in der ich mich – mit 13 Jahren – auf meiner allerersten Party befand, umgeben von ausnahmslos sehr viel Älteren, die meinten, es wäre sehr lustig, mir diesen Likör als Gummibärchensaft zu verkaufen ... bis zur Alkoholvergiftung. Seine Verköstigung überlasse ich demnach getrost meinen lieben KollegInnen.

40 verschiedene Nationalitäten verteilen sich in Curacao auf nur 142.000 Einwohner. 80% von ihnen sind karibisch-niederländischen Ursprungs, mit niederländischer Staatsangehörigkeit. Der Rest von ihnen, teilt sich in eine bunte Mischung von Eingewanderten aus aller Herren Länder: Afrika, Europa, Nord- und Südamerika, der Karibik, Asien, Australien und dem Nahen Osten, die irgendwann einmal hier hängengeblieben sind, bei Sonnenschein und Rumpunsch ...

1634 übernahmen die Niederländer das kleine Eiland von den Spaniern und errichteten schnell einen Handelshafen, der leider sehr bald zu einem Handelshafen für Sklaven wurde, doch dies gehört zum großen Glück der Vergangenheit an. Heute hört man auf den Märkten einen bunten Sprachmix aus Niederländisch, Spanisch, Englisch und Papiamento – dazu der Sprachcocktail der Einwanderer und trotz ihrer unterschiedlichen Herkunft leben die Menschen hier friedlich miteinander.

Auch das alte Erbe wird gepflegt und erhalten. Tempelruinen im Regenwald, welche das alte Maya-, Inka- und Aztekenreich wieder auferstehen lassen, verzaubern und führen ein in die Weisheit, des ursprünglichen Lebens, in schamanische und naturreligiöse Rituale. Und dies alles inmitten einer fast völlig intakten Flora und Fauna. Nehmen Sie bitte nur Fotoaufnahmen mit und hinterlassen Sie nichts als Fußabdrücke.

Schon früh um sieben küsst unser Vogel die Startbahn. Aus der Stadt zu unseren Füßen leuchten uns bonbonbunte Häuschen entgegen. Eine kleine Villa Kunterbunt neben der anderen; ihnen vorgelagert am Hafen die schwimmenden Märkte, die treibende Brücke, die Reggaeklänge der Rastafaris, der Rumpunsch, die Sonne, der weiße Sandstrand, die Kokospalmen, das kristallklare, badewannenwarme Wasser, die großen Klippkrabben, Seeigel und weiße Möwen, die sich in Bruchteilen von Sekunden ins Wasser schnellen lassen, sobald sich die Chance auf einen Nachmittagssnack auftut ...

... die einzige Frage die bleibt, während man selbst im warmen Blau treibt, ist: dreht man sich auf den Rücken, Füße in die Höhe oder lieber auf den Bauch, kaulquappenartig – so vergeht der Tag, fast philosophisch. Zur Stärkung benötigt man dringend eine Frozen Mango Margherita an der Strandbar und als der Katamaran ablegt vom Pier, auf der Fahrt in den Sonnenuntergang, sitzt man ganz vorne am Bug, die Füße hängen nur knapp über dem türkisblauen Meer mit seinen bunten, wuseligen Bewohnern; die Segel sind gehisst, mal wieder gut gekühlter Rumpunsch in der Hand und die Sonne versinkt als feuerroter Ball ganz weit hinten, am Ende des Horizonts ...

Über dem Dschungel schweben

„Heyey“ – hallt die Stimme vom anderen Ende der Schlucht zu uns herüber – das ist das Zeichen: ein fester Schubs von meinem Tourguide und ich schwebe: über Wasserfälle hinweg und plätschernde Bächlein, welche sich über große blanke Steine weben, über große bunte Blumenkelche, von deren Nektar winzigkleine, zittrigflatternde, flügelschlagende Kolibris kosten. Ich schwebe über den vibrierenden Regenwald von St. Lucia, gesichert an Stahlseilen, von einer Plattform zur nächsten, hoch oben zwischen den Wipfeln und Baumkronen, den Lianen, Libellen und Schmetterlingen, schwinge mich wie Tarzan über Abgründe, rutsche metertief im freien Fall und gleite über den nächsten Wasserfall hinweg, Fahrtwind im Gesicht ... sollte ich noch was schreiben über das Glück? Die Welt zu Füßen, ein Gefühl von absoluter Freiheit – gleitend zwischen Himmel und Erde, karibische Luft um mich, die mich streichelt wie der beste Liebhaber der Welt und mich weiterweht zu neuen Abenteuern am ganz anderen Ende der Erde.

Vor ein paar Jahren fing alles an, doch die Sehnsucht wächst mit jedem Tag, mit jedem Land, mit jeder Begegnung. Der Hunger nach allem was fremd ist, neu und bunt – nach Gewürzen, Gerüchen, nach Musik, nach Leben, sinnlich, salzig und dem Gesang der Möwen, Wale und des Meeres. Nach Äffchen in Gebirgshöhlen, nach Wasserfällen, Reggaemusik, Salzwasser, nach Cocktails und Mangosalsa, schneebedeckten Bergen und karibischen Traumbuchten, nach argentinischem Tango, mexikanischen Weiten, nach unwirtlichen Mondlandschaften im Eismeer, dem immerwährenden Frühling mitten im Atlantik, nach den schneebedeckten Bergen von Teheran, dem frischen Kokosnusswasser auf dem thailändischen Fluss im Sonnenuntergang, den indischen Tempelanlagen, nach israelischer Gastfreundschaft und Granatapfel-shake. Nach dem Himmel, dem Meer, nach der Welt, der ganzen, lauten, bunten, stillen, leisen, nach ihren Stränden, Küsten, Menschen, nach ihrer Liebe, Herzlichkeit, ihrer Sehnsucht, ihren Träumen und Geschichten, ihren Schätzen, ihrer Freiheit, ihren Wundern und ihrer Verletzlichkeit.

Lange Sandstrände, Korallenriffe, fischreiche Gewässer, dichter Regenwald, ein Vulkan und heiße Schwefelquellen – wer die fast unberührte Natur sucht, wird hier fündig werden. Die kleine Inselschönheit beherbergt außerdem so ziemlich die nettesten und herzlichsten Einwohner, die man sich vorstellen kann. Ein buntes Konglomerat aus unzähligen Nationen lebt hier in Frieden und Eintracht zusammen. Die Herzlichkeit, mit der hier miteinander umgegangen wird, ist tatsächlich legendär und einzigartig. Zudem hat dieses schöne Fleckchen Erde gleich zwei Nobelpreisgewinner hervorgebracht – und staunend sucht die Welt ihr Geheimnis zu ergründen. Dieses liegt in der Bildung von frühester Kindheit an. Die allermeisten Kinder können bereits lesen, bevor sie in die Schule kommen und ihre Eltern legen sehr viel Wert darauf, ihnen so früh wie möglich Wissen beizubringen. Der Staat tut sein Übriges: Stipendien für arme Familien, Ausbildung von Eliteschülern und Schuluniformen, damit erst gar keine Separierung aufkommt, sind hier selbstverständlich.

Ganze 14mal wechselte die Insel ihren Herrscher (mal Frankreich, mal England) bis sie 1841 bei England verblieb. Erst im Jahre 1979 erlangte sie schließlich ihre erstrebte Unabhängigkeit.

Gewürzinsel Grenada

Grenada ist die größte Insel der Grenadinen und weithin als Gewürzinsel bekannt. Hier werden – in noch traditionellen – Gewürzfabriken Zimt, Gewürznelken, Ingwer und Muskatnüsse hergestellt (20% des Weltverbrauchs an Muskatnüssen stammt aus Grenada). Kakao, Bananen und Zucker sind neben den Gewürzen weitere wichtige Handelsgüter.

Ideen zur Tagesgestaltung folgen: morgens lange schlafen, zum Obstfrühstück mit Kaktusfrüchten, Mangos, Ananas und Himbeereis auf der offenen Terrasse bei karibischen Klängen sitzen, während einen eine sanfte Brise aus Nordost umweht. Über Grenadas Gewürzmarkt schlendern und Souvenirs erwerben, ein kleiner Flirt am Hafen, danach mit dem Wassertaxi zum Grande Anse Beach fahren, vorbei an Grenadas Buchten und den bonbon-pastelligen Häuschen am Bergrücken. Im sonnengewärmten Ozean schwimmen, bei frischer Kokosnussmilch am weißen Traumstrand liegen, mit dem Speedboot über die Wellen hüpfen und eine Prise Adrenalin durch seinen Körper fließen fühlen. Barfuß im warmen Sand laufen, an Deck des Katamarans stehen und die Lichter am Horizont kleiner werden sehen, asiatisches Essen mit Wein, „Theaterabend" mit Freunden, sich abends glücklich in die Federn kuscheln ... – very sorry, jealous much?

Wasserschildkröten und Rumpunsch

„Gibt es hier Haie?" – „So gut wie nie" – einige Teilnehmer zeigen doch deutlich verunsicherte Gesichter. Der Rest von uns springt, mit Schnorchelmaske und Schwimmweste ausgestattet, in die Wellen der Schildkröten-Bucht auf Barbados. Dieses Stück vom Paradies nennen die seltenen Hawksbill Wasserschildkröten ihr Zuhause. Das Wasser hier lässt tief blicken, selbst von oberhalb des Meeresspiegels und ohne Taucherbrille, beobachte ich buntschillernde Fischschwärme. Jemand schubst mich von hinten und dann schiebt sich der große Panzer mit dem kleinen Köpfchen unter meinem Körper hindurch. Nahe beim Guide – den mit dem Futter – zu bleiben, garantiert so ziemlich eine Annäherung der sensiblen Meeresbewohner. Nur leider sind noch immer viel zu viele Leute im Wasser, zu sehen sind nur Unmengen Füße mit Schildkröten. Die Strömung treibt uns jedoch ziemlich schnell, ziemlich weit nach draußen, und schon bald ruft unser Guide: „Alle Mann zurück ans Boot!" Er ruft dies auf Englisch, so dass am Ende nicht mehr genau abzusehen ist, ob er einfach nicht richtig verstanden wurde ... Wie dem auch sei, jedenfalls klettern jetzt fast alle wieder brav die Reling hinauf. Umso besser für mich!

Der Guide lacht: „Ich sagte eigentlich ans Boot, nicht aufs Boot." Mir soll es sehr recht sein, denn aktuell befinden sich nur noch fünf Schwimmer im warmen Meer und jetzt kommen die niedlichen Tiere auch und spielen mit uns, tauchen unter uns hindurch, zwischen uns hinweg und bringen gleich ihre Freunde und Familie mit. Eigentlich bin ich jetzt schon glücklich, doch der Guide nimmt mich weiter raus mit sich und dem Futter – sein Heiratsantrag hinterher erklärt so einiges – nur noch wir beide und wir werden umringt von Schildkröten. Ich streichle ihre Panzer, ihre Flossen. Sanfte Augen schauen wach und klar und liebevoll – angeblich wurde einer gebissen. Mein Guide sagt, dies machen sie nur bei Männern – das glaube ich ihm gerne.

Das Lächeln wird heute den ganzen Tag nicht mehr aus meinem Gesicht verschwinden und es verzaubert offensichtlich nicht nur die „Sea Turtles", sondern auch die Crew. Ein Rumpunsch nach dem anderen wird mir von den netten Skippern serviert, als wir schon längst wieder mit unserem Katamaran vor Barbados Traumküste entlangschippern. Meine Beine schaukeln nur knapp über dem Ozean. Die Wassertropfen an meinem Rücken sind längst von der Sonne geschluckt worden. Haare wehen zerzaust im Fahrtwind, große Tunfische tauchen auf, neben dem Boot. Der nicht abreißende Strom von Rumpunsch lässt so ganz allmählich den Kahn beträchtlich schwanken. Die muskelbepackten Jungs hissen im Takt der Musik das Segel …

Das Cliff Restaurant, welches an der blautürkisen Küste gerade in unser Blickfeld rückt, zählt angeblich zu den Top 50 Adressen der Welt und trägt seinen Namen, laut einheimischem Tourguide, aus naheliegendem Grund: sobald die Rechnung kommt, möchte man sich von den Klippen stürzen.

Und während wir so ganz gemächlich weiterschippern, ich so an der Reling wahlweise sitze oder liege, Rum trinkend, den Blick über die perlweißen Sandstrände vor mir, reift in mir ein nigelnagelneuer Wunsch. Und wie das so ist mit den schönen Träumen, sind sie ja bekanntermaßen dazu da, dass man sie sich erfüllt ...

Ziemlich sehr erfüllt verlasse ich den Katamaran, die Jungs, die Insel. Das Meer und der Rumpunsch wiegen mich in den Schlaf und die Meeresschildkröten spielen mit mir im Traum ...

Barbados, eine aus dem Meer angehobene Platte aus Korallenkalk, mit zumeist fröhlichen Bewohnern, die sich ihre enge Verbindung zum Commonwealth bewahrt haben und sowohl English Breakfast als auch Teatime zelebrieren – gleichwie dieses Kleinod den Beinamen, die schönste Insel des Commonwealth trägt. Die gute Laune wird verständlich, wenn man um die Schönheit, die Sonne, den Rum und die, durch ebendiesen, Zuckerrohr und Tourismus, höchst intakte Wirtschaft weiß.

Die Sonntagsinsel

„Du bist ein Kind der See und die Welt liegt dir zu Füßen…“ – das bezaubernde Eiland auf dem wir heute festmachen, wurde von Christoph Kolumbus entdeckt – am gleichen Tag, an dem auch ich das Licht der Welt erblickte und, wie ich, auf diesen getauft: Dominica. Dominica ist erst seit 1978 ein eigenständiger Staat mit einer weitgehend intakten Natur, dichtem Regenwald, Bananen-, Kokos- und Zitrusfruchtplantagen und einer beeindruckenden Fauna: Leguane, Kaiseramazonen und die Boa Constrictor haben hier ihr permanentes Zuhause gefunden.

Diese Insel, wie alle anderen auch, ist von unglaublicher Schönheit. Wir jedoch lassen den Regenwald weit hinter uns und auch die witzig-bunten Holzhäuschen; das quirlige Markttreiben und die reizende Küste und fahren weit aufs Meer hinaus, bis uns nichts als nur noch Wind und Wellen und der obligatorische Rumpunsch umgeben. Hier draußen sind wir auf der Suche nach Walen und Delfinen, die sich hier das ganze Jahr über vor der Küste tummeln sollen. Die erste Stunde ist die Spannung nahezu greifbar auf unserem Motorbböötchen, in der zweiten macht sich allmählich die Enttäuschung breit, welche in der dritten einer traurigen Gelassenheit weicht. Dazu nette Gespräche bei wahlweise viel Frucht- oder Rumpunsch, welcher versucht, ein klein wenig Trost zu schenken. Der Käpt'n dreht den Kutter, mit Kurs aufs feste Land, da hören wir den ersten Schrei. Es ist nur ein Sprung zur Reling unterhalb derer, sich gemächlich eine Walfamilie ihren Weg durchs Meer bahnt …

Alle schweigen, sogar ein paar Tränen sieht man, aber jedem ist bewusst, dass sich hier vor unseren Augen ein kleines Wunder ereignet; staunend sehen wir ihnen zu, bis sie in die Meerestiefen abtauchen …

Unser Schiff nimmt jetzt mit voller Fahrt Kurs auf den Hafen. Ergriffenheit und Stille an Bord, inklusive glänzender Augen – fast so ein bisschen wie als Kind, beim Warten auf's Christkind und den Weihnachtsmann, als die Kerzen angezündet wurden und die Glöckchen läuteten.

Ein kleines Stückchen nur noch, dann haben wir das feste Land erreicht, nur noch ein kurzer Katzensprung. Der nächste Sprung gehört dem ersten Delphin, welcher fröhlich aus dem Wasser hüpft und dabei unser Boot kreuzt. Seine Freunde hat er auch gleich mitgebracht; so wird unser Boot innerhalb weniger Sekunden umzingelt von nicht weniger als 20 Delfinen, welche mit dem Sonnenuntergang spielen und dabei um die höchsten und weitesten Sprünge zu konkurrieren scheinen. Tiefe Ergriffenheit spürt man an Bord und manche nehmen sich vor, nie wieder Fisch zu essen, schön wär's … unsere fröhliche Eskorte dauert etwa fünfzehn Minuten an. Fünfzehn Minuten, in denen silberne Körper sich von Wellen tragen lassen, emporheben und wieder auffangen, einfach glücklich am Leben zu sein; dabei eine mindestens ebenso glückliche Besatzung zurücklassend …

Erst ganz kurz vor dem Hafenbecken drehen sie ab und verabschieden sich. Wir blicken ihnen noch lange lange nach, bis sie kleiner und kleiner werden und wir sie schließlich nicht mehr ausmachen können, weit draußen am Horizont …
Meeresrauschen, Fernweh, Delphine, Sonnenaufgänge, fremde Länder, Fahrtwind, Sonnenstrahlen, der Mond bei Nacht, der tropische Cocktail, die Calypsoklänge und der spielerisch-zärtliche Nachtwind …
Er kitzelt meine Fußsohlen, streicht die Waden hinauf, hebt meinen Rock an, streichelt zärtlich über Schultern und Hals, zerzaust vorwitzig meine langen Haare, spielt mit meinen Fuß- und Armkettchen, zaubert, wie nebenbei, ein Lächeln auf mein Gesicht, ein Glänzen in meine Augen, eine leichte Gänsehaut auf meinen Körper …

Antigua – Land aus See und Sonne

Aufbruch in aller Frühe und der vor uns liegende Tag ist noch lang!

Wir sind die allerersten in der der versteckten türkisfarbenen Bucht. Unser Speedboot schnellt über die Wellen, wirbelt Gischt auf, die erste Dusche des Morgens – die Rochen begrüßen uns freundlich, freuen sich auf ihr Frühstück: frischer Tintenfisch, umkreisen und umschmiegen uns. Liebevolle, gutmütige und elegante Geschöpfe aus Samt und Seide, so fühlen sie sich an auf der Haut, wenn sie sanft über deinen Körper gleiten. Streicheln lassen sie sich auch und das noch glücklicher werden, das muss ich gestehen, wird mit jedem Karibikaufenthalt schwerer.

Eineinhalb wunderbare Stunden verbringen wir zwischen wahren Wunderwerken der Natur, leider geht uns irgendwann der Tintenfisch aus und ohne sind wir für unsere neuen Freunde gleich nur noch halb so interessant. Lily entspannt sich noch fünf Minuten lang auf meinen Armen, fast scheint sie ein kleines Schläfchen zu halten, während ich ihre samtige Haut spüre. Es ist sehr bewegend, ihr Vertrauen zu spüren, doch irgendwann verabschiedet auch sie sich in die blauen Tiefen!

Die Dickinson Bay hat zwar keine Rochen zu bieten, dafür aber feinweißen Sand, aquamarinfarbenes Wasser, Palmen und Kokosnüsse und was einem sonst noch so zur Karibik einfällt. Nebenbei gesagt, zählt sie zu den schönsten der Sonneninsel – und auch, wenn ich die anderen noch nicht gesehen habe, glaube ich dies in der allerersten Minute. Spontan entscheidet man, dass man hier für die nächsten Jahre bei Rumpunsch und Kokosnussmilch am Sandstrand liegen könnte, Weiß und Blau im Blick und das Meeresrauschen quasi als Baseline zu Reggae- und Calypsorhythmen.

„Don´t worry about a thing, ´cause every little thing´s gonna be alright…" setzt Bob Marley an – den Rest vernehmen wir nicht mehr. Der laut aufheulende Motor verschluckt die Töne, ich gebe Gas und wir fliegen Zentimeter über dem Wasserspiegel. Unser Jet Ski unter uns hüpft und springt von Welle zu Welle, beschleunigt auf unglaubliche Geschwindigkeit. Adrenalin pur, gemischt mit Glück, Freiheit und ganz viel Salzwasser. Auf der „Rennstrecke" von Felsenküste zu Felsenküste scheint die Zeit stillzustehen – ziemlich entrückt werden wir später an den Strand zurückkehren und unsere Reisefreunde sagen hören, wir seien in Sekundenschnelle aus ihrem Blickfeld verschwunden und hätten nichts zurückgelassen, als eine wild aufwirbelnde Wasserfontäne … Am Paragliding-schirm geschwebt, auf Pferderücken durch die Prärie geflogen, auf Speedbooten und Motorrädern gegen den Luftwiderstand gesiegt, doch dies hier, auf dem offenen karibischen Ozean, das Gaspedal bis zum Anschlag durchgedrückt scheint alle bisherigen Erfahrungen in einer einzeleinzigen zu bündeln. Sonne, Wind und Meer und unbändige Geschwindigkeit werden kurzfristig einen Teil unseres

Sprachvermögens lahmlegen. „Geil" ist leider so ziemlich das einzige Wort, welches uns für 20 lange Minuten zur Verfügung steht, daher sind wir quasi gezwungen, es in Dauerschleife zu wiederholen – mit glänzenden Augen. Den frischen Kokosnusssaft am Abend hätte es kaum mehr gebraucht zum perfekten Glück, zumindest schmeckt er jedoch hervorragend.

Am Pier legt in der Abendstimmung ein Boot an, macht die Taue fest ... meine Träume fliegen schon mal vor zu ihrem Bestimmungsort und warten dort auf mich, ich komme so schnell ich kann.

Antigua, für mich persönlich die schönste aller je angeflogenen Inseln, hat 365 Strände – für jeden Tag im Jahr einen. Auf den Autoschildern ist zu lesen: Antigua – Land of Sea and Sun. Auf unserer Fahrt zu den Stachelrochen passieren wir eine alte verfallene Zuckerfabrik. Unser Tourguide erzählt, das früher Zucker das Hauptgeschäft der Insel darstellte, doch dann übernahm der Tourismus, welcher heute die größte Einnahmequelle der Bewohner ist. Die Fabrik wurde nicht wieder aufgebaut und so erinnern seit nunmehr 39 Jahren nur noch die alten Stahlgerippe an ihren einstigen Ruhm. Die Rumdestillerie ist allerdings noch immer im Geschäft. Neben Zucker und Rum, produziert die Insel erfolgreich Baumwolle, Kunsthandwerk, Töpferwaren und Textilien.

Antigua zählt darüber hinaus zu einem der beliebtesten Reiseziele in der Karibik. 28 Grad Durchschnittstemperatur, Steelbandklänge und Reggaerhythmen und die bereits erwähnten 365 Strände machen jedem sehr schnell verständlich, warum. Nicht sonnenverwöhnte Nordeuropäer finden hier alles, was ein Inselreich ausmacht: sagenhafte Strände, traumhaftes Wetter und reichlich Ruhe, dazu eine grandiose Naturlandschaft. Rings um Falmouth an der Südküste befindet sich der 31 Quadratkilometer große Nelson´s Dockyard National Park. Die Panoramastraße Fig Tree Drive, die mit ihren Bananen und Schlingpflanzen an den Regenwald erinnert, führt von Liberta nach Westen über den Bogy Peak, mit traumhaften Ausblicken an Buchten und Traumstränden.

Die Strände sind zu zahlreich, um sie auch nur annähernd aufzählen zu können. Die Dickinson Bay ist eine der schönsten, allerdings auch touristischsten Strandabschnitte – perfekt für alle Arten von Wassersport. Weniger besucht und daher sehr viel romantischer und idyllischer ist z.B. die Runaway Bay – auf viele der menschenleeren Strände kommt man nur mit Privatböötchen. Nicht ganz billig, dafür hat man dann aber auch eine ganze Insel nur für sich alleine und kann sich wenigstens einen Tag lang so fühlen wie Johnny Depp. And every little thing is gonna be alright!

Coralita und Coladas

Unsere Reiseleiterin empfängt uns vor dem Bus, eine liebevolle 68erin, welche in den 70er Jahren hier auf der Insel gestrandet ist und sich sicherlich fantastisch auf ihr auskennt. Auch gibt sie sich die allergrößte Mühe und ist von einer wirklich ansteckenden Fröhlichkeit und Herzensgüte – doch leider hat sie in den 30 Jahren Inselleben ihr deutsch verloren und nun hören wir ein radebrecherisches Kauderwelsch aus englisch, deutsch und niederländisch – genuschelt zu allem Überfluss und unterbrochen von ihrem sekündlichen Lachen. Als ein Herr sie bittet, deutlicher zu sprechen, schaltet sie einfach das Mikro lauter, mit dem Ergebnis, das man nun immer noch nichts versteht, einem dafür aber fast das Trommelfell platzt. Auch die einheimischen Männer enttäuschen mich. Drei anfangs sehr nette Herren kommen auf mich zu und raspeln allerlei Süßholz, allerdings nur so lange, bis sie herausfinden, dass ich ihnen weder mein Geld, noch mich selbst schenken werde; dann verwandelt sich ihre Freundlichkeit in wüste Beschimpfungen – nicht immer ganz einfach, als Frau alleine zu reisen ...

Ansonsten beeindruckt auch dieses Inselreich mit ziemlich unfassbarer Schönheit und der allgegenwärtigen Coralita – einer pink blühenden Inselschönheit, die, so man sie gewähren lässt, bald alles überwuchert und mit einem leuchtend rosa Teppich überzieht.

Türkisfarbene, neonorangene, leuchtend rote und tiefschwarze, gesprenkelt bunte, zwischen samtbraun schillernden Flatterfaltern, neben pelzig grünen Tigerraupen, inmitten tropischer Pflanzenwelt und sprudelnder Springbrunnen erwarten uns auf der bezaubernden Schmetterlingsfarm, oberhalb des Meeres gelegen. Im Pavillon sitzend muss ich mich nur in ein wenig Geduld üben, bis sie anfangen, mein Blumenkleid wie kostbare Broschen mit ihrem zarten Flügelschlag zu überziehen.

Allerdings erst der Abend beschert uns das authentische Karibikfeeling. Die Hafenarbeiter haben für alle Partyhungrigen eine Bühne, inklusive Tanzfläche und Cocktailbar errichtet. Da man dieses Angebot ziemlich schlecht ausschlagen kann, tanzen wir die halbe Nacht bei – na was wohl? – Frucht- und Rumpunsch und Virgin Coladas zu karibischen Klängen im karibischen Regen bis der nahende Weckruf uns zurück in unsere Bettchen zwingt, um die nächsten 11 Stunden gutgelaunt und frohgemut unseren werten Passagieren zur Seite zu stehen. Unsere neugewonnenen Freunde müssen wir für heute leider alleine im Regen zurücklassen.

Auch auf St. Maarten, der Insel mit den zwei Gesichtern leben, wie so typisch für die Karibik, 108 verschiedene Nationalitäten friedlich nebeneinander – wenn dies auf solch einer kleinen Insel gelingt, müsste es doch eigentlich auch im größeren Stil machbar sein. Die globale Erwärmung schlägt leider auch hier zu. Mangos wurden dieses Jahr bereits im November geerntet, nicht wie sonst üblich erst im Mai. Das 96 Quadratkilometer große Eiland teilt sich in einen französischen und einen niederländischen Teil; die Grenze verläuft zwischen der pinkblühenden Coralita. Ihre jeweiligen Hauptstädte Marigot und Philipsburg liegen nur 15 Kilometer voneinander entfernt. Viele Häuser sind im sogenannten Zuckerbäckerstil, der traditionellen Bauweise der Karibik im 18. und 19. Jahrhundert, errichtet: Verspielte zweistöckige Häuschen mit bunten Holzleisten sind zu bestaunen, dazwischen ungezähmt wildbunt blühende Gewächse.

Insel der Turteltauben

Tortola ist das spanische Wort für Turteltaube. Genau nach diesen reizenden Tierchen, die hier in Scharen das Eiland bevölkern, wurde die Insel benannt. Die British Virgin Islands bestehen aus über 50 kleinen und kleineren Inselparadiesen, welche sich im kristallklaren Wasser formieren. Von einem Boot aus, kann man die Schönheit der teils sehr versteckt liegenden Strandbuchten am besten ausmachen. Die vielen Nationalparks entdeckt man hingegen eher mit dem Bus oder dem privaten Taxi. Allerdings ist hierbei Vorsicht geboten: Taxifahrer ändern schon mal ohne zu fragen, die zuvor abgesprochene Route und verlangen dann deutlich höhere Preise!

Über die Schönheit, den Regenwald, das türkisblaue Meer und die weißsandigen Bacardi-Strände wurde bereits genug geschrieben, daher lasse ich es an dieser Stelle ausnahmsweise einmal gut sein. Doch dieses Fleckchen Erde bietet uns eine spezielle Besonderheit. Auf der serpentinenreichen Bergstraße geht es plötzlich nicht mehr weiter. Kühe haben es sich inmitten der Fahrbahn bequem gemacht und möchten sich offenbar so bald nicht von ihrem selbstgewählten Ruheplatz vertreiben lassen.

Das wilde Hupen unseres Fahrers quittieren sie mit einem gänzlich unbeeindruckten Augenaufschlag – immerhin gibt uns diese unfreiwillig eingelegte Verschnaufpause die Gelegenheit, zu bestaunen, wie die Insel zu ihrer Nordseite hin in den kristallklar schimmernden Atlantik abfällt und einen wahrlich atemberaubenden Blick auf die nächste Inselgruppe der British Virgin Islands im mal Azur- mal Türkisblau gewährt.

Am Sandstrand setzt erst mal der Regenguss ein und lässt mich vorübergehend Zuflucht in der niedlichen Strandboutique, zwischen all ihren Muscheln, Perlen, Glitzerkettchen und Strandkleidchen, finden.

Spaziergang am Strand im weißen Sand, der auf dem Fußrücken trocknet, warme Wellen, die die Beine sanft umspülen, karibische Sonne, die die Wangen, die Nase und die Stirn mit Sommerfarbe überzieht, mitten im deutschen Winter. Kokosnüsse, Klimperarmreifen und Rum zum Wellenrauschen – den Pina Colada in Händen haltend und für eineinhalb Stunden zusehen, wie sich die Schiffe von den Lichtern im Hafen Stück für Stück entfernen und den Lichtern über dem offenen Meer entgegenfahren, ins tiefe Schwarz. Über den Köpfen der Vollmond, der das Licht der Sonne als silbrigen Schleier weit über das Meer zurückwirft … und während sie diesen funkelnden Teppich durchkämmen, sorgt die Calypsoband für die passende stimmungsvolle, romantische Hintergrunduntermalung … Tatsächlich: egal ob beim Segeln, Tauchen, Schnorcheln, Schwimmen mit Delphinen, Surfen, Sonnen, Wandern, Shoppen oder Spazierengehen – frischer Rumpunsch, Kokosnusssaft, weißer Sandstrand, azurblaues Meer, kreolische Küche und Reggae- und Calypsoklänge begleiten einen auf Schritt und Tritt.

Nach solch einem Aufenthalt sind wir alle traurig aber auch ausgelassen und tiefenentspannt. Karibische Sonne, Meer und Rum versetzen einen leicht schon mal in andere Bewusstseinszustände. Die Cocktails – so wir denn am nächsten Tag nicht fliegen müssen – werden so lange nachgeschenkt, bis der Katamaran schwankt und dann sitze ich am Heck des Schiffes und sehe den Schweif, den wir hinter uns herziehen, während wir die sanfte See durchkämmen. Ich höre die Stimme der Sängerin, welche in rauchigen Tönen Leonard Cohens „Hallelujah" wiedergibt, ich spüre den warmen karibischen Wind um mich, die milde Luft, rieche das Salz des Meeres, spüre das Prickeln auf meiner Haut, den Caipi in der Hand. Abgestützt auf der Reling, fühle ich mich wie Pippi Langstrumpf in Taka Tuka Land. Der Kapitän kommt, stellt sich neben mich, ich atme tief die Luft der See ein – und dann gehe ich vom Schiff.

Und wieder mal stimmt auch hier das altbekannte Sprichwort: Abreise – Scheiße!

Zuhause erwartet mich Nebel, Schnee und Eis – eine erstarrte Landschaft, die nicht aussieht, als würde sie im Frühjahr wieder rosa Mandelblüten treiben – unter einer dichten weißen Daunendecke. Und ich finde es schön, wunderkalt aber wunderschön und während ich mich von einem weiteren anstrengenden Heimflug erhole, fällt vor meinem Fenster eine dicke Schneeflocke nach der nächsten, hüllt alles ein in eisige, weiße, winterliche Stille.

Wie im Himmel – Nur Fliegen ist schöner

Stewardess ist in erster Linie mein Traumberuf. Auch dann wenn im Job nicht jeden Tag Hollywood ist. Mit zwei Studienabschlüssen in der Tasche hätte ich andere Möglichkeiten, doch ich liebe ihn: das Reisen, die Kulturen, den Service, die Menschen, die Kollegen, die Arbeit und das "Nomadenleben". Die Müdigkeit, den Schlafentzug, den Stress ... das nehme ich gerne in Kauf.

Mir scheint – und ich habe nun tatsächlich – bereits in vielen Berufen gearbeitet, dieser Beruf ein einziges Extrem zu sein und im Innern genau das widerzuspiegeln, was wir im Außen sehen, wenn ein Flugzeug hoch über der Erde schwebt: Höhenflüge und unsanfte Landungen, Ups and Downs, Madrid, Indien, Israel, Argentinien – Höhenstrahlung, Schlafstörungen, Rückenschmerzen. Diese andere Seite unerwähnt zu lassen, wäre einfach unehrlich!

Dennoch steht für mich der unbeschreibliche Reichtum dessen, was ich im Himmel und auf Erden erlebe, im Vordergrund. Die Dame, die mich nach dem Ende des Fluges zu sich winkt, mit Kusshänden, und mir zuflüstert: "Dies war vielleicht mein letzter Flug - und es war mein Schönster!" Der alte Herr, der auf seinen Stock gestützt, sich zittrig seinen Weg zu mir bahnt und mich mit Tränen in den Augen auf Stirn und Wangen küsst. Und das Paragliding über dem offenen Ozean, die Äffchen in Tempelhöhlen, die Tapas an Barcelonas Hafen zum

Abendbrot und das Tangotanzen in Argentinien. Für mich ist mein Job jeden Tag voller Wunder – trotz der Strapazen, die er mitunter mit sich bringt. Natürlich bin ich in vielem eingeschränkt, denn hauptberuflich Reisende zu sein bringt mit sich den Verzicht eines intakten Privatlebens. Doch wenn ich an Bord eines Katamarans stehe, Rumpunsch in den Händen, während in Deutschland eine dicke Schneedecke fällt, dann fühle ich mich tatsächlich wie Pippi Langstrumpf. Ja, es gibt – wie immer im Leben – zwei Seiten, doch für mich überwiegt bei weitem die Schöne. Sonst würde ich mir alles andere nicht antun!

Wie es andere Flugbegleiterinnen sehen? Die Stewardessen sind keine homogene Gruppe. Es kommt ganz darauf an, bei welcher Airline sie arbeiten, ob sie Kurz- und/oder Langstrecke fliegen, Charter oder Linie. Ob sie schon lange dabei sind (und demzufolge mit alten Verträgen eingestellt wurden, die ihnen heute richtig gutes Geld bringen) oder ob sie erst seit einigen Jahren fliegen (und somit in den Genuss der neuen Verträge kommen, mit denen alles sehr viel schwieriger ist). Es kommt darauf an, ob sie Kinder haben oder nicht, eine Familie, einen intakten Freundeskreis, der auch dann noch zu ihnen hält, wenn sie nicht so viel Zeit mit ihm verbringen können. Auch ist es ein großer Unterschied, ob sie „shuttlen", d.h. von weither zur Arbeit anreisen oder direkt am Flughafen wohnen und natürlich auch, ob sie in Voll- oder Teilzeit fliegen (weil vielleicht ein reicher Mann oder ein guter Vertrag dies möglich machen). Dann kommt es außerdem noch eklatant darauf an, auf welches Flugzeugmuster sie geschult wurden. Es gibt Kolleginnen, welche mit einem Vogel in die Lüfte gehen, der nur Ziele hat, die so viele Flugstunden bringen, dass sie nur drei-viermal im Monat überhaupt zur Arbeit erscheinen. Dann gibt es Kolleginnen, deren Muster vor allem die Kurz- und Mittelstrecke bedienen – kürzere Umläufe, kürzere Ruhezeit, viele Flüge. Auch die Seniorität spielt eine Rolle. Eine Kollegin mit einer langen Dienstzeit kann sich im Vergaberang ihre Wunschziele aussuchen. Eine Kollegin mit 30 weniger Dienstjahren ... genau! Hilft der Partner im Haushalt und übernimmt Pflichten, unterstützt er sie und versteht, ihren besonderen Beruf und erwartet nicht, dass sie ständig für ihn da ist? Versteht er ihr Bedürfnis nach Schlaf nach der Nachtschicht oder denkt er, sie könnte sofort wieder übernehmen? Die Liste ist wohl endlos.

Aber auch die Arbeit selbst, die Belastungen und das Glück werden natürlich ganz unterschiedlich wahrgenommen. Ist man wirklich glücklich dabei, die Bedürfnisse der anderen über die eigenen zu stellen? Hat man vielleicht erbliche Vorbelastungen wie Bindegewebsschwäche oder Venenprobleme? Warten zuhause schreiende Kinder oder eine verständnisvolle Familie? Möchte man die Welt sehen oder lieber nur den Hotelpool? Lebt man mit allen Sinnen und ist neugierig auf die Abenteuer die einen am anderen Ende der Welt erwarten oder ist man eher ängstlich und verlässt darum lieber nicht Bungalow-Anlage ...

Von daher kann jeder Bericht – wie in jedem Bereich immer und überall – nur subjektiv sein. Auch meine Erlebnisse und Bewertungen haben sich verändert, vor allem durch veränderte Rahmenbedingungen. Alleine die Tatsache, dass

seit geraumer Zeit auch weite Langstreckenflüge in meinem Dienstplan stehen, mit entsprechender Ruhezeit und uns auf diesen sogar ein Crewrest zur Verfügung steht, um in 11 Stunden mal für 60 Minuten die Augen zu schließen, hat meinen Job und damit mich doch sehr entspannt. Der größte Minus-Faktor, der Schlafentzug, wurde damit leider nicht vollständig eliminiert, jedoch deutlich entschärft. Und damit nähert sich das ganze Spiel dem Traumberuf dann doch beträchtlich an.
Natürlich gibt es einige Punkte, die uns alle treffen: wie jeder damit umgeht und ob für ihn das Glück oder der Stress überwiegt, dürfte wohl täglich neu differieren. Wir alle hatten sicher schon Momente, in denen wir ohne zu zögern die Kündigung unterschrieben hätten und wieder andere, in denen es ungelogen der schönste Job der ganzen Welt ist. Die Begegnungen, die Erfahrungen, die Entdeckungen, die Erlebnisse hinter jeder neuen Straßenecke. Wenn ich in Mexiko durch Prärielandschaften reite, wenn morgens um acht, bei Ankunft nach durchwachter Nacht, die Sonne leuchtend rot über dem Horizont aufgeht und wenn Menschen, mit einem Lächeln aus dem Flieger aussteigen. Allerdings: es ist kein normaler Job. Es ist ein extremer Job, unter extremen Bedingungen, mit besonderen Belastungen – und dann wieder solch hohen Höhenflügen, die für alle Strapazen und Schwierigkeiten entschädigen. Mich zumindest.

Ich kann Ihnen versichern, ich habe meinen absoluten Traumjob gefunden, der sich allerdings manches Mal innerhalb Sekunden in einen ausgewachsenen Alptraum verwandeln kann. Wie auf dem letzten Flug Frankfurt-Berlin: Wir befinden uns im Landeanflug, meine Nebenhöhlen waren ein bisschen angeschwollen, eigentlich nicht der Rede wert, als plötzlich ein stechender Schmerz meinen Kopf durchfährt. Ungefähr so, als wenn ein Messer sich durch deine Stirn, hinter den Augäpfeln, bis in deine Nebenhöhlen gräbt. In der Kabine schießen mir Tränen in die Augen und meine Finger krallen sich verzweifelt im Abfallwagen fest. Und so lernte auch ich, dass man mit einer Erkältung zwar ganz bedenkenlos zu seinem Arbeitsplatz am Boden kommen kann, der Körper jedoch in der Luft den notwendigen Druckausgleich nicht mehr hinkriegt – im schlimmsten Fall bis zum Trommelfelldurchbruch.

What shall we do with the drunken sailor?

6.30 – mit offener Hose torkelt ein wertgeschätzter Passagier in unsere Kabine. Und wenn ich offene Hose sage, meine ich genau das: Gürtel, Knopf und Reißverschluss stehen sperrangelweit offen und lediglich die Leibesfülle verhilft glücklicherweise dazu, den Stoff an seinem angestammten Ort zu halten. Einige englische Damen gucken höchst ängstlich und irritiert. Vorsichtig spricht die Kabinenchefin ihn an: „Sir, ich möchte Ihnen ja nicht zu nahe treten, aber ihre Hose steht auf!“ Der Herr macht ein Fischgesicht und schwankt in die Kabine – und wieder zurück, denn leider ist es ihm nicht möglich, zu seinem Sitzplatz zu finden. Endlich dort angekommen fängt er an, an seiner Hose herumzunesteln.

Die englischen Damen geben entsetzte Schluchzer von sich. Um das Schlimmste zu verhindern, kommt es zur Krisensitzung in der Crew. Jetzt greift auch der Kapitän ein. Doch versuchen Sie mal einen Volltrunkenen aus einem engen Flugzeugsitz zu bugsieren. Dies klingt sehr viel einfacher, als es sich in Wirklichkeit darstellt. Dennoch: eine halbe Stunde später ist es geschafft, den Herrn Passagier aus unserem Vogel auszuladen. Und damit wäre dann auch die altbekannte Frage geklärt: „What shall we do with the drunken sailor – early in the morning?“

Kennen Sie den Stewardessen-Test? „Nenne drei alkoholische Getränke, die auf einem Getränkewagen zu finden sind“: „Bacardi, Campari, Baileys.“

„Nenne drei Verhütungsmittel, die nicht auf einem Getränkewagen zu finden sind“: „Pille, Spirale, Kondom.“

„Nenne drei Flüsse, die durch Ost-Australien fließen“: „???“

„Typisch Stewardess, kann nur übers Saufen und Vögeln reden, aber sonst hat se von nix ´ne Ahnung.“

Tower: Um Lärm zu vermeiden, schwenken sie bitte 45 Grad nach links.
Cockpit: Welchen Lärm sollten wir in 35 000 Fuß Höhe schon machen können?
Tower: den Krach, wenn Ihre 707 mit der 727 vor Ihnen zusammenstößt.

Im Flugzeug meldet sich der Kapitän über die Lautsprecheinrichtung: "Sehr geehrte Passagiere, unser Flug verläuft auf einer Höhe von 9000 Metern, die Geschwindigkeit beträgt ca. 800 km/h ..." Plötzlich schreit der Kapitän fürchterlich, die Passagiere geraten in Panik. Nach einer kurzen Pause meldet sich der Pilot wieder: "Sehr geehrte Passagiere, ich bitte vielmals um Entschuldigung, unsere Stewardess hat heißen Kaffee auf mich verschüttet. Sie hätten jetzt mal meine weiße Hose von vorne sehen sollen!" Ein Passagier entgegnet: "Deine weiße Hose von vorne, du hättest jetzt mal meine weiße Hose von hinten sehen sollen!"

„Meine Damen und Herren, wir sind sehr stolz darauf, einige der allerbesten Flugbegleiter der gesamten Airline-Branche zu beschäftigen. Unglücklicherweise ist keiner von ihnen auf unserem heutigen Flug!“

„Meine Damen und Herren, in der Geschichte der Luftfahrt ist es noch niemals einem Passagier gelungen, vor seinem Flugzeug das Gate zu erreichen. Wir möchten Sie aus diesem Grunde herzlich darum bitten, solange angeschnallt zu bleiben, bis wir unsere endgültige Parkposition erreicht haben. Vielen Dank.“

Auf einem kleinen Flughafen eines exotischen Landes, hören die Passagiere beunruhigt, wie der Pilot dem Mechaniker zuruft: „Ich fliege nicht mit der verdammten Kiste, wenn der Motor nicht ausgetauscht wird.“ 15 Minuten später startet das Flugzeug. Ein Fluggast wendet sich verstört an die Stewardess: „Was, so schnell ist der Motor ausgetauscht worden?“ „Nein, nicht der Motor; der Pilot!“

„Nun hören sie doch endlich mit diesen Kunststückchen auf" ruft der verängstigte Flugschüler dem Kapitän zu. „Dies ist mein erster Flug und sie nehmen überhaupt keine Rücksicht auf mich." „Eieiei", resigniert der Pilot „dann sind sie gar nicht der Fluglehrer, der mir heute das Landen beibringen sollte."

Pilot über die Bordlautsprecher: „Meine sehr verehrten Damen und Herren, sie kennen sicherlich alle den Spruch: Neapel sehen und sterben. Schauen sie nun bitte links hinunter: das ist Neapel. Und nun schauen sie bitte nach rechts: dort brennt ein Triebwerk."

Fliegen ist gar nicht so schwer, wie man denkt. Man muss sich nur auf den Boden schmeißen und vergessen, aufzuschlagen. Ansonsten, sorge einfach dafür, dass die Anzahl deiner Starts möglichst ähnlich zur Anzahl deiner Landungen ist.

Und zu guter Letzt, soll eine Landung ja kein Geheimnis sein, die Passagiere sollen ruhig wissen, wann sie unten sind – lieben Gruß an Tobi ;)
in diesem Sinne, allzeit Happy Landings!

Bombay Layover

„Wofür fliegst du denn eigentlich, wenn du im Layover gar nichts Tolles unternimmst!" „Mir macht die Arbeit Spaß, aber ich bin einfach viel zu erschöpft, für irgendwelche, sei es auch noch so kleinen Unternehmungen!" Unverständnis war in diesen Fällen zu Beginn meiner Fliegerkarriere die typische Reaktion. Böse Zungen könnten auch von Hochmut und Besserwisserei sprechen. Unwissenheit die Ursache. Heute bin ich in Bombay gelandet. Nach Wecker-Klingeln um 6 Uhr früh und einem 8.50 h Flug komme ich so zwischen 3-4 Uhr Nachts in meinem Hotelzimmer an. Um 6 Uhr früh werde ich endlich Ruhe finden – bis um 2. Danach werden meine Augen ganztägig, ganznächtlich und nochmal halbtäglich geöffnet sein, lächelnd, strahlend, servicebeflissen.

Mein Dienstplan davor brachte es so mit sich, dass ich an drei von vier Tagen etwa zwischen 21-23 Uhr zuhause war, mein Wecker jedoch wieder zwischen 4-6 sein unmissverständliches Schrillen hören ließ. Auch wenn das böse Lied, welches wir im Französisch-Unterricht lernen mussten, noch immer mein volles Mitgefühl erregt, hat doch heute zumindest sein Urheber mein vollstes Verständnis: „Le coq est mort" – „Der Hahn ist tot" Einmal zuviel hat er gesungen, jetzt singt er nicht mehr. Trallala. Mir hingegen hilft das ganze Verständnis heute herzlich wenig. Denn selbst wenn ich ähnlich Grausames gegen mein Smartphone erwägen würde – die Quittung käme gleich in doppelter Ausführung: von meinem Chef und dem Markt, der ja eigentlich damit wirbt, keine blöden Kunden zu haben. Danach zwei Tage frei, bevor es zur schönen 5-Tages Frühaufstehertour (nochmals zur Erinnerung: Weckrufe zwischen 2 und 4 täglich) in die Luft geht. Dazwischen der ganz normale Wahnsinn daheim. Und jetzt also in Bombay.

30 Grad, strahlender Sonnenschein und ein palmenumsäumter Pool. Dazu die nahegelegenen weltbekannten Waschplätze der Frauen, die Flaniermeile der Bollywood-Stars, hängende Gärten und Matheran-Höhen, dazu frische Samosas mit Mangochutney am See, in dem Wasserbüffel stoische Ruhe ausstrahlen oder das Mahatma Gandhi Museum, in dem man sich nochmals in Erinnerung rufen kann, was Demut, Gerechtigkeit und Nächstenliebe zu dieser umwälzenden Kraft werden lässt.
Und ich: kann nicht mehr. In geschlagenen 10 Stunden bis zur Abfahrt an den Flughafen um Mitternacht, schafft es mein Körper geradeso vom Bett ins Bad und mein Arm bis zum Telefonhörer, um den Room-Service zu ordern. Nicht mal „Mango-Lassi" und „Alu Ghobi" helfen wieder auf die Beine. Nicht das Lachen vom Pool und auch keine Aussicht auf Kunst und Kulturgenuss. Nicht die umherfliegenden Schmetterlinge und auch nicht die dazwischen umherschleichenden Glückskatzen. Mein einziges Glück liegt heute zwischen Daunenbergen und weichen Kissen, in denen ich träume: von Bollywoodtänzen und Wasserbüffeln im See.

Nachtwache auf einem Langstreckennachtflug: ich sitze an der hinteren Tür und kann nur noch mit allergrößter Anstrengung meine Augen offen halten, als ein Gast schwankend auf mich zuwankt. Ich höre noch seine Stimme: "mir ist so schwindlig", und als nächstes kippt er mir vor die Füße – keinerlei Sorge, dem Mann ging es am Ende des Fluges ausgesprochen gut, doch dies war die schlimmste Wache meines Lebens. Wir bereiten ihm ein Bett auf dem Boden vor der Tür und ich beobachte seine Atmung – drei volle Stunden lang, bis er um sechs Uhr früh die Augen öffnet, frisch und ruhig und ausgeschlafen und verkündet, er werde jetzt auf seinen Sitz zurückgehen, hier hinten an der Tür wäre es ihm zu kalt. Guten Morgen!

Roter Ahorn, Stars und Stripes

Super-Bowl und Kunstgenuß

Vor eineinhalb Tagen bin ich erst – natürlich im Nachtflug – aus Teheran wiedergekommen. Als morgens um 6 der Wecker klingelt, denke ich, ich sterbe. Als ich 17 Stunden später, mit den Cockpitkollegen, in der Washingtoner „Lucky Bar" sitze, Beer Pitcher und Fries vor mir, während der Superbowl zwischen den Giants und den Patriots ausgetragen wird, denke ich, ich bin der glücklichste Mensch der Welt.
Nachdem ich endlich ein klein wenig Schlaf gefunden habe, begrüße ich im Szeneviertel Adams Morgan den Sonnenaufgang; genieße frischen Cherry

Smoothie, während die schnuckeligen, bunten Häuserzeilen an Amsterdam erinnern.

Occupy-Ausstellung

Mit dem Trolley geht's einmal quer durch Washington D.C. Aussteigen am White House, Spaziergang am Lincoln Memorial, Essen in Chinatown, Abendspaziergang durch Georgetown und zum Absacker in die Piano Bar.

Hier ist der Frühling ausgebrochen, zumindest wird er uns vorgespielt und wir fallen liebend gerne darauf herein. Bei fast 20 Grad, flanieren gutgelaunte Menschen im Spätwinter in T-Shirts auf der Straße – sogar die Bäume beginnen auszuschlagen; zartrosa und weißgrüne Blütenknospen zu treiben. Wir tun es ihnen gleich und lassen uns ebenso treiben, durch die frühlingshafte Atmosphäre – soweit uns unsre Füße tragen – durch die Museen und Galerien der Hauptstadt. Von der National Art Gallery bis zum National Geographic Museum, in dem wechselnde (Foto-)Ausstellungen die Vielfalt und den Artenreichtum unsrer Erde bezeugen. Durch Chinatown und dazwischen Empanadas und Mangosmoothies und den obligatorischen Stopps bei „Pret a Manger", mit den besten Sandwiches der Welt und den kleinen Bioläden, mit frisch gemixten, göttlichen Fruchtsmoothies in allen nur denkbaren Geschmacksvariationen, z.B. Heidelbeer-Mango mit getrockneten Kirschen und Walnuss Splittern. Und zum Sundowner bleibt dann die Qual der Wahl zwischen Tequila Sunrise in der Studentenkneipe oder dem Cabernet Sauvignon in der hoteleigenen Piano Bar – das Leben kann manchmal so schön sein.

Weltenbummlerin

In Teheran saßen wir abends zwischen einem großen Berg von Spielen und Süßigkeiten und überlegten, ob Flaschendrehen, Wahrheit oder Tat oder "Wer bin ich", als Alex, unser Cockpitkollege meinte: "Wo bin ich – das spielen wir doch jeden Morgen!"

Heute früh spiele ich es wieder – beim ersten Augenaufschlag. Erst eine halbe Minute später fällt es mir ein: Heute bin ich in Boston! Und das Schönste: heute bin ich nicht alleine. Mit Maya durch die Stadt, zu Land, zu Wasser, am Hafen bummeln, zwischen antiken Läden stöbern, heiße, weiße Zimtschokolade genießen und sich an ihr die Hände wärmen.

Auf dem Freedom Trail folgen wir 4 km lang den roten Pflastersteinen, zu bedeutenden Stätten der Unabhängigkeitsbewegung, bestaunen menschliche Kunstwerke im Museum of Fine Arts Boston und lassen uns im Anschluss von den Big Bus Tours einmal rund um die ganze Stadt tragen. Vorbei an der Fanueil Hall, dem alten Marktplatz von Boston, dem Prudential Tower ... Die „Boston Duck Tours" sorgen dafür, dass das Sightseeing an der Wasserkante nicht stoppt. Mit dem schwimmenden Bus gleitet man in die Fluten und erkundet dann schwimmend die Stadt von Seeseite aus – mit hohem Spaßfaktor und einer super Crew!!!

Für die Walbesichtigungstouren empfiehlt sich warme Kleidung und bei rauer See, die Teilnahme nur für geübte Wasserratten – wir lassen das heute mal lieber sein. Dafür kreuzen im Boston Common Park dann beim Flanieren Eich- und Streifenhörnchen sowie Schwäne unseren Weg.

Eigentlich wollten wir uns ja noch dringend ein wenig die Füße an der Charles River Esplanade und auf dem Harvard Campus vertreten. Auch das Boston Ballett wär bestimmt schön gewesen. Immerhin, ins historische Gasthaus, Jacob Wirth Co. (est. 1868) schaffen wir es noch ganz knapp vor Sonnenuntergang. Den Tag lassen wir schließlich ausklingen bei Tacos, Tequilas, Fajitas und ´Ritas.

Am nächsten Morgen trifft sich der Rest der Crew. Fast alle sind dabei. Ein Extratag frei an der Ostküste ist ja auch viel zu selten, als ihn ungenutzt verstreichen zu lassen. Wir fahren nach Cape Cod, den langgezogenen Küstenstreifen entlang; besichtigen die Mayflower in Plymouth. Im Nieselregen am Strand entlang laufen, Meer riechen, Möwen beobachten, skurrile Fotomotive finden; die Meerluft in der Nase, den Wind im Gesicht ...

Nur wenig später begleitet uns Paul Mc Cartney durch die Wälder über den Highway. Am Strand suchen wir Muscheln und finden Schneckenhäuser, auf Dünenstreifen und in kleinen Badebuchten.

Bunte, skandinavisch anmutende, Holzhäuser, geschmückt mit Lichterketten und Hippiestrandstilleben im Winterschlaf in Provincetown. Liebevolle Begegnungen mit den älteren Einwohnern im Ort und Anstoßen in der bunten Strandbar mit Apfel- und Watermelontinis – auf einen ziemlich coolen und abgefahrenen Kurztrip.

Reise um die Welt

Skifreizeit Denver

Die Tür zum Briefingraum geht auf und der Cäpt`n kommt herein:
"Skifreizeit Denver? Ich bin Euer Reiseleiter!"

24 Stunden später gleitet die Gondel sanft am Berghang entlang; vorbei an tannen- und schneebedeckten Drei- und Viertausendern; fallende Schneeflocken im strahlenden Sonnenschein; verträumte, skandinavisch anmutende Häuschen im romantischen Städtchen und ich denke: „ich bin in den Rockies“ – surrealistisch, wie immer.

John Denver kommt mir in den Sinn auf meiner Fahrt zum Gipfel und wird mich die nächsten zwei Tage lang begleiten – beim Streifzug durch den Wald, solange bis meine Spuren vom Schnee verwischt werden und mich, in Ermangelung irgendwelcher Pfade oder Beschilderungen, dafür im Austausch Wölfe und Bären, leider zur Umkehr zwingen. Durch kleine Örtchen, Hausansammlungen eher, sieben, acht kleine Gehöfte, erreichbar nur über Gondeln und tief verschneite Bergstraßen. Im Anschluss durch die liebevoll gestalteten kleinen Gässchen von Breckenridge: eingefrorene Wasserfälle, ein plätscherndes Flüsschen und Häuschen wie aus dem Astrid Lindgren Bilderbuch "Wir Kinder von Bullerbü " oder " Madita ". Selbst Starbucks ähnelt hier eher dem Hexenhäuschen aus „Hänsel und Gretel“. Hippieembleme, Blumenranken an bunt gestrichenen Fassaden, geschmückt mit Lichterketten und geschnitzten Bären. Ein Lagerfeuer im Hof, zwischen dem Schnee. Wunderschöne Kunstgallerien, dazu Unmengen von „Bakeries“ und Süßigkeitenläden mit Hot Chocolate, Fudges, Bananabread und quietschbunten Geburtstagskuchen – voll lauter Sachen also, die allein durchs Zusehen drei Kilo mehr auf deine Hüften zaubern. Dazwischen Lodges im Westernstyle; außenrum im einzigartigen Panorama die verschneiten Bergketten.

Zwischen den schneebedeckten Feldern verstecken sich kleine Farmen, dunkle Tannen, strahlender Sonnenschein – Sunny Side Up – während wir in den Sonnenaufgang über den Rocky Mountains fahren; den sich windenden Bergstraßen folgen, vorbei an Buffalos, Farmen, Lodges – immer höher und höher, dem Winter entgegen. Bis dann wirklich ganz sichere Fahrkünste gefordert werden. Im tief verschneiten Winterpark ankommen, neue Winterkleidung erwerben und dann die Gegend erkunden. Durch die Rockies streifen, mit der Gondel auf den Berg schweben – Tierspuren unter mir im unberührten Schnee.

Durch die fallenden Schneeflocken im Städtchen umherwandern; schließlich Zuflucht vor der Kälte finden beim Western Style Lunch mit abschließendem Butterscotch und Hot Irish Cream Chocolate ...

... zwei Stunden Wanderung in den Schneebergen, Reitställe, Schneemobile, Hunde- und Pferdeschlitten, Eislaufranks, Schneeschuhtracks, Skipisten, Langlaufloipen und dazwischen fallende Schneeflocken vor geschmückten Weihnachtsbäumen, Boutiquen und kamingeheizten Bars. Drei Stunden Autofahrt

durch die Natur der majestätischen Rockies. Ankommen im Hotel, glücklich, dankbar und müde bis zum Umfallen ...
... Hotels sind inzwischen mein zweites Zuhause – nun ist mein Zuhause wirklich die Welt und mein Traum ist wahrgeworden. Dafür gibt es keine festen Arbeits- und Schlafenszeiten mehr. Ich stehe um morgens um vier auf oder wache bis um fünf; schlafe bis um zwei, gehe erst am Nachmittag zu Bett oder am späten Morgen um elf. Um zwei Uhr nachts lese ich und wenn ich morgens um acht in Frankfurt ankomme und die Sonne rot über dem Horizont aufgeht, dann fühle ich, neben der bleiernen Müdigkeit, unvorstellbares Glück.

Weihnachtszauber im Winterwunderland

Zuerst bin ich traurig – irgendwie ...
Nicht, dass ich so unsagbar viel Wert auf Weihnachten legen würde, doch irgendwie war es immer schön und obwohl man weiß, dass es wieder wunderschön werden kann, wird man gleich ein wenig nostalgisch und sentimental – irgendwie ...

Doch schon beim Briefing brennen Kerzen, stehen Weihnachtstäschchen, hängen Weihnachtsmänner, lächelnde Kollegen und ein Captain, der uns ein Weihnachtsessen verspricht ... und schon wird alles ein klein wenig leichter.

Mittags bei strahlendem Sonnenschein erreichen wir die "Windy City" und dann tauche ich ein in ein Winter Wunderland – glitzernd und funkelnd die ganze Stadt: Goldene Bäume, bunt behängte Blautannen, Weihnachtskugeln und Kunstschnee, Glitzereis und Glockenspiel, Lichterketten, Hope-Skulpturen und Sterntalerambiente zwischen all den Kunstwerken, Galerien und der Townhall-Exhibition der Stadt.

Um Weihnachten verwandelt sich die Stadt in ein riesiges Winterwunderland: allein der Lincoln Park Zoo wird mit 1,5 Millionen Glühbirnchen erleuchtet. Das ist zwar eisig kalt aber noch sehr viel romantischer, als es sich anhört. Kindheitserinnerungen wachrufende Weihnachtslieder unter quietschbuntem und goldgelbem Lichterzauber, dazwischen von Bäumen fallende Sterne ... Auch die Stadt selbst, ein einziges Lichtermeer. Und inmitten dieser goldbunt leuchtenden Kerzen und Kugeln eröffnet sich ein riesiges Freiluftmuseum: In Chicagos Innenstadt locken Skulpturen von Miro, Picasso sowie das berühmte Chagall Mosaik. Zum Aufwärmen habe ich die freie Auswahl: Das Chicago Cultural Center überrascht mit wechselnden Musik-, Tanz-, Theater-, Filmvorführungen und Kunstausstellungen und das alles kostenlos. Ebenfalls fast allesamt mit freiem Eintritt: das Art Institute of Chicago, Museum of Contemporary Art, Mexican Fine Arts Center Museum, Harold Washington Library Center, Chicago History Museum, Smart Museum of Art, Chicago Board of Trade, Chicago Fed Money Museum, die Architecture Foundation, das Shedd Aquarium und der Lincoln

Park Zoo bereichern neben Geschichte mit Wundern künstlerischer Kreativität und schöpferischer Natur.

Meinen Hunger am Abend, nach nunmehr 28 Stunden auf den Beinen, stille ich in der Cheesecake Factory – in der es nicht nur Käsekuchen gibt, das Essen allerdings, ebenso wie dieser, auf riesigen Platten statt Tellern angeliefert wird. Der Schlummertrunk dagegen kommt in herkömmlichen Verbrauchsgrößen.

Der zweite Tag beginnt mit strahlendem Sonnenschein und einem ausgedehnten Spaziergang am Ufer des Lake Michigan – irgendwo da drüben ist Kanada. Hunde spielen im Sand, Weihnachtsmusik am Navi Pier. Wellen schwappen ans Ufer, es riecht nach Meer. Ich helfe bei einer waghalsigen Kletteraktion, treffe mich auf ein Date mit Marilyn Monroe, lasse mich bis ins 96. Stockwerk des Hancock Centers hinaufbefördern, mit einem Lift, der dafür weniger Zeit braucht, als die meisten Fahrstühle für popelige fünf Etagen. Oben angekommen gönne ich mir Sandwich und Salat zum Preis für eine spektakuläre 360 Grad Aussicht über ganz Chicago und den Lake Michigan – bis zum Sonnenuntergang. Zuerst wirft die Sonne ihr Licht auf den See, welches erst golden wird und sich dann langsam, nach und nach, in allen Schattierungen von rosa bis feuerrot zeigt bis zu guter Letzt über der ganzen Stadt die Lichter erglimmen. Bis zum Weihnachtessen ...

Morgens noch vor Anbruch des geschäftigen Tages laufe ich an den Strand, sehe zu, wie die Sonne aufgeht über dem Lake Michigan, laufe durch die Dünen, bis zum Leuchtturm. Ich bin mit einer Möwe ganz allein am Strand. Sammle Muscheln und frühstücke am einsamen Oak Beach. Tanke Stille und Ruhe. Auf dem Rückweg funkeln tausende Diamanten zu meinen Füßen, im Sand, im Wasser ... Sollte mir mal zufällig jemand welche schenken wollen: das sind die Einzigen, die ich wirklich gerne hätte.

Neuerschaffungen

2013 – trotz angeblichem Frühling pfeift der Wind in Chicago so unbarmherzig um die Häuser und Ohren, dass man sich besser schnell ein warmes Plätzchen sucht. Ich finde eins im Museum of Contemporary Art, Chicago:

1949 – eine in ihren Grundfesten erschütterte Welt – nichts ist mehr, wie es einmal war. Zerstörung, Hass und Leid sind über die Erde gefegt, verbunden mit unsagbarem Schmerz, Verlust und Schrecken. Menschlichkeit hat ihr finsterstes Gesicht gezeigt und die Überlebenden kämpfen mit den katastrophalen Folgen. Auch für alle anderen hat sich die Welt gedreht. Künstler und Intellektuelle diskutieren: ist es bei Lage der Dinge überhaupt noch möglich, Poesie, Lyrik zu verfassen? Haben die schönen Künste noch eine Legitimation? Gleichzeitig stehen der persönliche Schmerz und die zutiefst individuellen Erfahrungen, Verluste und Ängste im Vordergrund – und nicht alle waren kriegsbedingt. Manche setzten sich auch mit dem Krieg, der Gewalt und der sexuellen Ausbeutung innerhalb der Familie auseinander. Kunst war und ist bis heute eine der effektivsten Methoden, Gefühle freizusetzen, sich aus Verstrickungen zu lösen, Themen anzusprechen, die nur abstrahiert die Chance haben, sich ohne Restriktionen, Gehör zu verschaffen; Zerrissenheit auszudrücken und Hoffnung, zum Träumen anzuregen oder das innere Chaos nachzuzeichnen. Ob Literatur, Tanz, Theater, Musik, bildende Kunst, Fotografie ist dabei ganz gleichgültig – wichtig war es zumindest immer schon auszusprechen, was man fühlt und anzusprechen, was man denkt.

> **Creativity requires the courage to let go of certainties.**
>
> Erich Fromm, psychologist and philosopher

Ohne Worte

„Destroy the picture – painting the void" heißt die aktuelle Ausstellung des Museum of Contemporary Art, Chicago. In ihrem Zentrum stehen zerrissene, zerschossene, verbrannte, aufgeschnittene oder auf zahllose andere Art und Weise dekonstruierte Bilder und Kunstwerke. Niki de Saint Phalle erlebte schwere sexuelle Gewalt, schon als Mädchen. Sie revolutionierte die Kunstszene, indem sie auf ihre Gemälde schoss und damit integrierte Farbballone zum Platzen brachte, „das Bild bluten ließ", wie sie es nannte. Lucio Fontana fand seine Wahlheimat Italien vollständig ausgebombt als er aus dem Exil wiederkehrte. Er begann damit Leinwände aufzuschneiden, tiefe Einschnitte in seine Werke vorzunehmen. Lee Bontecou kreierte schwarze Löcher mit Kriegsmaterialien. Saburo Murakami arbeitete absichtlich mit Materialien, die sich von selbst vom Bild ablösten oder gar herausfielen. Yves Klein verarbeitete die Bedrohung und Zerstörung der Atombomben über Hiroshima und Nagasaki, indem er Flammenwerfer über seine Werke schickte. Zensur, Bücherverbrennungen und Anti-Intellektualismus sind Themen die John Latham mit seiner Serie „Skoobs" (Books rückwärts buchstabiert) bedrückend realistisch aufwirft.

Wir sehen, was wir sehen wollen, wir fühlen, was wir bereit sind zu fühlen. Moderne Kunst lässt uns nicht wegträumen in impressionistische Wolkenschlös-

ser – so schön diese von Zeit zu Zeit sein mögen, wenn man in Monets Wasserliengarten in Giverny um den Seerosenteich flaniert. Vielmehr nimmt sie uns in die Verantwortung, unsere eigenen Fragen zu stellen und darauf unsere eigenen Antworten zu finden. Und solange diese ehrlich sind, können diese niemals falsch sein.
Eine mögliche Frage wäre dies: Muss die Zerstörung oder die Lücke immer das letzte Wort haben oder kann sie nicht vielmehr als Metapher gesehen werden, etwas Neues zu schaffen, als Möglichkeit eines Neubeginns?

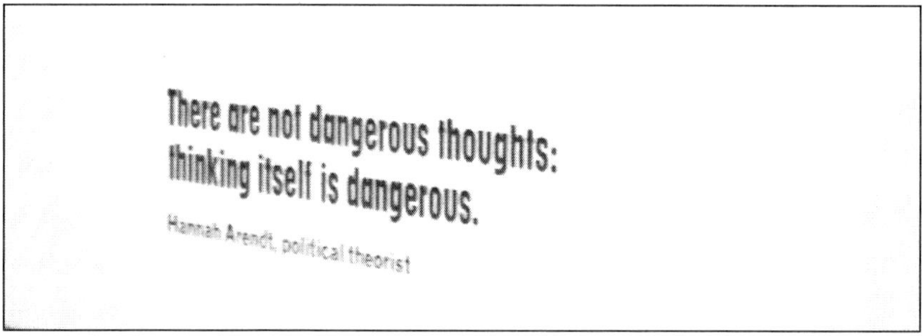

Wahre Gedanken

Kanadische Weihnachtsträume

Eine Stewardess hüpft von Ort zu Ort. Sie bleibt nie lange genug an einem Ort, um wirklich einzutauchen und das wahre Leben hinter den Fassaden, in den Hinterecken, wahrzunehmen. Die Welt sehen, möchte sie trotzdem, wenigstens den kleinen Ausschnitt davon, der in der kurzen Zeit, die ihr verbleibt möglich ist. Mit wenig Schlaf und scharfgestellten Sinnen, kann dann auch tatsächlich ein einzelner Tag zu etwas ganz Besonderem werden.

Unsere Trolley-Tour durch (fast) alle Ecken der Stadt startet bei Sonnenaufgang. Im Stanley Park, unserem ersten Stopp des Tages, spaziert man zwischen altehrwürdigen Bäumen, Gänsen, Totempfählen – und mit ganz viel Glück sogar zwischen Waschbären. Diese kreuzen heute leider nicht unseren Weg, dafür Scharen von Wildgänsen, Schwäne und Streifenhörnchen. Weit über 200 Jahre alte Bäume stehen felsenfest auf meterdicken, wurzelbehangenen Stämmen.

Nur wenig später, streifen wir durch die ganz versteckten Ecken, die Hippieläden und Markthallen von Granville Island – naschen hier und dort, bewundern Berge und Möwen in der Sonne am Yachthafen und versuchen, mal mit mehr, mal mit weniger Erfolg, mexikanische Wraps mit Mango-Yams-Orangensalat vor den Vögeln versteckt zu halten.

Vom Canadatrail aus wird der Blick frei auf verschneite Berge, den Stanley Park und das Starten der Wasserflugzeuge vor der weißen Gipfelkette.

Den Capilano Suspension Bridge Park erleben wir als traumhaftes Winterwunderland. Märchenwald und Sterntaleratmosphäre zwischen Millionen „Canyon Lights", bunten Weihnachtslichtern mit Weihnachtsliedern an der Feuerstelle. Heiße Schokolade wärmt die Hände und beim ersten Ton der Glöckchen und der altvertrauten Lieder fühlt man sich wieder wie ein Kind beim Warten auf's Christkind mit seinen Engeln.

Durch Chinatown

Zwischen Baumwipfeln gehen wir spazieren und erleben einen wahrhaft atemberaubenden Höhenrausch auf dem „Cliffwalk", mit einem Blick, der vormals nur Adlern und Falken vorbehalten war. Ich spüre das Schaukeln der schwankenden Hängebrücke über der tiefen Schlucht. Eiskalter Wind prickelt auf der Haut. Ich atme die frische klare Bergluft. Weihnachtslieder, klingen von der anderen Seite hinüber. Um mich herum funkeln eine Million Lichter. Sterne, die vom Himmel fallen, ein Versprechen gebend. Unter mir rauscht der donnernde Gebirgsfluss tosend durch die tiefe Schlucht.

Spät in der Nacht, stehen wir am Pier, mit heißer Schokolade, die die Hände langsam wieder auftaut. Die Lichter der Nacht am Bergrücken tanzen im Wasser. Und dann beim Abflug im Cockpit über die gigantische Bergkette Süd-West-Kanadas schweben; sich immer weiter hinauf erheben. Irgendwann tauchen Grönlands schneebedeckte 3000er auf, inmitten der Polarnacht. Über ihnen weit und hell grünstrahlendes Nordlicht am Himmel, sich sekündlich verändernd, fallend wie Schleier, tanzend wie Elfen. Der Himmel ist bedeckt mit so vielen Sternen, wie ich sie noch niemals zuvor gesehen habe. Und dazwischen tausende Sternschnuppen, die im Sekundentakt vom Himmel fallen.

Sechs Stunden in... Toronto

Genau sechs Stunden hab ich. Mehr nicht. Und kalt ist es. Bitterkalt. Der Wind fegt eisige Schneeverwehungen über den Straßenbelag. Sie kringeln sich und tanzen und fallen als eine weiße Schicht über die andere.

Ziemlich schön war gestern Nacht bei Ankunft Yonge Downtown. Vor allem an abendlichen Wochenenden, selbst im kalten Winter, läuft man vorbei an erleuchteten Shops und glitzernden Bäumen unter denen Straßensänger, dick verpackt, ihre weihnachtlichen Melodien erklingen lassen.

Heute früh – die Uhr läuft.

It never fails: City Hop On Hop Off Sightseeing – in zwei Stunden zu den sehenswertesten Würdigkeiten Torontos – solange muss man dann allerdings auch auf den nächsten Bus warten. Dafür sieht man aber u.a. das Casa Loma, verschiedene Artgallerien, Chinatown, die Universität das Baldwin Village und selbstverständlich – fast das Wichtigste in Kanada: die Hockey Hall of Fame. Im Sommer gibt's zum Ticket noch ′ne kostenlose Bootstour dazu, bei eisigen Minusgraden und dem bereits erwähnten weißen Schneewehen, verzichte ich heute jedoch gerne darauf. Auch wenn Kollegen schwören, das soll ziemlich schön sein und ebensolche Fotos geben.

Stattdessen erlaufe ich, dick vermummt, Chinatown, inklusive Kensington Market; und wo ich schon auf "Kultour" bin kann gleich nebenan weitermachen in Little Italy, Little Portugal und Koreatown. Die vielen verschiedenen (Kunst-) Museen der Stadt sind für sich genommen schon ein-zwei Tagesunternehmungen wert. Das Royal Ontario Museum hat zwar gerade seine Frida Kahlo und Diego Rivera Ausstellung beendet, wartet aber sicherlich schon wieder mit den nächsten Kunstgenüssen auf. Allein, ein Blick auf meine Uhr treibt mich schnell weiter zum nächsten Höhepunkt. Tick-Tack. Noch vier Stunden.

Der CN Tower ist nach wie vor der höchste Fernsehturm der Welt mit einer Höhe von 553.3m. Ganz besonders spektakulär ist neben der schönen Aussicht der Glasfußboden. Die Garantie für Schwindelgefühle ist, erst ohne zu gucken rauf zu laufen, dann Augen auf und nach unten – Schmetterlinge überall, vom Kopf bis zur Magengrube. Zum Aufwärmen flüchte ich mich ins Second Cup. Ein Kaffeehaus nach Starbucks Art aber in kanadischer Version und extremst lecker sind sowohl die heiße Zimtschokolade als auch die Himbeerherzen.

Kensington Market

Zu den Niagarafällen ist es gar nicht allzu weit. Wer einen ganzen Tag erübrigen kann macht sich auf den Weg dorthin. Meine tickende Uhr verrät mir jedoch: Noch zwei Stunden.

Die Einwohnerschaft Torontos ist bunt zusammengemixt. Über 50% von Ihnen sind nicht in Kanada geboren. Dieser Kulturmix verbringt nun auch noch – zwecks Kälte – vier Monate in geschlossenen Räumen. Viel Zeit zum Kochen also – und heraus kommt: der, laut National Geographic, Nummer 1 Lebensmittelmarkt der Welt!!! Der St Lawrence Market ist also Pflichtprogramm – außer montags, da haben die Köche Ruhetag. Ist heute aber zum Glück nicht. Dafür finde ich noch direkt um die Ecke Old Town Toronto, 10 Original Blocks, inklusive des ersten Post Büros und dem ersten Parlamentsgebäude.

Tick-Tack: noch eine halbe Stunde. Ins Hotel zurück könnte ich jetzt auf verschiedene Arten kommen. Rikshaws wären eine davon. Da mich der Spaß allerdings zu viel meiner Spesen kosten würde, lasse ich es gut sein. Immerhin befinden wir uns hier nicht in Indien sondern in Kanada – dafür wird man aber vermutlich auch nicht zu tausend Schwagern, Cousins und Brüdern in Einkaufsgeschäfte gefahren!!!

Genau eine Minute vorm Telefonklingeln bin ich zurück im Hotelzimmer: „Hello, Miss Sonntag, this is your Wake-Up Call. Have a nice and safe flight home!"

Von Wind und Wellen, zu Stars und Sternchen

Und wieder mal zählt jede Minute. Deshalb mieten wir uns sofort nach dem Frühstück einen schicken Beachcruiser. Dieser bringt uns von Torrance bis nach Venice Beach – zwei Stunden lang die Wellen im Blick. Wind in den Haaren, Sonne im Gesicht, Meeresrauschen im Ohr. Über uns verlieren Vogelfreie die Bodenhaftung und schweben an bunten Schirmen durch die Lüfte. Vom Strand aus schauen wir den Freaks und Hippies zu, beim entspannten Easy Living. Der Wind zerzaust die Haare beim Riesenradfahren und Straßenkünstlern lauschen am Santa Monica Pier – Zuckerwatte-, Popcorn- und Karamellduft in der Nase.

Wir tauschen – unser muskelbetriebenes Zweirad, gegen ein Vierrad mit etwas mehr PS. Mexikanische Musik im Autoradio, beim Entlangbrausen an der pazifischen Küste. Traumstrände erlaufen beim Paradise Cove; barfuß durch weißen, warmen Sand. Bier und Wein am Surferstrand, Füße eingegraben. Sundowner in Malibu, über dem rauschenden Ozean, zuschauen, wie sich die Wellen an den Klippen brechen, vor den Luxusvillen am Beach; warten auf den Sonnenuntergang. Im Moonshadows in Malibu sitzt man über dem tosenden Pazifik und trinkt seinen Cocktail, während die Sonne über den Köpfen kitschrot im Meer versinkt.

Sehr leckere Süßkartoffelpommes gibt's im alten Eisenbahnwagen auf dem Sunset Strip. Wir suchen Johnny Depp´s Stern auf dem Walk of Fame und treffen dabei ganz unverhofft "ihn selbst". Zumindest sieht er fast so aus und für einen Dollar küsst er mich sogar für ein Foto. Und schon wird es mir ganz gleichgültig, dass sich das "Hollywood-Sign", derzeit ´under construction`, von

seiner vollkommen unfotogenen Seite zeigt. Die Sterne am Himmel funkeln über den Sternen zu unseren Füßen.
Im Whisky a GoGo begannen einst die Doors ihre weltweite Karriere - heute spielen dort vor allem Hardrock Bands – nicht so ganz mein Stil, aber einmal musste das sein. Sehr viel cooler, wird´s ein wenig später im Gypsy Den. Veggie´s und Vegan´s Paradise und dazu noch super stylishes Musik-Café/-Restaurant mit Live Bands an Mon- und Donnerstagen. Stilechtes California Dreaming eben. Und genau dort stehen plötzlich und unerwartet zwei Passagiere vor uns. „Wir überlegen schon die ganze Zeit, woher wir Sie kennen. Und da haben wir uns gedacht: Flugbegleiter oder Hollywoodstars?“ – Tja, wenn wir´s uns aussuchen könnten …

Illegal Aliens

Schlaflos in Seattle

Im Starbucks Stammhaus, gegenüber des Pike Place Market, fallen Ahornblätter, nein –flieger, die, die man sich als Kind an die Nase geklebt hat, auf´s Dach. Eine Gruppe Punks spielt selbstkomponierte Songs auf einer, mit Peace- und Anarchiezeichen bekritzelten, Gitarre. Japanische, chinesische, indische, italienische, mexikanische „Foodstalls", lokale Künstler, Hippies, Rocker, Punks, Alternative aller Couleur stellen hier ihre Mosaike, Filzarbeiten, Collagen, Perlenflechtereien, Aquarelle, ihr Patchwork und ihren Steinschmuck aus. Fischhändler werfen unter Synchronrufen große Brocken von Arm zu Arm. Frische Pfirsiche werden gereicht, glitzernde Funkelsteine aufgereiht, duftende Blumen aufgeschnitten, frische Kräuter ausgelegt, bunte Stoffe zugeschnitten. Der Pike Place Market gilt als „Seele Seattles" und als lebendige Einführung in die Lebensart, die Kultur, den Geist, in die Gerüche, Geräusche und Geschmäcker der Stadt. Er ist der älteste Markt, der sich kontinuierlich über 100 Jahre gehalten hat. In seinen Ecken und Gassen findet sich einiges, was Sie sonst nirgendwo auf der Welt finden, z.B. bunte und glitzernde Haarspiralen und den Blick auf den Sonnenuntergang am Hafen über dem Mount Rainier. Eines Tages werd` ich mit dem Rocky Mountaineer eine der 10 schönsten Bahnfahrten der Welt unternehmen. Dieses Mal wird´s jedoch ganz und gar nicht weniger mystisch-schön.

Denkt der durchschnittliche Europäer an Kanada, denkt er an tiefdunkle Tannenwälder, viel Wasser und an hohe schneebedeckte Berge – durch ebendiese Landschaft kreuzt unser Katamaran im Sonnenaufgang.

Zur Walbeobachtung auf den San Juan Islands bin ich bereits um kurz nach fünf aus dem Bett gekrabbelt, eiskalt und klar ist die Meerluft am frühen Morgen. Weiße Bergketten hinter dunkelgrünen Tannenwäldern vor glitzernden Wellen. Himmel babyblau mit aufgetupften Schäfchenwolken – kanadisch, kitschig, kinderbuchmäßig, klischeehaft – Astrid Lindgren lässt grüßen. Einen ganzen Tag lang könnte man hier damit verbringen, Postkartenmotive für Hochglanzwerbeprospekte zu sammeln. Unser Schiff schwimmt währenddessen weiter durch die nordische Szenerie, Sommerhäuschen auf den Klippen; dazwischen Seelöwen auf Bojen, sich räkelnd in der Sonne. Seehunde ruhend auf steinigen Inselchen im Meer, kreisende Adler über dem Nordpacific, Möwenschreie und ab und zu ein springender Delphin, welcher ganz standesgemäß mit Entzückungsrufen begrüßt wird. Neben Orcas besiedeln nämlich noch Grauwale, Delphine, Robben, Seelöwen, Otter sowie Tintenfische, Seesterne, Seeanemonen, Quallen, Algen, Adler, Falken, Reiher, Kormorane, Füchse und viele weitere Tierarten das Gebiet um die San Juan Islands.

Mittags liegt die Victoria Clipper vor Friday Harbour, ein kleines Hippie-Inselreich mit Glasbläserei, veganer heißer Hanfschokolade, Muschelketten, Bilderbuchlandschaften und –schiffchen zwischen Schäfchenwolken und strahlendem Blau von oben und unten.

Die Sonne steht hoch am Himmel und doch steht unsere Expedition mit dicken Wollpullovern und „Windbreakern" am Bug. Mit uns, etwa fünf weitere kleinere und größere Böötchen mit ähnlicher Besatzung, ausgerüstet mit Kameras, Ferngläsern und gespannt-neugierigen Blicken. Ein gelbes Kajak umschifft alleine die Klippen. Gespanntes Warten, während wir ein wenig über die Lebensbedingungen der Wale lernen.

"Orcamütter sorgen für ihre Söhne weit bis ins hohe Alter", erklärt unsere Walexpertin. "Klingt wie Amerika", wirft hinter mir eine junge Frau ein; ihr Mann kontert: " klingt wie der Himmel"!

Das Warten hat bald ein Ende. Das Erste, was wir von ihnen wahrnehmen, ist ihr Atem. Orca-Atem. Im ersten Moment denke ich, die Schiffstoilette hat ihren Geist aufgegeben doch dann sehen wir sie: eine Orcawalgruppe von mindestens 12 Tieren hat sich in sicherer Entfernung zum Schiff eingefunden und spielt dort mit der Brandung. Dazwischen zeigen sie uns ihre hohen Freudensprünge. Als sei dies nicht genug tauchen aus den Tiefen unvermittelt zwei Teenager-Orcas auf, ganz dicht vor unserem Schiff und ganz zu unserer Verzückung.

Schon nach 20 Minuten ist der neugeborene Wal bereit, sich auf die Reise zu machen. Für die nächsten 40 Jahre werden die meisten Atemzüge der beiden Wale sich im Einklang miteinander befinden. Es kommt nicht oft vor, dass ein neuer Wal geboren wird. Starke Familienbande kennzeichnen ihr Leben. Eine freiwillige Trennung ist nicht existent, denn die Familie ist ihr Heim und ihr schutzbietender sicherer Hafen. Die größte Population von Orcas findet sich in den kalten Gewässern an der Nordpazifikküste von Alaska, Washington und British Columbia. Obwohl sie in allen Gewässern weltweit vorkommen können, bevorzugen sie eindeutig die Kälte und dies haben wir ebenso eindeutig nicht gemeinsam.

Obwohl Orcas als Wale bezeichnet werden, gehören sie übrigens strenggenommen zur Delphinfamilie, deren größtes Mitglied sie sind. Ihre Altersspanne reicht bei den Männchen von 30-60 Jahren, die Weibchen dagegen können es sogar auf stolze 50-90 Jahre bringen. Orcas reisen mit einer Geschwindigkeit von etwa 30 mph, dass lässt sie immerhin bis zu 100 Meilen am Tag zurücklegen. Zur Aufrechterhaltung ihres Energiebedarfs werden täglich 200 - 300 Pfund Nahrung benötigt, was einer Menge von etwa 30 – 40 Lachsen pro Tag entspricht – Faulenzen ist da eher weniger angesagt. Bis zu 9 Meter und 11 Tonnen können sie durch diese Diät immerhin auf die Waage bringen. Orcas leben in matrilinearen und von einer Matriarchin liebevoll geführten Familienbanden in engmaschig gestrickten sozialen Gruppen und bleiben, wie bereits erwähnt, wenn sie können, ihr Leben lang eng miteinander verbunden. Auf 50.000 wird ihre Population heute weltweit geschätzt.

Die Orcas werden gemeinhin als „Killerwale" bezeichnet, ursprünglich wurden sie die dämonischen Delphine genannt. Ihre wenig schmeichelhaften Namen gaben ihnen die frühen Walfänger, welche sie andere Wale und Delphine angreifen sahen (die Namen, die sie selbst für ihr grausames Tun verdient hätten, bleiben wohl besser unausgesprochen). Diese Bezeichnung passt schon allein deshalb so ganz und gar nicht zu ihnen, als Orcas, sowohl in Gefangenschaft als auch in freier Wildbahn eine ausgesprochene Neugier, Bewusstheit und Sanftheit gegenüber Menschen zeigen.

Orcas haben keine natürlichen Feinde – außer dem Menschen. Auch wenn der Walfang heute weitestgehend gestoppt wurde, bedrohen Umweltverschmut-

zung, Meeresverseuchung, Fischfang und das Aufstören der Wale, um nur einige Gefahren zu nennen, die faszinierenden und sensiblen Meeressäuger noch immer. Daneben bedroht sie noch ein ganz besonderer "Industriezweig": Die Gefangennahme für Aquarien!
Statt mit Harpunen, mit Ferngläsern und Kameras ausgerüstet, brechen heute fast täglich mehrere Schiffe zu Walbeobachtungstouren auf. Die gesteigerte Bewusstheit unter den Teilnehmern, die jede Andeutung einer Flosse im Meer mit Freudenschreien begrüßen, wird jedoch hoffentlich mit dazu beitragen, ihnen ihren Lebensraum langfristig zu erhalten.

New York, New York

"Hast Du noch geschlafen?" – "Nein, keine Zeit mehr" – oder: Wie mache ich das Meiste aus meinem 24 Stunden New York Aufenthalt?

Am Yachthafen von New Jersey, entlang der Hudson River Promenade, erhebt sich die grandiose Skyline von Manhattan vor unseren Augen. Immer wieder schieben sich Graugänse und Segelboote zwischen uns, das Empire State und das Rockefeller Center, Spuren im Wasser hinterlassend. Picknick im Sonnenschein ...

Die Fähre bringt uns im Speedboot-Tempo an unseren Bestimmungsort. Wir stehen am Heck – sprudelnd peitscht die Gischt auf, Adrenalin im Blut, Salzwasser im Gesicht, Manhattan vor Augen.

Relaxte Straßenmusik am Pier in Downtown Manhattan, eisgekühlte Limonade und Tacos mit Salsa. Wir warten darauf, dass das große Licht am Himmel versinkt und stattdessen die kleinen Lichter dort oben angeknipst werden.

Allerdings noch bei Sonnenschein startet die Harbour Lights Cruise und macht sich auf ihre Fahrt Richtung Staten Island. Dann steht sie vor uns: die Lady und irgendwie kommt Gänsehautfeeling auf. Kribbeln, Erhabenheit, ehrfürchtiges Staunen, während wir sie umrunden, von allen Seiten ...

In ein zartes rosarot taucht sie der Himmel, dann wird sie kleiner und kleiner und plötzlich ist es dunkel. Die Lichter der Stadt, die niemals schläft, leuchten und funkeln, während wir gemächlich unter der Brooklyn Bridge entlanggleiten. Drei Stunden New York vom Wasser aus und als uns schon fast die Augen zufallen, die nächste Idee: Auf zum Times Square. Um 12 Uhr Nachts ist dieser ein unbeschreibliches Lichtermeer. Neon- und Leuchtreklame, die hellen Lichter des Broadways. Künstler, Bettler, tausende Touristen, wir werden einfach mitgezogen durch die Straßen, entlang der Blues Bars, der Musical Theatres, der Tanzstudios, der Fastfoodketten – den Broadway entlang bis zum Empire State. Wie gern würde ich genau jetzt dort oben stehen, mir all das noch einmal aus der Vogelperspektive betrachten. Doch es ist 2 Uhr nachts, 9 Uhr früh in Deutschland – wir sind bereits seit 28 Stunden auf den Beinen ...

... und schließlich siegt der Schlaf, uns fallen die Augen zu, im Stehen, beim Gehen, unmöglich, sie noch länger, und sei es auch nur für ein paar Minuten, offen zu halten ...

nach sieben Stunden Ruhen noch ein paar geschenkte Stunden und in ihnen ein Picknick am Hudson River. Das Empire State ruft mich nach oben, doch ich verströste es aufs nächste Mal – ein paar Träume müssen ja schließlich noch bleiben.

Die echte Magie – Das echte New York

So eine Magie kann sich ganz schön schnell auch mal in Luft auflösen – wobei, was heißt schnell? Drei Stunden stehen wir jetzt bereits in der Warteschlage, um aufs traditionsreichste New Yorker Gebäude zu gelangen. Drei Stunden, in denen sich die Euphorie so langsam aber sicher, stückchenweise verabschiedet, verflüchtigt. Und das alles nur, um den Blick zu erhaschen, der als wahrhaft magisch beschworen wird. Solange sich magischerweise meine Rückenschmerzen von dieser Schlangesteherei verflüchtigen werden, soll mir das nur recht sein. Und meine Müdigkeit – immerhin bin ich bereits seit weit über 24 Stunden auf den Beinen. Irgendwann einmal hat jedoch alles ein Ende und siehe da: wie gerufen stellt sie sich ein, innerhalb von Sekunden, die Magie! New York zu Füßen im Lichtermeer, Jazz-Saxophonklänge im Hintergrund, verwehte Haare im Sommernachtwind. Und der Blick schweift weiter über den Hudson River, nach New Jersey, bis fast nach Connecticut und Massachusetts, nach Ellis Island und den JFK, bis hinüber zu Pennsylvania´s Pocono Bergen. Und das, meine Damen und Herren, ist in der Tat ziemlich – „magical"!
Das Empire State Building Observatory ist täglich bis 2 Uhr nachts geöffnet und genau da sollte man für seine ganz persönlichen „Sleepless in Seattle-Momente" auch kommen. Die Lichter über der Megastadt, Saxophon-Jazz-Klänge im Hintergrund sind tatsächlich ziemlich abgefahren und magisch. Romantisch und friedlich (wie der Flyer verspricht) eher nicht, es sei denn, man findet tausende Leute, die sich drei Stunden in einer Warteschlange ans obere Ende des Turmes quetschen und sich, dort angekommen, gegenseitig auf den Füßen herumstehen, romantisch. Keinerlei Ahnung wann Meg Ryan und Tom Hanks sich da oben im fast Menschenleeren getroffen haben sollen. Trotzdem: Einmal im Leben muss man einfach dagewesen sein!

Wo aus Fremden Freunde werden

„Schönen Feierabend und viel Spaß in New York" – wenn man das hört, weiß man, man hat was richtig gemacht!

New York ist ein einziger Blütenregen, weiße Flöckchen wirbeln durch die Luft und zwischen rosa Mandelblütenteppichen blitzen Tulpen in brombeerlila und fuchsia hervor.

Über die Brooklyn Bridge durch Chinatown, Little Italy, Soho, Greenich Village, das Art Gallery und Theater District zum Central Park schlendere ich und bleibe im Village an einem Bücherflohmarkt hängen. Alle großen Meister geben sich hier ein Stelldichein: „Breakfast at Tiffany´s, Midnight Children, The Great Gatsby, On the Road, 100 Years of Solitude, Pride and Prejudice und Catcher in the Rye“ auf gewellten, vergilbten Seiten. Vom nahen Washington Square Park dringt Musik hinüber. Drummer, Geiger, Gitarristen, Skater, Rapper, Dancer mit bildenden Künstlern im Wettbewerb um ein bisschen Kleingeld; spielende Kinder zwischen ihnen. Ja, der Central Park ist hübsch und unbedingt empfehlenswert – doch der Washington Square Park im Miniformat ist irgendwie bunter, lebendiger, schnuckeliger, Village eben! Studentencafés, Bücher- und Vinylflohmärkte, Vintageläden, Kunstgallerien, vegetarische Imbissbuden, Undergroundclubs – übrigens ist auch die Christoper Street ist gleich um die Ecke!

Ich fange an zu träumen, von literarischen Spaziergängen durch die NYC Gärten, wandern, flanieren, lesen, tagträumen, beobachten – einen ganzen Sommertag lang, doch dann fängt etwas anderes meinen Blick:

Geschichten sammeln im Park

„Hi there, I´m collecting your stories – stop and share anonymously – or just say hi and ask what for?“

„Hi“, sage ich und richte mich unterdessen häuslich auf dem Boden ein, „what for?“ Und als Brandon mir seine Geschichte erzählt, weiß ich einmal mehr, was ich so am Reisen liebe. Es sind die Menschen, die Begegnungen und wie schnell aus Fremden Freunde werden. Wie scheinbar zufällige Treffen uns bewegen und berühren können, unseren geplanten Wegen einen Strich durch die Rechnung machen, uns auf Abwege bringen; wie sich uns Herzen öffnen, wenn man sich selbst nicht verschließt und wie ähnlich wir uns im Grunde alle sind, in Brasilien, Skandinavien und am Mittelmeer, in Indonesien, Kanada und Down Under.

„Alles begann mit einem Traum“, setzt er an, und schon da bin ich ganz bei ihm. Es war eine wilde, verrückte Idee. Gerade hatte er sein Studium beendet, Englisch und kreatives Schreiben, da begann er zu denken, wie interessant es wäre, Menschen nach ihren Geschichten zu fragen, den lustigen, traurigen, verzweifelten und hoffnungsfrohen, von schönen und schwarzen Tagen, kurze und lange, witzige und nachdenklich stimmende, tröstliche und tränenverschleierte. Geschichten der Liebe, der Freude, der Trauer und der Gemeinsamkeit. Eigentlich fragte er: „was habt ihr auf dem Herzen? Wovon wollt ihr berichten? Was ist es wert, aufgeschrieben und geteilt zu werden? Was soll nicht in Vergessenheit geraten?“ Und die Menschen blieben und sie schrieben, öffneten ihr Gedächtnis und ihre Herzen und aus einem Tag wurde eine Woche und daraus vier, und aus vier Monaten wurden schließlich vier Jahre.

Erinnern Sie sich noch, als Sie das letzte Mal mit jemand sprachen, der Ihnen von seinem Traum erzählt hat? Und erinnern Sie sich, wie seine Augen dabei gefunkelt haben? Brandons Augen leuchten.

„Bist du glücklich?“ ist die eine Frage, die ich ihm nicht mehr stellen muss, darum frage ich ihn was anderes. „Wie bist Du auf die Idee gekommen? Was war das Bewegendste, was Du in Deinen letzten vier Jahren erlebt hast? Was fasziniert Dich so an dieser Arbeit? Und schließlich, was war das Beste und Schönste, was Dir während deines Projektes passiert ist?

Am Ende des Tages sind die herzerwärmendsten und zugleich herzzerreißendsten Geschichten die, bei denen es um die tiefstempfundensten Gefühle aller Menschen geht: Liebe, Freundschaft, Mitleid, Hoffnung, Träume, Kampf, Hoffnung, Mut und Neuanfangen; und damit wird „the Strangers Project“ zum „Peace Project“. Emotionen sind universell, von Chile bis China, Italien bis Indien und von Stockholm bis Südafrika. Wir unterscheiden uns vielleicht in unserer Schuhgröße und Augenfarbe, unsere Träume, Wünsche, Hoffnungen aber, das, was unser Herz berührt und bewegt ändert sich nicht. Wir lachen, wenn wir fröhlich sind und weinen vor Traurigkeit, zittern vor Wut, Angst und Kälte, schreien aus Verzweiflung, verletzen aus Hilflosigkeit, sehnen uns nach Zärtlichkeit und wünschen uns Frieden – überall …

… und plötzlich werden aus Fremden Freunde, Verbündete, Wegbegleiter auf unserer Lebensreise, was ziemlich schön ist, denn zusammen ist man einfach weniger allein. Es war nur eine Idee – ein kurzer Moment, „wie wäre es hinauszugehen und Menschen nach ihren persönlichen Geschichten zu fragen, ihren traumhaften, fantastischen, lehrreichen und bewegenden Geschichten. Die, die unter die Haut gehen, zu Tränen rühren, zum Schmunzeln bringen, Hoffnung wecken und Stärke vermitteln und damit die Menschen, die einen Ort erst zum Leben erwecken, ihm Herz und Seele einhauchen, ihn mit Farbe füllen, wirklich kennenzulernen, ihnen näherzukommen, zu erfahren, was sie ausmacht, was sie antreibt“, einige Tage lang …

Vier Jahre später sitze ich vor Brandon in der New Yorker Maisonne im Washington Square Park in Greenich Village und frage ihn, nach dem Wundervollsten, das ihm auf seiner Reise durch dieses Projekt begegnet ist. Er überlegt – lange – und gibt mir vier Antworten:

Die virtuelle und reale Begegnung mit über- und abertausenden Menschen auf allen Kontinenten der Erde.

Die unzähligen Reisen inner- und außerhalb der Landesgrenzen, die ihm dieses Projekt erst ermöglicht hat.

Den Job mit psychisch kranken Menschen, den ihm seine Arbeit auf der Straße beschert hat.

Und schließlich das große Glück sich seinen eigenen Traum erschaffen zu haben und leben zu können – seit kurzem sogar davon leben zu können.

Seit etwa vier Monaten trägt sein Projekt sich selbst und ihn und ermöglicht ihm einen bescheidenen Lebensunterhalt.

„Lebe deine Träume und glaube an dich, dann kannst du alles erreichen, was du dir von ganzem Herzen wünschst“ sagt er.

Und: „Wer seinem Herzen folgt, dem öffnen sich alle Türen und das ganze Universum stellt sich auf deine Seite, um dir deinen Traum zu erfüllen“

Und: „Love makes the world go round“

Und: „Lebe deine Träume, dann wird der Weg leicht“

Noch immer tief bewegt, sitze ich in der New Yorker Metro zwischen Business Leuten, Rastafaris, Bettlern, erschöpften Müttern mit schreienden Kindern, wilden Musikern, akrobatischen Tänzern, kichernden Mädchen, durchtrainierten Athleten, schlafenden, lesenden, hektisch in I-Phones tippenden, telefonierenden, dabei gestikulierenden Menschen und dann denke ich an Brandon, der all diese Menschen in einem Projekt vereint, einem Projekt, das sich „The Strangers Project“ nennt, genauso gut jedoch „The Friends Project“ heißen könnte.
www.strangersproject.com

Am selben Abend noch verabschiedet sich New York bezeichnenderweise mit einem überdimensionalen Plakat von mir, mit Kermit dem Frosch und den darunter gezeichneten Lettern: Isst Fliegen, Liebt ein Schwein, Hollywoodstar – Lebe Deine Träume!!!

Lass Dich verzaubern, schweb durch die Welt

Gestatten Sie mir noch ein Wort zum eigenen Privatleben:
Zehn - Elf Tage im Monat bin ich etwa zuhause, in denen habe ich theoretisch frei, bin allerdings ständig müde und muss schlafen, tausend Dinge erledigen, daneben auch noch irgendwie Hobbys und Freundschaftspflege unterbringen. Da braucht man dringend einen Partner, Eltern, Freunde und Mitbewohner die mitziehen und nicht erwarten, dass man rund um die Uhr für sie Zeit hat. Nicht eingerechnet sind die Zeiten, in denen ich mich zwar innerhalb der Landesgrenzen, dafür aber dennoch fern von daheim aufhalte. Meine Shuttler WG sieht mich an manchen Tagen öfter, als meine eigentliche Wohnung. Das macht dann summa summarum nur etwa 7 Tage, die ich monatlich zuhause verbringe. Warten ist also angesagt, für alle die, die mir nahestehen. Dafür ist jedes Zusammensein auch irgendwie besonders und nicht alltäglich und wenn ich wiederkomme ist fast immer die Wohnung geputzt, der Kühlschrank gefüllt, die Pflanzen gegossen, der Müll runtergetragen und all die anderen tausend Alltagskleinigkeiten erledigt, um die ich mich beim besten Willen nicht auch noch kümmern könnte, während ich fliegend durch die Lüfte reise. Ein riesiges Dankeschön an den besten Mann auf der ganzen Welt, meinen aller-allerbesten Freund und größten Unterstützer, ohne den ich keine Sekunde so entspannt auf Arbeit und auf Reisen sein könnte. Danke auch an meine Tanzpartner, an alle meine Freunde und Familie, die sich so klag- und fraglos nach meinem Dienstplan richten und geduldig warten, bis sich die Stewardess wieder aus Texas, Brasilien, Indien, Italien oder dem Iran zurückmeldet.

Als um halb sechs morgens in Litauen die Gäste einsteigen sind wir bereits seit vier Stunden auf den Beinen. Ein strahlendes Lächeln und einen guten Morgengruß, so schwer es auch fällt. Der ganze Körper schreit: „Schlafen, Schlafen, Schlafen!“
Stattdessen betreuen wir über hundert Gäste und dies mit Hingabe, doch bei aller Liebe, dem Gast, mit der Nummer 101, der mir beim Getränke Refill lächelnd in die Augen blickt und warmherzig bittet: „Dasselbe wie beim letzten Mal“, kann auch ich nicht mehr helfen!

Fast herzzerreißend schrill reißt mich die Klingel aus meinem halbkomatösen Totalerschöpfungsschlaf. Barfuß und mit zerzaustem Haar, tappe ich auf den Hausflur: „Hängt denn der Zettel nicht mehr an der Klingel?“, krächze ich, während mich die Postbotin noch anstarrt, als sei ich ein Zombie. Doch sie fängt sich schnell und wirft mir lapidar vor die nackten – ich friere – Füße: „Doch aber wo soll ich sonst das Paket abgeben?“ Weshalb nur fällt es den Menschen so unsagbar schwer zu verstehen, dass Nachtschicht bedeutet, dass man da nicht schlafen kann! In meinem speziellen Fall heißt das sogar, regelmäßig 4-5mal in einem Monat +/- 28 Stunden am Stück nicht zu schlafen, mit erhebendem Frühdienst dazwischen. Erheben muss ich mich in diesem Falle zwischen 0-4 Uhr früh und immer dann fällt mir auch ein, dass Schlafentzug einmal eine beliebte Foltermethode war.

Schlaf um drei Uhr mittags ist somit kein nettes „Extra-Goodie", sondern schiere Notwendigkeit, ohne die mein Körper über kurz oder lang kollabieren würde. Was hat der Jetlag damit zu tun? Wenn ich von einem 14 Stunden Flug komme, ist es mir egal, ob es in Japan 8 Uhr früh ist, was glauben Sie, was ich dann tue? Mein Dienst beginnt um Mitternacht in Teheran, um drei Uhr früh in Indien, um 15 Uhr in Argentinien und das Taxi hupt um 4 Uhr früh in Hamburg. Nicht die Zeitzonen, sondern mein Dienstplan dirigiert meinen Biorhythmus und manchmal auch unsensible Mitbürger, die Plakate im Riesenposterformat mit roter Eddingschrift, Glitzer und fünf Ausrufungszeichen ignorieren: „Bitte nicht klingeln!!! Nachtschicht!!!!!"

Weltumrundung auf High Heels – Stewardessen reisen schöner!

Oder: How to travel the world - in Style!
Gestattten, ich bin die Neue im „Barbie Boot Camp"! „Musst du dir jetzt auch die Haare blond färben?" wurde ich von meinen Freunden gefragt, als ich sie über meine Absicht, die Karriere zu wechseln, informierte. Nein, ich darf schwarz bleiben. Aber wie ich diese schwarzen Haare binde, drehe und knote, das lerne ich hier. Auch den perfektionierten Lidstrich und die Optimierung der Nagellackauswahl. Ja, Stewardessen reisen halt nicht entspannter - sondern im wahrsten Wortsinne schöner - nämlich mit High Heels, Dutt und Kirschmund anstatt mit Rucksack, verwaschenem Batikshirt und Cargo-Hosen.

Der Aufenthalt hier im Ausbildungszentrum wirft mich gedanklich fast zurück in mein frühes Studentinnen-Dasein, inmitten meiner, fast ausnahmslos, feministischen Dozentinnen und "Doktormutter". Die Feministinnen legten damals ausführlich dar, dass sie BH, Nylons, Bleistiftröcke, taillierte Blüschen und High Heels, sowie Make-up als Korsett ansahen, welches nur dazu beiträgt, Frauen in ihrer körperlichen Bewegungs- und damit auch geistigen Entwicklungsmöglichkeit einzuschränken, sie "klein zu halten", bewegungsunfähig – und dennoch hübsch anzusehen, püppchenhaft – als Augenschmaus, als nicht ernstzunehmendes Gegenüber.

Dies dürfte heute nicht mehr zwangsläufig der Fall sein, dennoch sitzt das Bild der "weiblichen Frau" sehr fest verankert in den Köpfen. In jedem Bereich also, der mit Weiblichkeit und Servicebeflissenheit spielt, dürften die Stöckelabsätze wohl dazu gehören, denn sie vermitteln, Attraktivität, durch längere, gestreckte Beine und Fesseln, spiegeln Eleganz und das Erscheinungsbild, welches man(n) sich wünscht. Vermutlich vermitteln sie unbewusst noch immer eine gewisse Hilflosigkeit. Füße wirken kleiner und den beschwingten, graziösen Gang gibt's quasi gratis dazu. Herausgestellte Weiblichkeit gehört in vielen Bereichen zur Abmachung und zum Deal. Gerade in den Bereichen, in denen genau diese Bilder gefordert werden. Gespielte Hilflosigkeit, Sexappeal oder Klassische Eleganz – wie auch immer. Zu manchen Berufen, wie dem meinen, gehörten sie lange Zeit dazu, genauso wie der Dutt, der Kirschmund, die roten Nägel, die Nylons. Krawattenzwang ist vielleicht das Äquivalent dazu. Und die Serviceweste.

Die Frage ist: Welche Bilder transportiert welches Auftreten, welche unbewussten Emotionen werden dadurch hervorgerufen? Welche Vorstellungen sollen beim Kunden erzeugt werden. Eine Flugbegleiterin in lila Latzhose würde in ihrer zugewiesenen Rolle genauso wenig ernstgenommen, wie eine Schweißerin im Bleistiftrock. Unsere Pilotinnen stöckeln nicht mit Kleidchen und hohen Absätzen ins Cockpit, sondern in Bundfaltenhosen und Halbschuhen. Wahrscheinlich weil man ihnen sonst die Steuerung eines großen Vogels nicht zutrauen würde. Nicht umsonst trugen Kolleginnen früher Hotpants und Miniröcke und hieß es: Coffee, Tea or Me? Mein kleiner Artikel über die bindungswilligen Männer zeigt, dass das alte Klischee noch nicht ganz ausgedient hat. Auf fast jedem Flug sammle ich reihenweise Visitenkarten ein. Wenn ich nach Hause komme, wische ich mein Make-up vom Gesicht, den roten Lack von den Nägeln und schwinge mich in mein Sommerkleid. Es ist ein Spiel, heute sehe ich es als solches, welches zu meiner Profession gehört und welches zu spielen inzwischen Spaß macht. "Der Catwalk über den Wolken" hieß es früher. Heute dürfen sogar wir, in Hosen und mit kleinen Absätzen zur Arbeit kommen. Vor allem, seitdem das Bild, welches Flugbegleiterinnen transportieren sollen, nicht mehr Willigkeit sondern Dienstbereitschaft UND Sicherheit ist! Seit diesem Paradigmenwandel sind auch die Röcke länger geworden und die Absätze ein klein wenig niedriger. Bei Presseflügen spätestens jedoch sitzt wieder der Hut, der Schlitzrock und die Heels. Egal in welcher Branche wir arbeiten, wir repräsentieren, wir zeichnen ein Bild – real oder nicht – transportieren Ideen in Köpfe, bzw. spiegeln genau diese wieder. "Die schwer fassbare Kombination von Schönheit und Sexappeal" benannte es eine Soziologin. In einigen Jobs, wie dem Meinen, eminent wichtig. Das "Barbie Boot Camp" haben wir alle durchlaufen. In diesem lernen wir, neben den Sicherheitsaspekten und der Serviceschulung, auch optisch eine richtige Stewardess zu sein – Dutt stecken und Kirschmund malen fest im Lehrplan verankert!

Eine besonders schöne Episode meines letzten Russland Fluges muss ich dringend noch loswerden. Im Nachtflug aus Jekaterinburg haben meine Kollegen Pause und mein Lieblingspurser sitzt vorne alleine in der Einsergalley. Eigentlich sollte ich ja meinen Arbeitsplatz nicht verlassen, doch für ein paar Minuten wird das schon okay sein. Zuerst vergewissere ich mich pflichtbewusst, dass sich im hinteren „Compartement“ alles in bester Ordnung befindet und statte ihm dann einen kleinen Besuch ab. Zehn Minuten, nicht mehr und dann mache ich mich, in bester Laune auf, in den hinteren Teil zurückzuwandern. Ein schrecklicher saurer Geruch empfängt mich. Übelkeit steigt in mir auf, mein Mageninhalt rutscht gefährlich nah ans obere Ende meiner Speiseröhre ...

Dann sehe ich vor mir auf dem Küchenfußboden – dem gesamten Küchenfußboden – denselbigen irgendeiner anderen Person, die sich jedoch schon unauffindbar aus dem Staub gemacht hat. Meine eigene Übelkeit herunterwürgend, suche ich meine Gummihandschuhe, streife mir diese über und begebe mich in die Bordtoilette, in der Hoffnung dort genug Papier zum Beheben dieses unerfreulichen Zustandes vorzufinden.
Weit gefehlt: Die gesamte Toilette ähnelt der Bordküche zum Verwechseln. Ein Blick in die Kabine verrät nichts. Zwanzig Minuten bin ich würgend damit beschäftigt, die Küche sauber zu wischen, als so langsam die Kollegen aus der Pause eintrudeln. Wir sperren noch die Toilette, dankeschön Cleaning!, verschütten Unmengen von Kaffeepulver, das alte Flugbegleiter Rezept gegen Spucke-Geruch und zum Abschluss sagt meine liebenswürdige Kollegin, die dreißig Minuten in süßen Träumen weilte, während ich mit Gummihandschuhen ... "na, so schlimm war das doch gar nicht" – Ja, Du mich auch sehr gerne!

Eines der Dinge, die ich an meinem Beruf so sehr liebe, ist es nicht nur, die Menschen glücklich zu machen. Sondern auch mit so vielen verschiedenartigen Kulturen, Religionen, Verhaltensweisen und Weltanschauungen konfrontiert zu werden. Zu sehen, wie unterschiedlich wir alle aussehen, denken, fühlen und handeln. Unsere Haut-, Haar- oder Augenfarbe mag unähnlich sein. Unsere Sozialisation und dementsprechend unsere Gedanken, Ansichten und Handlungen. Unsere Werte, Wünsche und Ziele. Die Musik, die wir hören, die Kleidung, die wir tragen und das Essen, das wir lieben. Unsere wirklichen Bedürfnisse und echten Gefühle sind jedoch immer die Gleichen. Wir teilen die gleichen Ängste und Hoffnungen. Wir alle möchten geschätzt werden und verstanden, respektiert und ernst genommen. Wir weinen, lieben und lachen und wünschen uns Frieden und Sicherheit, egal ob in Europa, Afrika oder Nordamerika. Egal ob am Nordpol oder am Äquator. In der mongolischen Steppe so sehr wie in der namibischen Wüste. In den urbanen Steinschluchten von Chicago so sehr wie im amazonischen Regenwald. Dies ist eines der Dinge, die man lernt, während man über diese wunderschöne, bunte und verletzliche Welt fliegt. Wir unterscheiden uns nicht wirklich. So könnte die Karriere als Flugbegleiter eine höchst effektive Heilmöglichkeit für alle Menschen mit Vorurteilen darstellen. Vielleicht muss man aber auch schon von vornherein ein offenes Herz und einen offenen Geist haben, um dies zu sehen und jede neue Begegnung als Geschenk wahrzunehmen. Keine Sorge vor Sprachbarrieren. Ein Lächeln wird international verstanden. What a truly wonderful ... World.

Das alltägliche Chaos auf dem Weg nach Bukarest. Zumindest war das so angedacht. Wie man aber weiß, passiert in der Fliegerei nicht immer alles nach Plan. Wenn doch auch meistens zuverlässiger als bei der Bahn, aber das ist nur eine ganz persönliche Meinung. Dieser Flug sollte pünktlich starten. Eigentlich. Nur dass er dies nicht tat. Und Techniker stattdessen mit Leitern auf die Tragflächen kletterten. Mit fünfundvierzig Minuten Verspätung erscheint der Kapitän in der

Kabine. Es läuft Hydraulikflüssigkeit aus. Ein neuer Flieger ist auf dem Weg zu uns. Erstaunlich gut gelaunte Gäste scheinen viel glücklicher über den Austausch, als dass sie Wut über die Verspätung erkennen lassen würden. Als es dann endlich weitergeht, bittet mich ein Herr, ihm einen richtig guten Kaffee zu servieren – als Entschädigung und mit Augenzwinkern. „So ein richtiger italienischer Cappuccino wird's wohl nicht werden. Doch ich tue mein Allerbestes", versichere ich ihm. Beim Aussteigen reicht er mir die Hand: „Ich fühle mich wie in Italien!" Ich muss einfach antworten: „Na, sehen Sie, dann ist es doch gut dass wir nicht pünktlich waren, sonst wäre die ganze schöne Atmosphäre zerstört worden!"

Fast 30 Grad, nichts zu machen. Keine Chance die Heizung im Zimmer auf irgendeine annehmbare Schlaftemperatur zu bringen. Gestern Nacht, als ich auf Stöckelschuhen und im Röckchen durch die russische Frühwinterkälte trippelte, war ich, endlich auf dem Zimmer angekommen, durchaus dankbar für dieses Gratis-Dampfbad. Einen Tag später sieht das schon wieder ganz anders aus. Jetzt ist mir heiß und ich möchte sehr gerne, dass der Schweiß endlich aufhört an mir herunterzulaufen. Seit drei Stunden telefoniere ich nun mit diversen Abteilungen des Hotels und beherberge eineinhalb Stunden, zwei witzige Mechaniker in meinem Zimmer. Hilft mir aber auch nix. 28 Grad ist die niedrigst mögliche Temperatur, die einzustellen machbar ist. Und wir sitzen hier für drei volle Tage unausweichlich fest. Das Zimmer zu verlassen ist bei Minusgraden in einer grauen, tristen Stadt auch nur eine bedingte Alternative. Doch dann zieht das Hotel sein As aus dem Ärmel. Der nächste Typ, der bei mir klopft, ist bewaffnet mit einer riesenhaften Schraubzange. Was er vorhat, wird mir erst bewusst, als er mich eine Enthaftungserklärung unterschreiben lässt, bevor er das Fenster im 24. Stockwerk öffnet. Gitterlos klafft nun ein gähnendes Loch in der Wand – im freien Fall ginge es hinab aus dem Wolkenkratzer in die Tiefe. Germanys next Topmodel kommt mir in den Sinn. Da ließ Heidi ihre Konkurrentinnen erst an einem dünnen Stahlseil festgezurrt, so eine Mauer herunterlaufen, Blick in den tiefen Abgrund, um später, wenn diese gerade so eben ihre Nervenzusammenbrüche überstanden hatten, zu säuseln: „Es tut mir leid, aber ich habe heute leider kein Foto für dich." ... Da ich der Modelmama ungern Konkurrenz machen möchte, sehe ich nicht ganz ein, weshalb nun ausgerechnet mir diese Mutprobe aufgedrängt wird. Ich bin wahrlich schwindelfrei und Höhenangst wäre bei meinem Job auch eher unvorteilhaft. Ein Loch in einem Wolkenkratzer-Hotelzimmer, welches kniewärts beginnt und sich bis an den oberen Deckenrand drängt, ist allerdings etwas ganz anderes. Und da versperren sie bei uns auf der Straße schon Minibrüche im Gehsteig. Andere Länder, andere Sitten, das merkten wir schon, als wir auf der Flughafenfahrt auf unserem Gepäck statt auf Autositzen Platz nehmen durften. Und so ziehe ich meinen Koffer vorsichtig in einen gewissen Sicherheitsabstand und benutze fortan vorsichtshalber mal lieber nur noch die Hälfte des Zimmers. Ich liebe fliegen – den freien Fall jedoch hebe ich mir dann eher für passendere Gelegenheiten auf.

Die Crew läuft übers Vorfeld. 16 Leute in Uniform, mit Warnwesten, ihre Rollenkoffer hinter sich herziehend. Ich laufe ganz hinten in der Reihe, sehe die Kollegen die steilen Treppen zum Flieger hinaufsteigen, sich bereit machend, den nächsten Vogel zum Abflug vorzubereiten. Ich liebe meinen Job. Ich liebe die Arbeit mit meinen Kollegen und mit meinen Gästen. In 98% aller Fälle. Sobald die Türen eines Flugzeuges von uns geschlossen werden, entfaltet dieser ganz besondere Mikrokosmos ein Eigenleben. Für viele Stunden werden wir jetzt in einer dünnen Röhre eingeschlossen sein und zusammen den Himmel durchqueren. Vollständig aufeinander angewiesen. In guten, wie in schlechten Zeiten. Vollständig verantwortlich für das Wohl und die Sicherheit unserer Passagiere.
So viel ich von meiner Liebe zu fernen Ländern berichte, die Intention zu dieser Arbeit darf nicht alleine das Reisen sein, auch wenn jemand, der nicht gerne reist, ganz sicher nicht glücklich wird in diesem Job. Man muss stattdessen wirklich glücklich damit sein, Menschen zu helfen und Gastgeberin zu sein, auch in unmöglichen Situationen, auch nach 26 Stunden auf den Beinen, auch in kritischen Lagen, auch bei unfreundlichen Gästen, auch zwischen Kotztüten und Kindergeschrei, auch bei Turbulenzen, die IMMER während des Kaffeeservices auftreten. Auch bei Anschuldigungen, bei Betrunkenen, bei fordernden Gästen, bei Unwägbarkeiten, bei Streitigkeiten und auch in Kulturkreisen, die man überhaupt nicht verstehen kann – und auch auf Strecken München-Köln, um 4 Uhr früh, die mit Reisen so gar nichts zu tun haben.

Manche Begegnungen berühren einen ganz besonders und lassen einen tief bewegt zurück. Manchmal kann eine Begegnung der Anfang sein, von etwas ganz Großem. Manchmal kann eine Begegnung der Beginn einer wunderbaren Freundschaft sein. Die Geschichte von Joshua ist so eine Begegnung. Pause auf einem Langstreckenflug. In der Bordküche der Business-Klasse brühe ich mir gerade einen Tee. Ein Gast tritt hinter mich. Lächelnd drehe ich mich um, „kann ich ihnen helfen?" „Sie fliegen ja so unendlich viel. Was waren die tiefsten Einsichten, die sie auf ihren Reisen um die Welt gewonnen haben?" Wer fragt einen denn so was? Gerade in meinem Job, in dem es meist um nicht viel mehr als Kaffee, Pasta und Tomatensaft geht – zur Abwechslung mal mit, mal ohne Pfeffer. Ein Gespräch entspinnt sich, welches bis heute nicht abgerissen ist. Immer wieder erstaunlich, wie Menschen mit gleichen Ansichten sich finden. Über Ländergrenzen, über Kontinente, sogar hoch oben am Himmel über Dubai. Und das ist dann wahrlich: A match made in heaven!

Flieger, grüß mir die Sonne

Samba Rhythmus

Mal sehen, wie könnte man einen Tag absolut perfekt machen? Man könnte früh morgens um acht vor dem Hotel stehen und warten auf Vitor. Wir haben uns übers Internet kennengelernt über unsere gemeinsame Leidenschaft – den Tanz und heute entführt er mich in die kleine Künstlerenklave Embu dos Artes – ca. 30 Autominuten entfernt von Sao Paulo.

Da ich das letzte Mal die drittgrößte Metropole der Welt erkundet habe, hält mich heute nichts wirklich hier, denn Schönheit sieht definitiv anders aus. Das Museum für Moderne Kunst mit dem sich anschließenden Ibirapuera Park, inklusive schwarzer Schwäne, ist allerdings tatsächlich einen Besuch wert; super schön ist auch der Mercado Municipal. Dazu geben sich noch viele weitere großartige Museen, wie das MASP die Ehre. Vielleicht sollte man auch mal die Rue Oscar Freire durchwandert haben, mit ihren kleinen Boutiquen und netten Straßencafés – doch heute wird's noch um Längen schicker ...

Gegen 9 Uhr erreichen wir das (noch) verschlafene Künstlerstädtchen und halten beim Bäcker, um Frühstück zu kaufen. Danach ein kleiner Stadtrundgang, überall rosa, hellblau und pastellgelbe Häuschen, Artgalerien, Töpfereien, Antiquitätenläden, kleine Bars und Straßenständchen mit frischem Acaí-Shake (das leckerste Fruchtshake der ganzen Welt, für Uneingeweihte), gemixt mit Guaranasirup.

Familienfrühstück mit der gesamten Patchwork Family: Frau Nummer drei und Tochter Nummer acht begrüßen mich herzlich, zu kalter Pizza, frittierten Käsebällchen und dem stärksten Kaffee der Welt vor meinem ganztägigen Sambaworkshop im Künstlerzentrum von Embu dos Artes. Vitor spielt als Percussionist in der Gruppe Revista do Samba, besitzt besagtes Kulturzentrum und gibt mit Carla zusammen oft Trommel- oder Tanzkurse für benachteiligte Jugendliche. Carla arbeitet normalerweise in den Favelas mit Jugendlichen, denen sie beibringt, dass Tanz, Kunst, Sport und Theater echte Alternativen zu Kriminalitätsdelikten und Straßenkarrieren sein könnten. Heute hat sie sich entschieden, einer Europäerin brasilianische Sambarhythmen beizubringen.

Das macht sie immerhin so gut, dass am Ende des Tages Körper und Beine schwer sind wie Blei, mein Geist hingegen ziemlich frei.

Das riesengroßes Salatbuffet unter freiem Himmel, mit umherlaufenden Hunden und Hühnern, frisch gepresstem Orangensaft und Chips mit Guacamole - unter Palmen, bei 28 Grad, im Februar – hätte es gar nicht mehr wirklich gebraucht.

Schön ist die Welt, kommt, Schwestern, lasst uns reisen

Auch der nächste Tag am Pool mit Palmen und Wasserkaskaden um mich herum; das neue alte Buch von Anna Gavalda auf den Knien, mit dem schönen Titel „Ein geschenkter Tag“, kann da durchaus mithalten. Ein geschenkter Tag, heißt hier, während zuhause der Frost alles fest im Griff hat, endlich wieder Sonne und Luft am Körper zu spüren, frisch gepressten O-saft zu Ananascocktail mit Kokosnusswasser zu trinken. Helikopter über den Köpfen zwischen Schäfchenwolken zu sehen. Eine kleine Oase der Ruhe und Stille inmitten der lauten und hektischen Großstadt zu genießen.

Tango Argentino

Wieviel geiler kann´s jetzt noch werden? Gleich nach Ankunft den Koffer aufs Zimmer werfen, mich mit meinen Mädels in der argentinischen Sonne vor dem Hotel treffen; in den Hop on-Hop off Doppeldeckerbus steigen und begleitet von Tangoklängen, gemütlich die Stadt erkunden: Sich durch San Telmo, Palermo und La Boca treiben lassen, vorbei an den bunten Häuserfassaden, den edlen Einkaufsstraßen und den Hundespielplätzen, an Schiffen in der Mittagssonne und an den Sehenswürdigkeiten von Buenos Aires. Dabei das südamerikanische Lebensgefühl spüren ...

Nach müde kommt doof ... nach mehr als 30 Stunden Schlafentzug, stattdessen aber weißem und sehr leckerem Karamell-Mokkacino ist es vorbei – dafür aber sehr sehr lustig. Zumindest für uns – und da uns kein anderer im Bus versteht ist auch das ok. Irgendwann ist einfach der Punkt überschritten und dann geht's noch ganz lange weiter … bis zum Cocktail abends im Hafen, während die Lichter der Boote sich im Wasser spiegeln und die Wellen einen so ganz ganz langsam ins Reich der Träume begleiten.

Früh morgens bin ich jedoch schon wieder auf den Beinen und treffe mich mit meinen Mädels von Gestern. Heute geht's nach Palermo: durch hippe Cafés und edle Schuhläden, Kunsthandwerkboutiquen bis zum Museum für Moderne Kunst …

Schicke Boutiquen reihen sich entlang der Calle Aguirre in Palermo aneinander; dazwischen Cafés und Restaurants rund um Plaza Serrano. Aber auch die Stadtteile Sam Telmo und La Boca sprühen vor lebendiger Atmosphäre. Schnuckelige Kneipen, Tangolokale, buntbemalte Häuschen und „Portenos“, das sind die Einwohner Buenos Aires, die auf der Straße tanzen.

Der Plaza de Mayo ist der älteste Park der Stadt von 1580; genauso schön sind jedoch der Jardim Botanico und Zoologico. Unser Entdeckergeist ist nach all dem erstaunlicherweise noch immer nicht gestillt und zieht uns weiter ins Museo Nacional de Bellas Artes und zum Buchantiquariat in der Reconquista. Neben deutscher und spanischer Literatur gibt's hier den entscheidenden Tipp zum frühen Dinner: Das El Ateneo in der Avenida Santa Fe/ Avenida Callao ist eigentlich ein ehemaliges Theater, welches heute eine eigentümliche Mischung aus

Bistro, Bücherei und Buchhandlung in einem ist. Sehr cool und gemütlich ist das und mit extrem leckerem Essen.

Rock my House

Am späten Nachmittag klinke ich mich aus und mache mich auf den Weg zu Mariel, um zu lernen, was man wohl woanders vermittelt bekommt, doch nur hier richtig spürt, in der Stadt, in der die Seele des Tango zuhause ist ...

... zwei Stunden voller Gefühl und Leidenschaft, mit geschlossenen Augen, nur fühlend, Musik hörend, sich einlassend, hingebend an die Klänge, an die Emotionen, an die Führung, sich tragen lassen, spüren, folgen, empfangen und ganz in diesem Moment aufgehen ...

In der Confiteria Ideal lerne ich die Umsetzung des eben Aufgenommenen. Von absoluter Wichtigkeit sind die "Benimmregeln", die zwar auch auf deutschen Milongas eine Rolle spielen, denen in Buenos Aires jedoch weit größere Bedeutung zugemessen wird. Ausschließlich Männer fordern auf; Blickkontakt ist wichtig, denn mit diesem und einem Nicken wird aufgefordert; wer öfter als dreimal hintereinander auffordert, möchte hingegen wohl mehr als tanzen ...

Am ganz späten Abend sitze ich bei argentinischem Salat mit gegrilltem Kürbis und heißer, weißer Schokolade am Hafen von Puerto Madero, während die Mondsichel über den Schiffen und Kähnen entlangwandert und der Himmel mehr und mehr von seinem Abendblau eintauscht gegen dieses tiefe, dunkle Schwarz.

Geschichten aus der großen weiten Welt

Den Zauber des Reisens macht vor allen Dingen immer wieder die Offenheit für die unterschiedlichsten Begegnungen aus, wo immer man sich auch gerade auf der Welt befindet. Aber zuerst einmal bringt mich mein Vorortzug in einer ziemlich holprigen einstündigen Fahrt, aus dem Getümmel der argentinischen Hauptstadt hinaus und setzt mich inmitten des schönen Tigre Deltas wieder an die frische Luft – mein Ausgangspunkt zu einer verträumten Tour in holzgeschnitzten Wasserbussen durch die Flussarme des Deltas. Mal entlang breiterer Wasserstraßen, dann wieder durch verschlungen-verwunschene Flusspfade. Rechts und links am Ufer: öffentliche Strandabschnitte, an denen Menschen baden, im brackig-braunen Flusswasser; noble Villen neben halbverfallenen windschiefen Hütten, träge Hunde dösend auf Holzstegen. Schwirrende Libellen um intensiv blau-leuchtend blühende Hortensienbüsche, Kajaks, Kanus, Jet- und Ruderboote. Mal elegante, mal schnuckelig verspielte Terrassen einladend aussehender Cafés und Restaurants zwischen fast tropisch anmutendem „Regenwald“.

Auf diesem wackeligen Holzkahn treffe ich auf Ines und Oliver und das Anwerfen des tuckernden Motors markiert den Auftakt zu einem wundervollen Tag inmitten dieser wildverschlungenen Flusslandschaften. In der „weißen Katze“ speisen wir auf der sonnenhellen Terrasse über dem braun dahinfließenden Fluss; an uns ziehen Wasserskier, Motorboote, Ruderschiffchen und „schwimmende“ Blumenverkäufer vorbei.

In Tres Boca verlassen wir etwas später die ausgetretenen Pfade und wandern stattdessen querfeldein über die Mini-Insel, umschwirrt von klitzekleinen Kolibris im Oleander zwischen Holzschaukeln in Patios, kunterbunten Holzhäuschen hinter weißgestrichenen Zaunpfählen, noch immer dösenden Hunden an Uferböschungen und Abendlichtstimmung an holzig-verwitterten Bootsanlegestellen …

… Abendstimmung auch beim Cocktail zur blauen Stunde und dann – zum krönenden Abschluss: Ein Feuerwerk, welches uns den Himmel über unserem Abendspaziergang ganz hellbunt erleuchtet und dabei so schöne Funken sprüht – Sprühfreudenfunken.

Frida Kahlo – Ein Tagebuch ihres Lebens

He painted the Revolution – She painted a Diary of her Life
He painted for the People – She painted to survive

(Er malte die Revolution – Sie malte ein Tagebuch aus ihrem Leben
Er malte für das Volk – Sie malte, um zu überleben)

Frida Kahlo und Diego Rivera, ihre große Liebe, lebten, liebten, litten und arbeiteten in dem leuchtend blauen Haus in der Calle Londres inmitten des heute studentischen Stadtteils Coyoacán. In seinen Mauern und seinem, hübsch mit Blumen, Kunstwerken und Springbrunnen geschmückten, Innenhof finden ihre zeitgenössischen Liebhaber ihr Museum vor. In ihm: übriggebliebene Gemälde (die meisten sind leider an Museen verstreut über den ganzen Globus untergebracht), liebevoll restaurierte Wohn-, Schlaf- und Arbeitsräume, erhaltene Kleidungsstücke, Korsagen und Gehhilfen für Fridas zerbrechlichen Körper –Leinwände, Farben und Stifte für ihre verletzliche Seele.

Einbildung oder nicht, aber ihr Lachen, ihr Weinen, ihr Kampf um ihre Liebe, ihre Freiheit, ihre Gesundheit, ihre Träume liegt spürbar über diesem Ort. Dazwischen, in spielerischer Leichtigkeit, Springbrunnen und Lilien.

Wer nicht bis nach Mexiko reisen möchte, dem sei der Film über ihr Leben aller wärmstens ans Herz gelegt: Frida!

Die Ausgrabungen der Tempelanlagen von Tenochtitlán, einst die Hauptstadt des Aztekenreiches, mit angeschlossenem Museum erkunden wir etwas nördlich vom Zócalo.

Meist kommen wir mit Programm in der Tasche. Die Zeit ist einfach zu kurz. Dabei wird´s oft am allerschönsten, wenn man sich einfach mal treiben lassen kann und sich vom Bauchgefühl in diese oder jene Ecke ziehen lässt. Viele einmalige Kleinode lassen sich dabei finden: ein ganz spontaner nachmittäglicher Tanz-Treff im Stadtpark, Obst- und Gemüsehändler mit superfrischen Lokalprodukten oder ein unentdeckter Künstlermarkt in einer Straßennische. Regelmäßig schöne Kunsthandwerksmärkte finden natürlich auch statt, für uns, die wir den

Aufenthalt oft nicht so sehr dem Zufall überlassen können. Ayuntamiento, Balderas und Zona Rosa sind drei von Ihnen, auf denen wir herumstöbern.

Rituelle Tänze

Barfuß auf regennassen Straßen wandern wir durch den Alameda Park, in dem fantasievolle Brunnen plätschern und an dessen Ende der Palacio de Bellas Artes auf einen wartet. Außen können Sie die kunstvolle Architektur bestaunen, Innen die kunstvollen Darbietungen des Balletts – derzeit mittwochs und sonntags ab 21 Uhr. Von der regennassen Dachterrasse des Best Western Hotels schweift der Blick über den Zócalo, den Palacio Nacional, die mexikanische Flagge flatternd im Wind. Strawberry Margherita in der Hand und Live Mariachi Musik im Ohr. Viva México.

Kurzer Einschub: es heißt, Mexiko sei sehr gefährlich. Viele Kollegen fliegen deswegen gar nicht gerne nach Südamerika. Das allerwichtigste beim Reisen ist, sich zu jederzeit auf sein Bauchgefühl zu verlassen. Ansonsten gilt ein bisschen Umsicht, wie immer beim Reisen. Wertgegenstände sollten nicht öffentlich zur Schau getragen und Taxis nicht einfach auf der Straße angehalten werden. Lieber die etwas teureren Hoteltaxis benutzen. Immer sinnvoll ist es, sich im Hotel oder bei Einheimischen nach unsicheren Gegenden zu erkundigen (wie generell auf Reisen) und diese lieber zu meiden. Vor allem nachts ist es ratsam, lieber in Gruppen auszugehen, in erster Linie für allein Reisende weiblichen Geschlechts. Dann kann man sich relativ sicher bewegen. Per Metro und (Überland)-Bussen kommt man am leichtesten, schnellsten und preiswertesten voran; das Streckennetz ist engmaschig, sie sind hier das meistbenutzte und recht sichere Verkehrsmittel – zumindest tagsüber. Es ist schon spät in der Nacht, als wir nach Hause fahren. Wir entscheiden uns daher heute mal lieber für das Taxi.

Das Museo Soumaya ist ein nigelnagelneues Museum der Stadt und leidenschaftliches Projekt von Carlos Slim – der als der reichste Mann der Welt gilt – und Fernando Romero –Architekt und Schwiegersohn des erstgenannten. Für freien Eintritt sind in diesem 66 000 Objekte zu bestaunen, von den Goldmünzen aus präkolumbianischer Zeit, über die alten europäischen Meister und wieder Diego Rivera bis zu den Rodin-Skulpturen.

Ganz und gar neueren Datums sind die Kunstgegenstände auf dem Bazar del Sabado in Polanco. Zwischen Holzinstrumenten, frischen Früchten, scharfen Tacos, Perlenflechtereien, Strickwaren, Steinschmuck, traditionellen Stickereien, Goldohrringen und Schnitzereien fällt die Wahl nicht allzu leicht. Gefeiert werden die neuerworbenen Fundstücke mit Mango-Avocado Salat, Tacos mit Bohnenmus, Chilisauce und Guacamole; begossen mit mexikanischem Weißwein und besungen von Studenten, die vor den Cafés bühnenreife Opernarien zum Besten geben ...

Viva México

Das Glück der Erde

"Viva México", sagt Steve zu mir, kurz bevor ich in den Flieger steige ...
... etwa 16 Stunden später halte ich eine Strawberry Margherita in der einen Hand, die andere dippt fleißig Tacos in frische Guacamole ...

Die Nacht ist kurz, deshalb klebt noch ein wenig Sand in meinen Augen, als wir uns früh um acht auf den Weg machen, der Enge, dem Lärm und den Abgasen Mexico Citys zu entfliehen. Schon 20 Minuten später kommen die Berge näher und mit ihnen die kakteenbewachsenen Weiten ... und immer ländlicher wird es, immer ursprünglicher und menschenleerer, bis irgendwann nur noch ein paar kleinen Gehöfte von der Existenz einiger Bauernfamilien zeugen.

Dann kommt sie in den Blick: die wohl schönste Guest Ranch Lateinamerikas, Las Cascadas in San Augustin. Eine Schweizerin hat sich hier ihren Lebenstraum erfüllt und sich gegen unzählige Widerstände in jahrelanger Arbeit ein kleines Paradies errichtet, wo vorher nicht mehr war, als ein großer Baum und ein Klappstuhl.

Heute finden sich dort angelegte Kakteengärten, Springbrunnen, bunte Toneidechsen und Blumen, viele viele Hunde, noch mehr Pferde, kuschelige Sofaecken, gemütliche Innenhöfe, kunterbunte Gästezimmer, ein von Palmen umsäumter Swimmingpool, Jacuzzi mit Blick auf den Wasserfall und die mexikanischen Weiten, bis zu den Bergen, Katzen, Lounge Musik und buntes Klimbim und ein einladender Esstisch unter dem dichten Blätterdach des bereits erwähnten Baumes, unter dem alles einst angefangen hat.

Wir staunen nur kurz, werfen uns dann sofort in Jeans und Cowboyhut und schwingen uns auf die frisch gesattelten Pferde. Im gemütlichen Schritttempo tragen sie uns durch die verbrannten, ausgedörrten Weiten. Wir passieren Kakteen, Kaktusfrüchte und -bäume, Schafherden, Maulesel und Kühe, in der Prärie und kleine typisch mexikanische Dörfer, dann wieder ockerfarbenes Land. Das Glück der Erde ... liegt ganz eindeutig doch auf dem Rücken der Pferde.

Zum Mittagessen versammeln wir uns an der gedeckten Tafel zu frischem Melonensaft, Tacos und Chilireis ... im Anschluss wird die Ranch erkundet, ein paar Welpen gestreichelt ...

und schon am frühen Nachmittag finden wir uns auf dem Pferderücken wieder. Dieses Mal geht es im Galopp durch die unglaubliche Schönheit dieses sonnenverwöhnten Landes, vorbei an Maisfeldern, Kakteenbüschen, Cowboys, die ihre Kuhherden bewachen ... Beim Ritt durch die kakteenbewachsenen Weiten, vorbei an Gauchos, durch ursprüngliche mexikanische Dörfer bleibt wahrhaftig die Zeit stehen.

Vereinzelt kleine, gelbe oder violettfarben auftretende Blumen in der trockenen Erde, wirken wie wilde Wunder. Die Sonne brennt, Hunde begleiten uns. Langsam durch Schafherden schreiten, Cowboys am Rand winken ... der Wind verweht die Haare, die Sonne taucht die Haut in einen schönen Bronzeton. Wie eine Göttin der Prärie fühlt es sich an, in Windeseile durch die Steppe zu fliegen, absolute, vollkommene Freiheit zu spüren, Lebensfreude, Eins-Sein und vollkommene Hingabe an dieses einzigartige Leben.

Zurück auf der Farm: alles hier wurde mit so viel Liebe zum Detail gestaltet, die kleinen bunten Tonfigürchen überall: Schlangen, Eidechsen und Hühner. Das Blumenmeer, die Kuschel- und Leseecken, das mehrgängige mexikanische Menu mit Wein und frischen Fruchtsäften ...

... nachmittags am Pool liegen, die Hitze des Tages weicht einer angenehmen wärmenden Sonne, die wir aufsaugen, den Blick über die Weite bis zu den Bergen in der Ferne schweifen lassen. Nach drei Wochen hier, ist man sehr wahrscheinlich tiefenentspannt für das ganze kommende Jahr.

Abendessen in lustiger Runde, zu unserer kleinen Dreiergruppe gesellen sich noch Uschi aus Graz und Julie aus London. Und wiedermal werden Reiseerlebnisse ausgetauscht und sich gegenseitig von den schönsten Ecken der Welt erzählt, von denen man eine soeben gefunden hat.

Bis tief in die Nacht sitzen wir mit viel Wein unter dem großen Sternenhimmel; die Luft vibriert vom Gesang der Frösche, Grillen ... alles singt und über uns der große Wagen ... Irgendwann mache ich mich auf den "Heimweg" durch die laute Nacht, wandere langsam, um wirklich alles in mich aufzusaugen, zu meinem Bungalow; entferne stolz eine Riesenheuschrecke aus meinem Zimmer und schlafe tief und fest bis zum frühen Morgen.

Ein Vogelkonzert weckt mich und mein Schlafdefizit wird sich wohl bis übermorgen noch weiter ausbauen und heute im Nachtflug kaum auszugleichen sein. Doch die Sonne steht schon hoch am Himmel und gleich nach dem großen Frühstücksbuffet sitzen wir wieder auf unseren geliebten Pferdefreunden, die uns dieses Mal durch steinige Schluchten, vorbei an Wasserfällen und durch Dörfchen tragen, in denen, mal wieder, die Zeit still zu stehen scheint; halbwilde Hunde begleiten uns ein Stückchen, wir sehen halbverfallene Kirchen und Gehöfte und Steinpyramiden, weichen Kakteen und stacheligen Bäumen aus, was uns mal mehr, mal weniger gut gelingt. Später wieder im schnellen Galopp durch die bronze- und ockerfarbenen Ebenen, kakteenbewachsen ... nur Sonne, Wind und Weite und unbändige Freiheit spüren, während Aragon genauso glücklich unter mir über die Erde zu fliegen scheint ...

... zu kurz, zu kurz ... die letzten Minuten unter der Sonne San Augustins. Der Blick schweift über die Prärie, bleibt immer wieder hier und dort an den neugewonnenen vierbeinigen Freunden hängen, an den kleinen Blumen, an den Eidechsen am Mauerwerk, an den herumtollenden Babyhunden, an den Wasserläufern im Pool, an dem sich brechenden Sonnenlicht im dichten Blätterdach, an den grünen Bergen, hinter den braunen Weiten. Vogelgesang, Pferdewiehern, Hundegebell, sonst Stille. Fast surreal, wenn man bedenkt, dass wir uns gerade mal 90 Minuten entfernt von der Riesenmetropole befinden, die als eine der verschmutztesten Städte der Welt gilt. Hier draußen hingegen, findet man mehr als frische Luft, man taucht ein in eine ganz andere Welt, eine ganz andere Zeit. Für

die Bevölkerung hier ist das Pferd noch Arbeits- und Fortbewegungsmittel in einem, die Frauen waschen ihre Wäsche von Hand auf dem Waschbrett im Hof, über Tonnen, in denen sie das Regenwasser aufgefangen haben; Rancher treiben ihre Schafherden durch die trockene Hochebene auf der Suche nach etwas Grünem und Frischem, Pferde ziehen einen Pflug durch angelegte Maisfelder, Maultiere suchen Schutz vor der Sonne unter Kaktusbäumen …
Nicht nur die Zeit scheint in San Augustin stehengeblieben, auch die Menschen wollen an diesem Ort verweilen, nicht mehr weiterziehen; irgendwie scheinen alle Zeichen hier auf "Angekommen" zu stehen: Uschi aus der Schweiz, Jenny aus Kanada ... sie haben hier ihr neues Zuhause gefunden und wie gerne möchte ich mich ihnen anschließen; der Abschied fiel selten so unglaublich schwer. Wie viel lieber würde ich hier bleiben und Wurzeln schlagen, die so tief in die Erde hineinreichen, wie die der Pflanzen in der ausgedörrten Ebene, die von tief unten aus dem Grundwasser ihre Kraft und Nahrung beziehen. Leider jedoch endet heute mein Aufenthalt hier, und so unsicher die Zukunft oft ist, weiß ich doch heute schon eines: Es wird nicht mein letzter gewesen sein.

Aztekenpriesterin

Die spirituelle Energie durchflutet meinen Körper. Sie ist so stark wahrnehmbar, dass sie einen regelrecht zu Boden drückt – und gleichzeitig erhebt. „Ort wo der Mensch zu Gott wird" nennt sich die Ruinenstadt Teotihuacán. Erbaut um etwa 200 v.Chr. entstand hier in einem wüstenähnlichen Tal der zentralen Hochebene Mexikos, umgeben von weitläufigem Hügelland, eine der bedeutendsten antiken Stätten aller mesoamerikanischen Völker. 200 000 Menschen sollen hier zu ihrer Blütezeit gelebt, gefeiert, gearbeitet und gelitten haben. Als Kulturzentrum dominierte sie die Region mehrere hundert Jahre lang. Im Übrigen waren die Teothihuacános eine eigenständige Zivilisation, die Azteken stießen erst viel später in diese Gegend vor. Sie waren es allerdings die, die Anlage durchquerende Hauptachse, als Straße der Toten bezeichneten, da sie die Bauwerke und kleinen Tempel für Königsgräber hielten. Viel wahrscheinlicher waren es jedoch Wohnhäuser und Anbetungsorte. An ihrem nördlichen Ende erhebt sich die Mondpyramide. Von außen nicht ganz so imposant wie die 65m hohe und 220 qm große Sonnenpyramide (die als die drittgrößte Pyramide der Welt gilt), vielmehr ein kleinerer Stufenbau, von deren Plattform sich, so man sich denn an den, nicht ganz einfachen Aufstieg, wagt, eine fantastische Aussicht auf die gesamte Anlage von Teotihuacán bietet, die seit 1987 zum Unesco Weltkulturerbe zählt.

Zu Tausenden drängen sich die Menschenmassen in der sengenden Mittagshitze die hohen, steilen Stufen der Sonnenpyramide hinauf – viel tiefere Stille hingegen und eine beinahe fühl- und greifbare Energie strahlt der Platz um die Mondpyramide aus. So berührend und ergreifend hatte ich mir meinen Besuch an diesem antiken Heiligtum selbst nicht in den allerkühnsten Träumen ausgemalt; so bewegend, dass ich nicht sprechen möchte, die Stille nicht teilen …

Und so streife ich alleine durch das Gelände, an alten Tempeln und Anbetungsplätzen vorbei, die Ansammlung von spiritueller Energie aus Jahrhunderten, welche mich beständig umgibt. Wie viele Menschen haben hier wohl ihrem Glauben an eine höhere Macht Ausdruck verliehen, ihre Wünsche sowohl in den Himmel geworfen, als auch zu Grabe getragen, geweint, gefeiert, geliebt und gelacht – und alles, was der Ort davon speichern konnte, verschenkt er jetzt großzügig, mit vollen Händen an seine Besucher; zumindest an die, die mit einem offenen Herzen kommen.

Das mexikanische Heiligtum, die Basilica de la Virgen de Guadalupe ist nach dem Vatikan bis heute das meistbesuchte Heiligtum der katholischen Kirche und die Jungfrau von Guadalupe die Schutzheilige des Landes.

1531, so besagt die Legende, soll Juan Diego auf dem Cerro del Tepeyac, auf welchem sie heute prangt, ein Mädchen erschienen sein, welches ihn anwies, Rosen zu pflücken, die wunderbarerweise im Dezember blühten. Als er seinen Poncho mit den Rosenblüten wieder öffnete, war in ihm das Abbild der Jungfrau zu erkennen. Einst stand an diesem Ort der Begegnung der Tempel der Göttin Tonantzin, daher glaubte die einheimische Bevölkerung an deren Wiedererscheinung. Die Kirche nutzte die Gunst der Stunde und erklärte das Mädchen zur Heiligen. Bis heute ist der Glaube an ihre Gnade tief in der mexikanischen Gesellschaft verankert; kein Haus ohne ihr Abbild, kaum eine Familie ohne eine nach ihr benannte Tochter …

Der Zócalo (Plaza de la Constitución) mit seiner Catedral Metropolitana – die größte Barockkirche der Welt, empfängt uns mit einer Hochzeitszeremonie und lauter Popmusik. Nur drei Schritte weiter dagegen heilige Inkazeremonien, quietschbunte Marktstände an denen Bauersfrauen in buntbestickten Kleidern, traditionelles Kunsthandwerk aus glänzenden Perlen flechten. Daneben das mexikanische „Arbeitsamt", an dem Arbeiter in einer Reihe sitzen, Pappschilder vor sich auf dem Boden, die sie ausweisen, als Spezialisten in ihrem Fachgebiet, als Dachdecker, Zimmermann, Gas- und Wasserinstallateur … Eine religiöse Prozession zieht feierlich über den Platz, während eine Frau, verkleidet als Päpstin, demonstrativ Protestschilder in die Höhe streckt. Hupen, Marktschreier, altes Vinyl und strohgeflochtene Sombreros, die mexikanische Flagge flattert dazu im Wind.

Musik dringt aus jeder Häuserecke, wir erlaufen eine Straße, ein Gitarrengeschäft neben dem anderen, sogar in rosarot, türkisblau und regenbogenglitzer hängen sie hier in der Auslage. Kleine grüne Parkanlagen verstreut in der grauen Großstadt, wie Waldbeeren auf einer Picknickdecke. Obst-, Gemüse- und Blumenmarkthallen, auf denen man Chili con Carne, Tacos mit Guacamole, Tequila und den besten frischgepressten Orangensaft der Welt käuflich erwerben kann. Indioläden, Imbissstände, rustikale Cantinas …

Nachmittäglicher Tanz-Tee

Aus einer der grünen Inseln dringt verlockende Musik. Beim Näherkommen offenbart sich eine Live-Band, um einen steinernen Springbrunnen positioniert und, inmitten dieser Szenerie, Tänzer, die dort im Park das alte Ritual des Werbens, des Auflehnens, der Führung und der Hingabe zelebrieren. Hingabe an das Leben, die Liebe, die Leidenschaft, an seinen Partner, seinen Körper, die Musik, die Melodie, an den Tanz, die Ausgelassenheit, an die Freiheit, an die mexikanische Nachmittagssonne um den Steinbrunnen im Stadtpark …

100 Jahre Einsamkeit

„Sell more than they produce? – Never trusted the dutch!“ Die Reaktion ist verständlich: Gerade eben hatte unser kolumbianischer Tourguide erklärt, dass Kolumbien den 1.Rang in der Rosenproduktion, noch vor den Niederlanden einnimmt, diese allerdings Kolumbien im Export schlagen. Wir haben unsere Fahrräder geparkt, in einem der vielen traumhaft schönen Parks der Stadt, um uns herum: spielende Kinder, wuselige Hunde, Familien im Sonntagsstaat, Obst- und Maisverkäufer, Fußballer und weitere unzählige Fahrradfahrer – doch erstmal alles auf Anfang:
Wir erreichen Bogotá spät in der Nacht, so spät dass niemand von uns die Augen auch nur noch einen Millimeter aufhalten könnte, vor Erschöpfung. Erst am nächsten Morgen beim Frühstücksbuffet erwacht auch wieder der Entdeckergeist und nicht lange danach sind fünf von uns schon auf dem Weg – in den Chicaque Nationalpark, etwa 50 km von Bogotá entfernt, in den Nebelwald oder Regenwald, jedenfalls auf dem Weg in den kolumbianischen Dschungel. Dort gibt es Felsen zu erklimmen, glitschigen Untergrund zum Rutschen, moosbewachsene Baumriesen zu umarmen, Kolibris an buntleuchtenden Dschungelblumen zu beobachten ebenso wie Bussarde, die zwischen den Felsformationen über die Ebene schweben und schließlich eine kleine Urwald-Lodge zum Einkehren. In ihr probieren wir frischen Lomisaft, dampfende Gemüseerdnusspfanne und hausgemachte Limonenlimonade – doch die schwerste Dschungelprüfung steht uns erst noch bevor.
Die ultimative Herausforderung ist der weite und vor allem riesentiefe Abgrund, der sich zwischen zwei Bergspitzen auftut und über den nicht mehr als ein dünnes Stahlseil gespannt wurde. An diesem überquert man, festgezurrt und mit einem Karabinerhaken befestigt in rasanter Geschwindigkeit die gähnende Tiefe, währenddessen man im Schwebezustand zwischen Himmel und Erde, massiven Felswänden und weit über dem dichten Blätterdach des Regenwaldes hängt und durch sich einen Cocktail rasen fühlt, der in etwa aus Glück, Freiheit, Adrenalin, vielen weiteren Endorphinen und purer Angst zu bestehen scheint und die Gedanken ungefähr folgendes machen: „oh nein, oh ja, wie geil, mein Gott ist das schnell, hoffentlich ist es bald vorbei, hoffentlich dauert es noch ganz lange, wie abgefahren, nicht drüber nachdenken, nicht nach unten schauen, was für eine unglaublich unfassbare Schönheit, ich tue das wirklich und Himmel so was Schönes hab ich noch nie gesehen und: hoffentlich bleib ich nicht in der Mitte stehen“! Letzter Gedanke ist, wie wir bald merken werden, gar nicht allzu weit

hergeholt, denn nur knapp nachdem unser kleines Grüppchen sich mit verzücktem Lächeln im Gesicht an den Abstieg machen möchte, hören wir hinter uns ein verzweifeltes Rufen. Der Blick zurück offenbart einen weiteren, uns unbekannten, mutigen Teilnehmer der Dschungelprüfung, der tatsächlich in der Mitte des Stahlseiles gestrandet ist und nun bis zu seiner Rettung immerhin rund eine viertel Stunde Zeit hat, die grandiose Aussicht um sich herum zu genießen. Und das noch zum gleichen Preis, da soll noch wer behaupten, man bekäme nichts geboten für sein Geld!

Neugieriger Nachbar

Wir besteigen unterdessen den Jeep (kolumbianisches Modell) und naja, wie soll man sagen, fallen von Schlagloch zu Schlagloch den Urwaldhighway entlang um am Ende des Tages oben auf den Hügeln, hoch über dem verwunschen wirkenden Nebelwald, dem Adlerausguck und der sich darunter ausbreitenden Ebene Platz zu nehmen. Zu warten bis die Sonne versinkt, zu warten bis von den Bäumen, Palmen, Gräsern nur mehr schwarze Schatten übrigbleiben, vor Steilhängen, vor wildem weitem Land.
Die Schönheit des Landes spiegelt sich in den Flaggfarben. Das große Gelb symbolisiert den Reichtum der kolumbianischen Erde, die Bodenschätze, das Kupfer, die Smaragde, die lebenswichtigen Pflanzen. Den Reichtum an Kunst, das Kulturerbe, bewahrt von überaus freundlichen, hilfsbereiten und lebenslustigen Menschen.

Das kleine Blau steht für die zwei großen Ozeane, die das Land umspülen, den Atlantik und den Pazifik.

Und dann ist da noch das kleine Rot, es steht für das Blutvergießen im Kampf um Freiheit und Eigenständigkeit. Doch das Blutvergießen ist noch nicht vorbei: Die erbitterten Kämpfe, welche zwischen den verschiedenen Guerilla-

und den paramilitärischen Gruppierungen, der Regierung und dem Militär ausgetragen werden, fordern jedes Jahr unzählige Opfer. Aufgrund des nicht enden wollenden Konflikts um bessere Lebensbedingungen und Chancengleichheit für alle, gegen Ausgrenzung, Armut und Korruption, flüchten viele Menschen vom Land in die Großstädte. Kolumbien hat derzeit die weltweit höchste Rate an Inlandsflüchtlingen. Doch in den großen Städten angekommen wird ihnen nur für drei Monate staatliche Hilfe und Unterstützung gewährt, danach sind sie vollkommen auf sich allein gestellt. Das Ergebnis sieht man, wenn man den Blick südwärts richtet: auf dem Bergrücken erhebt sich die größte Favela Lateinamerikas – inklusive all der Probleme die Armut und Stigmatisierung mit sich bringen.

Das Bildungsniveau im Land ist hoch, doch können sich nur die wenigsten diese Bildung leisten: Sechs privaten steht nur eine staatliche Universität gegenüber, deren Studenten zum größten Teil mit der Guerilla sympathisieren und die Schere zwischen arm und reich, die weltweit und in allen Ländern stetig immer weiter auseinanderklafft – hier ist die Lücke kaum noch zu schließen. Und trotz der Fotos auf Wäscheleinen in den Fußgängerzonen, die die unschuldigen Opfer dieses Kampfes um Gerechtigkeit zeigen, trotz der Landflucht und der resultierenden überwältigenden Armut auf den Bergrücken, hat dieses Land mitnichten nur Probleme, sondern ebenso viel Stärke, Kraft, Schönheit und Lebenslust zu bieten.

10.000 Menschen versammeln sich auf den Plätzen zum Tanz zu Salsa und Merengueklängen. Kleine Mädchen, ausstaffiert wie Prinzessinnen auf ihren rosafarbenen Plüschfahrrädern, unzählige Hündchen mit pinkfarbenen Schleifchen und Satinleinen, Stimmengewirr und Lachen, spielende Kinder, Indioschmuck, grellbunte Zuckerwatte vor bonbonbunten Häuschen, Musik aus Hinterhöfen, liebevoll gestaltete Parkanlagen, Straßenverkäufer mit frischen Maiskolben, Mangos, Kokostalern, Reisbällchen und Mandarinensaft. Große Bibliotheken, die beiden größten Lateinamerikas nebenbei bemerkt. Kulturzentren und Museen, entspanntes Altstadtflair, Kathedralen und kolumbianischer Kaffee, auch wenn das meiste davon leider in den Export geht und dem Land daher nicht erhalten bleibt. Fliegende Tauben, Luftballons und Seifenblasen auf der Plaza de Bolivár und dazu die überwältigende Fröhlichkeit, Freundlichkeit und Hilfsbereitschaft der Einwohner von Bogotá.

Heute ist Sonntag und erheblich viele Straßen in der Innenstadt damit für den Autoverkehr gesperrt – neben dem bereits existierenden 350km ausgebauten Radwegenetz. Die halbe Stadt scheint auf zwei Rädern unterwegs zu sein, mal von denen abgesehen, die eher Skatebords oder Rollerblades zur Fortbewegung bevorzugen und wir tun es ihnen gleich. Unser Grüppchen von gestern – never change a winning team – hat sich heute früh der Bogotá Bike Tour angeschlossen, um auf Mountainbikes und in etwas mehr als fünf Stunden die beiden Seiten der Metropole kennenzulernen: die Straßentänze und Fußballspiele, die Rockkonzerte und Straßenkinder, das Rotlichtviertel und die politischen Graffitis an den Häuser- und Mauerwänden und jetzt stehen wir inmitten der Parkanlage, gebutterten Mais, Mangosaft und Reisbällchen in unseren Händen und lauschen dem Tourguide, der uns soeben sein Wissen über die kolumbianische Rosenproduktion vermittelt.

Der Tag neigt sich dem Nachmittage zu und hier trennt sich unsere eingeschworene Gemeinschaft in die Club- und die Kunstfraktion. Zentraler Platz im Stadtzentrum ist die Plaza de Bolívar, dort stehen Kathedrale und Regierungsgebäude. Um ihn herum sind verschiedene Straßenstände aufgebaut, an denen wir leckere Maiskolben und Kokostaler erwerben, dazu auch gleich frische Mangos und Erdbeeren in süßer Kondensmilch. Nur noch wenige Schritte entfernt von uns befindet sich das nächste Ziel: das Botero Museum. Nur noch zu zweit schlendern wir durch seine Säle. Neben den Bildern und Skulpturen mit den unverwechselbar-berühmten dicken Menschen und Tieren des Malers sind hier gleichsam viele andere Werke bedeutender Künstler aus seiner privaten Kunstsammlung zu bewundern: Neben Picasso, Dalí, Miro und Grosz auch einige, von weniger bekannten Künstlern. In den typisch kolumbianischen Innen- und Hinterhöfen mit ihren Brunnen, Bänken, Balkonen und Blumenschmuck, fühlt man sich direkt in einen Film von Julian Schnabel hineinversetzt während man von Exponat zu Exponat wandert.

Auf den Spuren 100jähriger Einsamkeit wandeln wir nur wenig später am García Marquez Kulturzentrum, genau gegenüber dem Museum. Dem Nobelpreisträger geweiht, vermittelt es heute der Bevölkerung Bogotás Fähig- und Fertigkeiten in Kunst, Kultur, Sprachen und Sport. Falls man danach Lust bekommt, selber nobelpreiswürdige literarische Werke hervorzubringen, könnte man dazu das kleine Café an der Ecke benutzen – eines der wenigen in denen noch echter kolumbianischer Kaffee serviert wird, denn in den meisten Ecken der Stadt findet sich lediglich importierte Billigware. Die hochwertige Eigenproduktion geht hingegen in den Export. Wir überlegen noch und laufen erstmal weiter. Nur um die Ecke ins alte Viertel La Candelaría mit lustig bemalten Häuschen und zahlreichen kleinen Cafés. Andres Carnes Deres – das In-Lokal schlechthin, ist ein offener Galeriebau über 5 Etagen der sich tagsüber als Restaurant tarnt. Als wir dort auftauchen hat es sich schon eine Disco verwandelt. Allerdings nicht in eine normale. Innendrin herrscht eine absolut märchenhafte Stimmung, mit lebensgroßen Puppen und Marionetten – einfach unbeschreiblich.

Richtig spät abends dann, mit Maiskolben, Mangoshake und Bananenchips in der Hand, klingt der Tag aus und wir finden uns wieder im Innenhof, geschmückt mit kolumbianischen Fähnchen, auf gusseisernen Stühlen bei Cerveza und Jugo de Naranja vor weißgetünchten Hausmauern. Im Hintergrund die hohen Berge und der Monserrate, ein paar Flötenspieler aus den bolivianischen Anden, eine leichtkühle Brise und ein großes Quäntchen Glück.

Am nächsten Tag, immer noch zu zweit und gleich noch ein klein bisschen glücklicher: Schnee und Eischaos hat den Flieger, der uns nach Hause bringen sollte, davon abgehalten, sich auf große Reise zu begeben. Für uns heißt das (neben dem absoluten Chaosflug nach Hause, der uns blühen wird und nach dem meine Augen am Stück für etwa 30 Stunden geöffnet sein werden, was, zugegebenermaßen, ein kleines Stückchen weniger glücklich macht): Wir verbringen ausnahmsweise nicht 1 ½ Tage sondern ganze drei auf dem südamerikanischen Kontinent.

Usaquen ist ein schmuckes, hippes Altstadtviertel mit traditionellem Kunsthandwerkermarkt neben Boutiquen, Cafés, Szenekneipen und Champagnerbars; begrünten Parkanlangen mit plätschernden Brunnen sowie cool-edlen Restaurants, wie dem Tienda Café im Hundertwasserstil. Die Zeit bleibt buchstäblich stehen im Buchladen, zwischen kolumbianischer Architektur und Poesie, Geschichte und Natur – hier beginnt man zu träumen, von Brunnengeplätscher in blumenbewachsenen Hinterhöfen und Chicha in gemütlichen Altstadtkneipen, ausgerüstet mit Schreibmappe und Poesiebänden, schreibend und in Literatur versunken, von ihr beflügelt zum eigenen literarischen Schaffen, neben sich Vino tinto und Jugo de lulo …

Bei Orlando im Il Giardino fügen wir unserem Kunst, Kultur, Poesie und Wein Erlebnis, noch köstliche Spaghetti Primavera, Focaccia, Espresso e Succo d´Arancia hinzu, lassen die Hochlandsonne auf uns scheinen und uns zum Nachtisch hausgemachte Minimaronenkokoskugeln auf der Zunge zergehen. Und wir sprechen, angeregt durch den Medellín Bildband, aufgeschlagen auf dem Tisch, über eine Geschichte, die sich erzählt wird. Sie kreist um das Internationale Poesiefestival in Medellín, eines der größten der Welt und sie geht so: vor einigen Jahren soll ein Bus mit Poeten unterwegs gewesen sein, zu einer öffentlichen Lesung. Die Guerilla stoppte den Transporter und betrat den Bus, in dem sich ein zitterndes Häufchen Lyriker zusammenkauerte. „Keine Angst“, sagten sie „wir wollen euch nichts tun; wir haben nur von diesem Poesiefestival gehört und wollten auch einmal Gedichte hören“. Die Poeten rezitierten, die Kämpfer verließen den Bus. Niemand weiß, ob diese Geschichte wahr ist oder nicht – aber sie könnte es sein – und allein das gibt begründete Hoffnung in diesem wahrhaft zerrissenen Land.

All good things come to an end: zarte Heimatgefühle, wie in Italien, auf den Kykladen, in Mexico … hier in Bogotá spüre ich sie wieder. Der Wunsch in den deutschen Winter zurückzukehren, anstatt hier abends bei Rotwein unter Palmen und Bougainvilleen zu sitzen, hält sich demnach in recht überschaubaren Grenzen. Und doch stehe ich nachmittags pünktlich in meiner Uniform in der Hotellobby, steige in den Bus und noch lange bleibt mein Blick an der Fensterscheibe hängen …

Vengo de una tierra
que le sobra corazón y voluntad
Sueño con el día
en que le sobre la razón para cantar.

Tengo dos pretextos que me esperan
Para regalarme su mirada

Tengo cada vez más recompenzas
Tengo cada vez menos palabras.

Vengo de un país,
de una región que está embrujada
Por los indios que se niegan
a alejarse de su raza.

Llevo veinte años
aprendiendo a valorarla
Y en los tiempos de mi infancia
Parecía tener más magia.

Tengo mil pretextos que me esperan
Para regalarme su mirada
Tengo cada vez más recompenzas
Tengo cada vez menos palabras.

Tengo un corazón
que no se cansa de extrañarla
Tantos sueños y esperanzas
que se quedan en el alma.

Tengo a un país
atravesado en la garganta
Que no deja que me vaya
acostumbrando a la distancia ...

Vengo de una tierra
que le sobra corazón y voluntad.

Die ganze Welt im Handgepäck

Die ganze Welt im Handgepäck.
Der Streik der Fluglotsen am Frankfurter Flughafen ist nun schon eine Weile vorbei und doch beschäftigt er mich noch immer. Allemal erstaunlich, wie eine kleine Gruppe einen so großen Betrieb einfach lahmlegen kann. Am Flughafen arbeitet einer dem anderen zu. Keiner ist wichtiger oder unwichtiger und wenn auch nur ein Rädchen im Getriebe ausfällt, geht gar nichts mehr. Das Bodenpersonal von Check-in, die Rampagenten, Stationsleiter, Lader, Mechaniker, Techniker, Caterer, Sky Chefs, Cleaner, die Wartung, die Lotsen im Tower, das Cockpit, die Kabinencrew ... Tausend Hände, die zusammenarbeiten, bevor ein Vogel sich in die Lüfte schwingen kann. Und lässt auch nur eine Hand die Arbeit ruhen, geht nichts mehr vonstatten. Dann stehen wir in Uniform in Brasilien oder

Boston, wissend, dass wir eine 20 Stunden Nacht vor uns haben und jede Streiksekunde, diese verlängert – bis zu neun Stunden, wie in Washington geschehen. Zu einer Zeit, in der wir längst das erlösende Bett so nah vor Augen gehabt hätten ... doch nun erst starten können. Vollkommen übermüdet, zu einer langen Reise durch die Nacht, mit Gästen, die, nun raten Sie mal: natürlich uns für diese Verspätung verantwortlich machen.

Heftige Turbulenzen überraschen uns auf dem Brasilienflug. Alles könnte dennoch gut sein, weil man sich ja einfach nur still hinsetzen muss und abwarten, bis sie vorübergehen.

So weit kommt es allerdings nicht, denn dem Purser fällt nichts Besseres ein, als jetzt(!) die Essen in die Öfen zu stauen, trotz drei Stunden bis zum nächsten Servicebeginn. Diskutieren ist in diesem Fall zwecklos. Ich fange also an, bücke mich, das Flugzeug wackelt, komme hoch, der Flieger sackt in ein "Luftloch". Essen in Ofen, die nächste Erschütterung – sehnsüchtig starre ich zu dem sicheren Sitz, auf dem sich die gefährlich nah heranrollende Übelkeit noch vermeiden ließe, vergeblich: der Purser läuft herum und kontrolliert seine sinnlose Anweisung. Also nochmal bücken, dabei festhalten,

damit man nicht umgeworfen wird, hochkommen, "Luftloch", einstauen, absacken. 10 Minuten halte ich dieses Geschaukel durch, dann muss ich mich leider entschuldigen. Ich renne zur Toilette und bleibe da – ganze 40 Minuten, in der sicheren Gewissheit zu sterben.

Seine Kabinenansage am Schluss: einen herzlichen Dank an die Crew für die tolle Zusammenarbeit und einen schönen Feierabend, ist nur eine leichte Entschuldigung für diese Strapazen.

Gesundheit ist das höchste Gut. Lassen Sie mich einige Worte zum gesundheitlichen Aspekt des Fliegens verlieren. Dass unser Job nicht die reinste Wellnessfarm für den Körper ist, dürfte sich leicht selbst erklären. Bekommt doch jeder neue Kollege noch vor seinem ersten Einsatz an Bord eine Strahlenschutzkennummer zugeteilt, mittels derer die tatsächliche Strahlenbelastung übers Jahr festgehalten wird. Immerhin fangen wir bei einem durchschnittlichen Langstreckenflug ein Vielfaches der Strahlung ab, die bei einem handelsüblichen Röntgentermin freigesetzt wird. Und das ganz ohne Bleiweste. Dies ist auch der Grund, weshalb eine Mitarbeiterin ab dem ersten Tag ihrer Schwangerschaft nicht mehr in die Luft darf – jedenfalls nicht zum Arbeiten. Bemerken Sie, was die Druckverhältnisse an Bord mit Plastikbehältnissen machen? Sehen Sie, wie zerdrückt Ihre Kontaktlinsen- und Handcremetuben sind? Können Sie sich vorstellen, dass das gleiche mit unserer Haut und unseren Organen passiert? Und was die trockene Luft mit der körpereigenen Feuchtigkeit tut? Und der Aufenthalt in Flugzeugkabinen mit den Venen? 27 war die jüngste Kollegin, die ich nach zwei Bandscheibenvorfällen getroffen habe. Die Trolleys wiegen viele viele Kilogramm. Viele fragen mich, wie es meinen Füßen geht.

Meinen Füßen geht's ganz gut, im Gegensatz zu meinen Beinen. High-Heels tragen wir tatsächlich nur zum Boarden. Sobald die Anschnallzeichen verlöschen – achten Sie mal drauf – verschwinden alle Stewardessen mit Schuhsäckchen in der Bordküche, um sich in die sogenannten "Galley-Schlappen" zu schwingen. Das sind Schühchen, mit höchstens 2 cm Absätzen, die wir während des Service tragen. Pünktlich zum "Signs-on", Deboarding und über den Flughafen tippeln, werden diese wieder ausgetauscht gegen schwindelerregende Absätze (je nach Airline) – aber nur bis zum Crewbus! Schlimmer sind tatsächlich die Druckverhältnisse, trockene Luft und Höhenstrahlung an Bord, die für Haut und Bindegewebe extremst schädlich sind. Dellen, Besenreiser und Krampfadern probieren wir – je nach persönlicher Disposition und mit mäßigem Erfolg – mit Kompressionstrümpfen und Stützwäsche vorzubeugen; den Schleimhautbeschwerden mit massenweise Nasen- und Augentropfen und den aufgerissenen Lippen und Fingern mit fettigen Cremes – und bitte dabei nicht vergessen: immer schön lächeln!

Nun habe ich endlich eine „Shuttler WG". Dies sind Wohnungen, die um Frankfurt wie die Pilze aus dem Boden sprießen und in denen sich Flugbegleiter mit längerer Anfahrtszeit zum Flughafen ein oder mehrere Zimmer zu 8 oder 12 oder 20 teilen. Man denkt, dies würde nicht funktionieren und doch tut es das.

Lange dachte ich, ohne auszukommen, doch nach drei Beinahe-Unfällen und mehreren halben verschlafenen Tagen auf der Autobahnraststätte (besonders schön im Winter, wenn sich nach dem Aufwachen hübsche Eiskristalle an den Innenscheiben gebildet haben), habe ich mich eines Besseren belehren lassen. Nun besitze ich, mit sieben anderen Kollegen, eine Schlafmöglichkeit in einer kleinen, gemütlichen 2-Zimmer Wohnung, mit acht Betten, Klappcouches, Ausziehsesseln und zusammengeflickten Matratzen: Jugendherbergsfeeling, zwischen halbausgepackten Koffern. In dieser Wohnung wohnt tatsächlich niemand. Alle von uns kommen nur zum Schlafen vor oder nach dem Dienst vorbei – und durch die unterschiedlichen Dienstpläne ist man meist allein, selten mal zu 2. oder 3.

Den Rest der Zeit wohne ich in einem kleinen Örtchen, da wo fast jeder jeden kennt. Hier ging ich auch meiner früheren Tätigkeit nach und meine Flyer hingen im örtlichen Biosupermarkt. Nun bin ich Flugbegleiterin und eine kleine Sensation, vor allem für die älteren Mitbewohner. Leute auf der Straße grüßen nicht mehr mit: "Wie geht es Ihnen", sondern mit: "Ah, die Stewardess, wo kommen Sie denn her?" oder "wo geht´s denn wieder hin?".

Neid und Bedauern liegt manchmal in den Worten meiner Freunde und Bekannten und ich kann beides verstehen.

Liege ich unter der indischen Dezembersonne am, von Palmen umsäumten, Pool; stehe ich barfuß auf weichem Marmorfußboden der Tempelanlagen, leises chanten im Hintergrund, während vor mir Glitzersterne eines Feuerwerks vom rosa Abendhimmel fallen; sitze ich mit meinen Kollegen im Buenos Aires Bus, in Mexiko auf dem Pferderücken, in Venedig beim Cocktail im Hafen; tanze ich

Samba in Brasilien oder gondle durch die tief verschneiten Rocky Mountains; trinke frische Kokosnuss Milch zum Frühstück in Bangkok, esse Halwa und Datteln auf dem Bazaar in Teheran; sehe den Superbowl in der Washingtoner Sportsbar, stilecht mit Beer Pitcher und Fries, sitze in der Oper in Jekaterinburg, erlebe Paul Mc Cartney live in London, esse nachts Curryreis aus Lorbeerblättern und picknicke am menschenleeren Chicagoer Strand, während die Sonne ihre ersten goldenen Strahlen über den Lake Michigan wirft, dann denke ich, ich bin der glücklichste Mensch der Welt.

Stehe ich bei Turbulenzen mit Kaffee in der Kabine, diskutiere mit unzufriedenen Gästen über Auswahlessen, liege nachts zitternd im Crew Rest, ohne Ruhe zu finden; komme ich nach 30 Stunden Schlafentzug mit tiefen Augenringen, neuen Dellen, Besenreisern, Augenringen und Falten in der Haut nach Hause zurück, klingelt an fünf Tagen hintereinander mein Wecker um 2 Uhr morgens, habe ich meine Freunde schon unendlich viele Monate nicht mehr gesehen; serviere ich morgens um 5 Kaffee und Brötchen, nach 10 Stunden Arbeitszeit und noch 3 weiteren vor mir, während mein ganzer Körper schreit: „Schlafen! Schlafen! Schlafen!"; Lässt sich ein Gast gar nicht mehr beruhigen, weil aus Versehen Rotwein auf seinem Hemd gelandet ist – und hilft am Ende nur noch der Champagner aus der First Class; trete ich abends um acht zum Dienst an, mit dem Wissen, erst um 8 Uhr morgens wieder die Gelegenheit zu bekommen, die Beine hochzulegen und die Augen kurz schließen zu können; melden sich die Freunde irgendwann gar nicht mehr, weil man sowieso keine Zeit für sie hat, habe ich grade einen Tag entspannt und muss am nächsten schon wieder meinen Koffer packen – dann frage ich mich ernsthaft, warum tue ich mir das an? Die Antwort ist ganz einfach: Ich liebe einfach meinen Job!

Mein extrem spannendes Leben hat mich quer durch die ganze Welt geführt, alle meine bisherigen Ziele habe ich verwirklicht. Was immer ich mir gewünscht habe, dafür habe ich auch gekämpft – und ich bereue nichts. Seine Träume zu leben, auch wenn sie mit Opfern verbunden sind – und das werden sie fast immer sein – ist immer noch das, was uns wirklich glücklich macht. Denn das was wir gar nicht erst ausprobiert haben, werden wir im Leben immer am meisten bereuen!

Nur den Frauen nicht

Es gibt sie. Immer noch. Die Kulturen, in denen das Leben von Männern und Frauen streng getrennt ist. In denen wir nicht mal dann einen Gast anderen Geschlechts berühren dürfen, wenn dieser Hilfe benötigt. In denen Frauen nicht mit unseren männlichen Kollegen sprechen und Männer im Extremfall nichts von einer Frau entgegennehmen. Auch keine Anweisungen. Was im Einzelfall schlecht ist, da die Besatzung als ausgebildetes Sicherheitspersonal dafür Sorge trägt, dass alle wieder heil unten ankommen. Ein solcher Herr begleitete uns nun auf unserer Reise, vom nahen Osten zurück nach Deutschland. Gänzlich uninteressiert an unseren Ausführungen, weigerte er sich, auch nur einer einzigen Aufforderung nachzukommen. Auch ein netter Brief des Kapitäns brachte nicht die erwünschte Wirkung – da von einer Frau überbracht! Mit seinen Wutausbrüchen und fruchtlosen Diskussionen; dem Herumlaufen in der Kabine bei angeschalteten Anschnallzeichen, dem Stören der anderen Passagiere und der Ignoranz von jedem unserer Worte, brachte er uns ganz in die Nähe unserer persönlichen Grenzen. Auf dem Flughafen in Frankfurt angekommen, wartete demnach bereits eine kleine Eskorte, grün uniformierter Beamten auf ihn. Dies gefiel ihm nicht sehr gut. Sein Toben und Schreien nahm zu und auch seine Beleidigungen. Die Beamten fragten noch: „Stimmt es, dass sie dem Flugsicherheitspersonal nicht Folge leisteten?“ Seine Antwort war: „Nein, nur den Frauen nicht!“ Das Klicken der Handschellen war an diesem Tag das letzte was wir von ihm hörten.

Zuckerschock, Panikattacken, Kreislaufkollaps, Wutausbrüche

Wie wir an anderer Stelle unserer gemeinsamen Reise schon hörten, ist so ein Flugereignis nicht das allergesündeste für den Körper. Nun ist der menschliche Körper ja auch nicht primär dafür geschaffen worden, in länglichen Röhren durch die Luft zu schießen. Viel Platz hat man auch nicht – gelinde ausgedrückt. Und dann treffen, vor allem in der Economy-Class, auch noch alle möglichen Kulturen, Befindlichkeiten und Charaktere aufeinander. Nicht mit allen freundet man sich an. Nicht alle riechen gut. Nicht alle befolgen zu jeder Zeit die grundlegenden Höflichkeitsregeln, die ein zufriedenstellendes Miteinander garantieren würden. Nicht alle sind gesund. Und manche haben Angst. Oder zu wenig gegessen. Und getrunken.

Ein Herr kommt in die Galley gestürzt, wütend, aufgebracht, die Haare stehen ihm zu Berge, kalter Schweiß steht ihm auf der Stirn. Er greift sich vier Törtchen auf einmal, verschlingt sie, wirft sich auf den Boden und schreit: „Ich bin Diabetiker.“ Im Folgenden erleben wir die gesamte Palette menschlichen Verhaltens, vorgeführt von einer einzelnen Person. Tobsuchtsanfälle und Weinkrämpfe, Umherwerfen der Sauerstoffmaske, Beleidigung anderer Passagiere, Schreiattacken, Sachbeschädigung und Autoaggression bis er schließlich erschöpft den Schlaf der Gerechten findet.

Gerade möchte ich mit dem Trolley in die Kabine fahren, um den Essenservice zu beginnen, da öffnet sich die Toilettentür. Eine Dame tritt heraus, verliert das Bewusstsein und fällt mir einfach vor die Füße. Wir rufen einen Arzt, bringen sie in die stabile Seitenlage und versorgen sie mit Sauerstoff. Ihr Mann erzählt: Seit drei Tagen sind sie nun unterwegs. Zuerst mit dem Zug aus dem Westen in die nächstgrößere Stadt. Zwei sich anschließende Inlandsflüge. Eine Atlantiküberquerung und nun noch die letzte Strecke bis nach Portugal. Diese letzte war dann wohl eine zu viel.

„Ich habe ein bisschen Flugangst“, informiert uns eine junge Passagierin, die mit ihrer Mutter an Bord kommt. Schön, wenn wir so was wissen. Wir kümmern uns gerne, geben technische Informationen und helfen bei Entspannungsübungen. Wenn es zu schlimm wird, können wir auch schon mal den Service unterbrechen, um uns ganz auf die Bedürfnisse des Einzelnen einzustellen. Wann wir definitiv nichts machen können, ist zu Start und Landung. Dann sitzen wir angeschnallt auf unseren Flugbegleiter Stationen und dürfen erst dann diesen Platz verlassen, wenn das Cockpit die Anschnallzeichen über unseren Köpfen ausgeschaltet hat. In einer solchen Situation befinden wir uns, als die junge Dame anfängt, unkontrolliert zu zittern. Tränen laufen ihr über das – kreidebleiche – Gesicht. Bei jedem Wackeln oder Rumpeln schreit sie laut auf. Was tun Sie? Sie sitzt nicht weit entfernt, daher beuge ich mich in ihre Richtung, beginne mit ihr zu sprechen. Erkläre der Mutter beruhigende Handgriffe und bereite sie auf die nächsten zu erwartenden Geräusche vor: das Einfahren des Hauptfahrwerkes, das Ausfahren der Landeklappen. Sie weint noch eine Weile weiter. Aber immerhin geht sie am Ende mit einem Lächeln von Bord.

„Sandwich oder Pizza", frage ich den Herrn im Sitz vor mir. „Das mit Fleisch!" ist seine Antwort. „Tut mir sehr leid, beides ist vegetarisch. Schmeckt aber trotzdem sehr lecker." „Ihre Scheiß-Airline", brüllt er mich an – Passagiere zucken erschrocken zusammen – „ist nicht mal in der Lage, uns ein gescheites Essen anzubieten. Fleisch ist Standard. Ich bestehe darauf. Ich will Fleisch!" Ein klein bisschen grotesk wirkt dies schon. „Sir, wir haben leider nur vegetarische Kost beladen, aus Rücksicht auf viele religiöse Passagiere auf unseren heutigen Flug." Sein Schreien steigert sich nun bis fast an die Obergrenze: „I don´t give a fuck!" auf gut deutsch in etwa: „Das interessiert mich einen absoluten Scheißdreck!" Mich jetzt langsam auch, deswegen schiebe ich weiter. Da sieht man´s mal wieder. Dass zuviel Fleisch aggressiv machen soll, wird ja schon von einigen Studien belegt. Vor allem, durch die darin enthaltenen Ängste und Hormone. Darüber kann man gern denken, was man will aber hier ist der anschauliche Beweis: manchen scheint der Fleischverzehr ja wirklich nicht sonderlich gut zu bekommen.

Vom Nordkap bis zum Mittelmeer

Oh, wie schön ist Europa

Kurzstrecke ... d.h. mittags um 12 im Hotel abgeholt werden – vier Flüge zu arbeiten und nachts um halb 2 vollkommen erledigt ins Bett zu fallen (wahlweise auch um 2 Uhr die Nacht zu beenden und abends um 20 Uhr ganz und gar erschöpft das Kissen zu küssen). Aber auch das:

Ergriffenheit über das menschliche Genie, welches imstande ist, solche meisterhaften Wunderwerke hervorzubringen, beim Kunstgang durch den Mailänder Dom; das großartige, atemberaubende Panorama der gigantischen schneebedeck-

ten Alpen, von Milano bis zum Bodensee – aus der Vogelperspektive, schwebend;
Am finnischen See sitzen – Nebel über dem Wasser; bunte Vögel auf schwankenden Ruderbooten. Weiße Nächte – Sommer in Helsinki –Abenddämmerung erst um Mitternacht;

Finnische Sommerimpressionen

Sekt-Orange, im Hintergrund klingt klassische Musik aus dem Autoradio, vor uns tanzen die Lichter im Takt auf dem Wasser;

wir bleiben sitzen, als der Regen anfängt auf die Scheibe zu prasseln; zu Janis Joplins „Summertime" leeren wir die kleine Piccolo-Flasche – und dann entzündet sich vor unseren Augen ein Feuerwerk auf der gegenüberliegenden Seeseite;
Tempelanlagen unter glühender Mittagshitze in Madrid ...
... gemütliche Radtour durch Bukarests Gärten im Nieselregen -
Ententeiche, Künstlerlabyrinthe und Baumalleen ...
... Cocktail im Crewbus, dazu spanische Gitarrenmusik aus dem Autoradio.
Inmitten der bunten Markthalle in Barcelona stehen – Erdbeerkokosshake in den Händen und das wilde, laute, sprudelnde Leben um mich herum ...

... durch Tel Aviv fahren in der Nacht; offenes Fenster, der Wind spielt mit den Haaren, Bob Marley im Radio ...

... Straßenfest an der Alster – in der Sonne am Jungfernstieg. Flanieren durch Deutschlands nordische Großstadt: Alsterchaussee, Binnenalster, Jungfernstieg, Reeperbahn, Fischmarkt, Landungsbrücken ... an denen abends zum Wein das Schifferklavier ertönt, während eine Brise vom Meer weht und die großen Schiffe im Hafen Geschichten erzählen: vom Fernweh und der Sehnsucht nach der großen weiten Welt.

Lichter im Wasser am Hamburger Hafen, die Kälte des Herbstes zieht vom Meer auf den Steg; ein Schaufelraddampfer fährt vorbei – ein kleiner Junge spielt auf dem Schifferklavier …

... die Lichter der litauischen Hauptstadt über dem stillen Fluss, bei Nacht ...

Und es heißt, ganz hautnah mitzuerleben, wie unsere geschätzten Passagiere auf keine einzige unserer Ansagen reagieren. Flugsteigänderungen werden angekündigt, Flugnummern und Anschluss-Flüge durchgegeben … Ich kann Ihnen versichern, nach allerspätestens 10 Minuten wird uns im gesamten Flieger von allen Ecken noch einmal die gleiche Frage gestellt.

Unser wundervoller Kabinenchef auf dem letzten Umlauf wollte es ganz genau wissen und so begrüßte er auf vier Flügen hintereinander unsere Gäste auf äußerst poetische Weise: "meine Damen und Herren, seien Sie begrüßt auf unserem romantischen Flug in den Sonnenuntergang, mit unserem neugetauften Flieger mit dem lieblichen Namen Romeo und Giulietta ...“

„Der Applaus für die Sicherheitsvorführungen war jetzt aber ein klein wenig dürftig, das machen wir gleich noch einmal!“

Ein Traum – warum mach ich Ansagen? Das ist wirklich schade drum, ein klein wenig Aufmerksamkeit hätte nicht geschadet, und das wo Sie sich jederzeit unserer ungeteilten Aufmerksamkeit völlig sicher sein können.

Die Sonne scheint durch meine Gardinen und weckt mich auf. Ich bin in London. Vor sieben Tagen war ich noch in Mexico. Morgen früh werde ich meine Augen in Nordspanien öffnen, am dritten Tag dann in Moskau ...

Die Eindrücke aus dem Londoner Doppeldeckerbus sind noch so lebendig in mir, dass ich beim verschlafenen Aufwachen ganze drei Minuten brauche, um mir bewusst zu machen, wo ich gerade bin. Als ich es schließlich herausgefunden habe, stellt sich ein weiteres Mal die altbekannte Frage aller Flugbegleiter:

Schlaf oder Entdeckungsreise? Mein Herz gewinnt und ein kleines Stündchen später streife ich durch die Gassen von Bilbao. Das Ziel: Der Park Casilda de Iturriza, gefolgt von Casco Viejo, der wunderschönen Altstadt ... Kunst und Sonne, Tapas und Rotwein … auch das Meer wäre nicht allzu weit entfernt …

Doch weiter als bis zum Guggenheim Museum komme ich nicht. Mehr als zwei Stunden vergehen in der Ausstellung, während draußen gleichgültig Regentropfen fallen. Die Altstadt wird aufs nächste Mal verschoben ...

Bilbao verlassen wir für meine Begriffe viel zu früh. Zwei entspannte Tage in der Altstadt bei Tapas und Sangria hätten mir ganz gut getan. Dafür bringt uns der Flug nach Moskau dann ganz nah an unsere Grenzen. Zur Belohnung wartet neben dem Luxushotel eine morgendliche Besichtigungstour über den Roten Platz, zum Kreml, zur Kathedrale. Fotografieren, staunen, innen und außen ...

... und wieder zurück nach London – für mich immer noch surreal. Und ganz oft kommt dabei mein Geist nicht mehr wirklich mit: „Gracias, Bonjour, thank you so much, mille grazie, Buonasera, de rien, einen schönen guten Tag, spassiba, arrigato, obrigada" – immer wieder spreche ich die Leute in unterschiedlichen Städten in Sprachen an, die dort nicht hingehören, weil meine Seele noch immer in der vorherigen Stadt weilt; weil sie nicht so schnell reisen kann, wie mein Körper das tut.

Zeiten haben für mich keinerlei Bedeutung mehr, außer wenn Termine pünktlich einzuhalten sind – drehe ich doch manchmal dreimal täglich an den Zifferzeigern meiner Armbanduhr. Die Müdigkeit ist meine ständige Begleiterin, mein Körper ist durch das Flugzeugessen auch nicht leicht in Topform zu halten; vor allem aber ähnelt mein Kopf einem Sieb. Manchmal frage ich mich, ob ich mein Studium heute noch so ohne weiteres hinkriegen würde. Die ständige Reizüberflutung: drei Länder in drei Tagen, vier Kontinente in drei Wochen und der Umgang mit hunderten Menschen jeden Tag, lässt alles nicht Lebensnotwendige rausfallen. Kino, Theater, TV? Ehrlich gesagt nicht, wenn es sich vermeiden lässt. Viel zu anstrengend, weil ich nichts aber auch wirklich gar nichts mehr aufnehmen kann.

Während eine Kundin auf ihren Saft wartet, prasseln fünf weitere Wünsche und Fragen von Passagieren und Kollegen auf mich ein – und wenn ich sie 10 Sekunden später frage, was sie trinken möchte, ernte ich nur ungläubiges Kopfschütteln. Ungefähr genauso, wie von dem verwirrten Passanten in Washington, den ich morgens mit meinem Smoothie in der Hand frage, welcher Wochentag denn heute ist. Ohne Kamera wüsste ich tatsächlich gar nicht mehr genau, wo ich überall gewesen bin.

Höhenflüge – Impressionen aus aller Welt

Wie einfach manchmal das Glück ist ...

Vor dem „Chez la Mère Catherine", am Place du tetre auf dem Montmartre in Paris, dort, wo die Künstler und Clochards ihre Akte und Aquarelle, ihre Portraits und Pastelle ausstellen, zwischen flanierenden Tagestouristen; wo jetzt im Herbst die Heizpilze in den umliegenden Bistros, Cafés und Restaurants flirren und wo dieser milchige, diesige Nebel am Abend vor den Straßenlaternen mit ihrem goldenen Licht hängt, fallen jetzt die Blätter von den Bäumen ... braun, gelb, grün, rot – landen sie in den Farbpaletten der Maler, welche noch nass sind, vom vorangegangenen Regenschauer, und in den Pfützen auf dem Platz, in welchen sich das Licht und der Nebel spiegeln. Vor mir, Chardonnay, Salat au chevre chaud und die dampfende chocolat chaud, an der man sich so schön die durchgefrorenen Hände wärmen kann. Paris, mon Amour ...

Paris im Winter ... zauberhafte silberfarbene Lichteratmosphäre; glitzernder Kunstschnee auf Eislaufbahnen auf der Ile de la Cité oder am La Defènse – wunderschönes Winterwunderland;

Die ersten Sonnenstrahlen am Morgen über dem Lake Michigan, heißer Karamellmacchiato mit Zimtstreuseln wärmt die Hände;

Tanzende und strahlende Nordlichter bei Nacht über Neufundland; dazwischen fallende Sternschnuppen;

Im Landeanflug über Orlando; durch´s Cockpitfenter scheint der Vollmond; sein milchiger Lichtschein liegt über den Seen und Gräsern;

Frische Kokosnussmilch auf dem Pondy Bazaar zwischen duftenden Gewürzketten und Glitzerarmreifen;

Sich am größten Strand Asiens die Wellen um die Füße spülen lassen; kurz danach silbern bestickte Hochzeitssaris anprobieren;

Kokosreis, Fruchtcocktails, Ray of Sunshine, scharfes Gemüsecurry, Alu Ghobi, Kiwitörtchen, Obstsalat, frischen Wassermelonensaft und Rosinen-Zimt-Halva am indischen Abendbuffet;

Meeresrauschen in der einsamen Bucht unter Steilklippen;
Donnerstag Nacht: Mumbai ... glücklich? – viel mehr als das ...

Flieg durch die Welt

Eine romantische Steinbrücke, ein rauschender Bach, weiches Gras und duftender Sommerflieder;
alte Fachwerkdörfchen, frisches Eis und Hofmusik;
Straßenmusiker bei Nacht auf dem Heidelberger Schloss, dazwischen Rotwein und leuchtende Kerzenstummel;
Butterblumenfelder zwischen Rinder- und Pferdekoppeln;
Schmetterlinge und Bienen über Wildblumenwiesen;
goldene Weizenfelder im Sonnenschein;
auf dem Rad durch mittelalterliche Gässchen rollen – Abendglockengeläut;
Blätterrauschen im Abendwind;
Grillen- und Vogelgesänge vor goldenem Abendhimmel;

Mohnblumenfelder, sandige Feldwege, weiches Gras unter den Füßen; Vogelschwärme über den Köpfen;
sitzen bei Regen an einem stillen Weiher; die Füße spielen im warmen Wasser;
scheue Rehe auf einer sonnigen Lichtung;
schimmernde Libellen am sanft plätschernden Bach;
ein kleines französisches Bergdorf, halbverfallene Häuschen mit rauchenden Schornsteinen, leicht fröstelnd beim Abendspaziergang am stillen Weiher ...

... in der Südpfalz durch Sommersonnenblumenfelder laufen;
Nebelschleier über den buntgefärbten Weinbergen – Trestergeruch in der Luft;
leuchtendrote Mohnfelder - von Hummeln umschwirrt;
Crepes mit Maronencreme in duftenden Lavendelfeldern;
Straßensänger am Notre Dame;
Blütenregen in Obstbaumwiesen;
Schneegestöber vor dem Fenster,
Paragliding über Steilklippen;
Italienischunterricht im Blumengarten, frisch gepflückte Kakis auf steilen Klippen über dem kalabresischen Meer;
Lichter spiegeln sich im Wasser, Regentropfen fallen über Glas; bunte Blätter, die im Wind tanzen;
Public Viewing vor dem Buckingham Palace – zum Diamant Jubilee der Queen: Paul Mc Cartney (fast) zum Greifen nah;
Spätromantische Lieder und Poesie am Sommerabend im Herrenhaus; Kerzen und Wein im Innenhof – nachtschwarze Weinberge und weiße Mondsichel auf dem Heimweg;
Open Air Jazzkonzert - milde Sommerluft und Rotwein mit Amaretto;
Caipi im Strandcafé - die Füße spielen im Sand;
auf der Harley im Sommerwind durch Weinberge und durch elsässische Dörfchen;
Eichhörnchen in Florida mit Heidelbeeren füttern;
der orangefarbene Halbmond über Teheran;
brasilianisches Lebensgefühl unter Palmen; Obstfrühstück über den Dächern von Sao Paulo;
Majestätische eisbedeckte Nordkaparten um fünf Uhr früh im Sonnenaufgang;
Abends im Maharadscha-Wunderland inmitten von Palmen mit Glückskatze und Fledermäusen; Champagner im Crewbus; Sternschnuppen über Südindien; wildes, surreales Markttreiben in Bangalore;
Bucheckern sammeln im Herbst; Raureif über Winterfeldern; Liebesperlenbüsche und Vogelbeeren unter dichter Schneedecke;

Schweres Gewitter in Nordafrika – vor dem Fenster flattern die Flaggen aller Nationen im Sturm;

Auf dem Rad durch Lothringen; Schutz vor der Sommerhitze im dichten französischen Wald;
Bachata-tanzen unterm Sternenhimmel;
goldroter Sonnenaufgang über Wolken aus dem Flugzeugfenster;
Fahrradfahren durch eine blühende Baumallee im schönen Taubertal – Honigduft in der Nase;
In Süditalien am Meer sitzen unter freiem Sternenhimmel, während kreuz und quer die Sternschnuppen über den Himmel fliegen;
durch die Weinberge der wunderschönen Südpfalz wandern;
Katzen streicheln – egal wo;
Picknick in blühenden Lavendelfeldern;
fahren durch eine ursprüngliche Hügellandschaft mit Olivenhainen, Schluchten, Kastanienwäldchen, Grotten und Badebuchten;
Flammkuchen und Weißwein im Nordelsaß am plätschernden Fluss;
in Paris die ganze Nacht vor Notre Dame den Straßensängern lauschen, Heimweg im Morgengrauen, Sterne überziehen den Nachthimmel ...

Sommer ...
... musizierende Grillen im Grase, tanzende Mücken und zu den Füßen plätschert leise die Tauber – Grashalme und Brennesselblätter garniert mit Marienkäfern ...
... auf dem Felsen über dem Fluss sitzen und Wein trinken, Glückskatzen schleichen um uns herum und den Lindenblütenweg haben die Dorfbewohner, per handgezimmertem Schildchen, zum "schönen Lindenblütenweg" gekürt – wie wahr ...
am stillen Weiher verweilen, Seerosen, Kanadagänse und eine Entenmutter mit fünf klitzekleinen Babys;
Rast am idyllischen Fluss, dann Weiterfahrt durch Sonnenblumen- und Mohnfelder;
Der Boston Common Park, Harvard Campus und die Charles River Esplanade im leuchtenden Indian Summer;
Gedichtlesung; anschließender Nachtspaziergang durch Weinberge, der Himmel voller Sterne;
durch die Auenwälder des Rheins – Kraniche, Störche, Katzen und Hasen treffen;
über Queichtalwiesen fahren, Störche über den Köpfen; in Bornheim Störche in der Pflegestation besuchen und ein wenig bei der Aufzucht helfen;
den Cross Border Trail zwischen Frankreich und der Südpfalz fahren und in jedem Dorf raten, wo man gerade ist;
weiße Wicken winden sich um hohes Schilf, welches sanft vom Wind bewegt wird – leises Rascheln;
radeln durch französische Dörfchen, von der Abendsonne beschienen; fahren in den Sonnenuntergang; fahren in den Sonnenaufgang;
barfuß durch hohes Sommergras;

Wasserratten und Otter am ruhigen Teich in der Abenddämmerung;
Pistazieneis am Meer;
Rotwein am Pool unter tausend Lichtern – Wasserbüffel im See;
irische Seen im Nebel; Pfälzer Seen im Sonnenschein;
Lichterketten und Weihnachtsmusik zu heißem Zimt-Glühwein und warmen Puderzucker-Waffeln;
Herbstspaziergang durch buntes raschelndes Laub – Edelsteine finden auf dem Weg;
Frische Brombeeren finden beim Abendspaziergang über Apfelwiesen und Maisfelder – ganz und gar zerstochen, zerkratzt und glücklich sein;

Sensationeller Ausblick vom Kok-Tobe, dem Hausberg von Almaty, auf das Altai-Gebirge, welches Kasachstan von Tibet und Kirgisistan trennt; stiller Mondaufgang über weißen Gipfeln;
Freilaufende Geckos in Afrika bewundern;
Aus den 50 Grad heißen Straßen von Kuwait in die kühlen Markthallen treten – köstliche Karamellhonigdatteln und geeister Mangosaft zur Abkühlung;
der Hindukusch um acht Uhr morgens im gleißenden Sonnenlicht;
Schwimmende Eisschollen in Grönland – von der Sonne in rosa Licht getaucht;
Eisberge und kalbende Gletscher in Neufundland – in der klarblauen See;
Montags noch barfuß unter Palmen, mittwochs dick eingemummelt im Schnee,
die unendliche Schönheit dieser Welt entdecken, sich alle seine Wünsche erfüllen …

Vor der Akropolis auf den Felsen sitzen, bei Wein und Baklava, die Lichter der Stadt betrachten und von Helden und Göttinnen träumen;
sich im kalten Herbst und im Winter völlig ziellos durch die Straßen und kleinen Gassen Wiens treiben lassen und in ihnen typische Kaffeehäuser finden; die heißen Mokka- oder Schokobohnengetränke mit viel Schlagsahne wärmen so schön von innen, während draußen wild weiße Schneeflocken umherfliegen. Klaviersonaten im Hintergrund.

Die mitgebrachten Geschenke aus Äthiopien hübsch aufgereiht auf der Garderobe, mein hellblaues Schlumpf T-Shirt aus Tel Aviv im Schrank, die buntbemalten Gewürzkaraffen aus Marokko auf der Anrichte. Bilder betrachten vom Hamburger Fischmarkt und den Landungsbrücken. Erinnerungen an das Meisterwerk: den Mailänder Dom; an das Abendessen auf dem Place du tetre, auf dem Montmartre, nach dem Lauschen meines Lieblingsstraßensängers auf den Stufen vor Sacre Coeur. Vorgestern noch Cocktails trinken in Malibu und "Johnny Depp" auf dem Hollywood "Walk of Fame" küssen. Auf meiner Webseite Berichte aus der großen weiten Welt und schon fast die Koffer fertig gepackt für mein nächstes Schatzsuchabenteuer in der Karibik ...

Dankbarkeit jeden Tag für das Glück, die Wunder und Geschenke, das Leben und die Hingabe. An das Reisen, an den Tanz, an die Schönheit, in der Natur, in

Worten, in Wundern, in Begegnungen, in Kunst, Poesie, in Wasserlilien und Wasserläufern, in Regentropfen, im Sonnenlicht. In allem, was uns umgibt, wenn wir nur die Augen aufmachen und lernen, hinzusehen und wahrzunehmen: die Butterblumen am Wegesrand, der Sommerflieder am Bach, die Töne der Straßenmusiker und das Flirren der Libellen in der Sommerhitze; Möwenschreie über dem Meer, roter Sonnenaufgang in den Bergen, die Spiegelung der Sonne auf den Tragflächen, Jasmin Duft und Oleander; die sich sammelnden Stare im Herbst, den Geruch überreifer Trauben im Weinberg, das Rascheln des Schilfs im Wind, der Geruch von warmer Tomatensoße, der sich mit Kaminholz vermischt, heiße Schokolade mit Zimtstaub und Weihnachtsmarktduft mit Glitzerkugeln …

Geschenktes Vertrauen

Sichtbare Träume

Leben – abenteuerlustig, wildbunt, glanzvoll, leuchtend, entrückt, surreal, kostbar, wertvoll, extrem, gefühlvoll, freudvoll, übersprudelnd, leise, laut, bunt, tanzend, bewegt, glücklich, schwindelerregend, hochfliegend, tieffallend, tieftraurig, tiefverzweifelt, tiefverletzt, verwundet, geheilt, gesucht, gefunden, umarmend, liebend, lachend, weinend, haltend, schützenswert, goldwert, wild, frei, pur, edel, ganz, rein – steht auf der Glückwunschkarte meiner Kollegen, gebastelt aus Spültüchern, beklebt mit römischen Motiven und italienischer Schokolade.

Mein Geburtstag, seit zehn Minuten in der römischen Piano Bar, Nino Soprano, mein neuer Verehrer am Klavier spielt nur für mich, seine Melodien hüllen mich ein, zaubern Lachfältchen in mein Gesicht ... über mir zerplatzt die größte Seifenblase der Welt in abertausend kleine diamantene Funkelperlen. „Cin Cin" e „Tanti Auguri"!

„As time goes by"... spielt, lächelnd und augenzwinkernd der Pianist und dann fügt er noch hinzu, „mögen all deine Träume sich jetzt erfüllen und mögen sie dir Glück bringen!"

Der Atem hinterlässt nicht mehr als einen leichten Hauch und die Sonne wirft bereits um kurz nach sieben ihre Strahlen über die römischen Dächer. Heute ist ein Dezembergeburtstagsmorgen. „Fa un po freddo" behauptete gestern Abend der italienische Rampagent – es sei ein bisschen kalt – ach, was wisst ihr Römer schon von Kälte? Kalt war es gestern in Stockholm, als man dick vermummt und dennoch zitternd nur ganz vorsichtig einen Schritt vor den anderen auf der dicken Eisschicht setzen konnte. Ihr mögt vielleicht denken, ihr seid von der Kälte heimgesucht, doch die Morgensonne, die wildgrün blühenden Terrassen und Balconi und die vergnügte Schar, hier am Rande von Rom ansässiger, Zwergpapageien verraten die Frühlingsahnung – mitten im Winter ...

... einer der leuchtendbunten Vögel hat Zuflucht gesucht in einem Eichhörnchenkobel hoch in der Baumkrone und während sein ursprünglicher Bewohner gerade von seinem Morgenspaziergang zurückkehrt, taucht nun ein kleines grünes Miniköpfchen im Eingangsbereich auf. Zu putzig sieht das aus. Eine Weile schauen sie sich an, neugierig und ein wenig irritiert – am Ende gewinnt das Eichhorn und der Grünling zieht mit seinen gefiederten Freunden weiter und lässt im Vorbeiflug sein reizendes Tschilpen hören.

Bella Roma leuchtet sandstein-terracottafarben im Morgenlicht der Geburtstagssonne.

Der leckerste Geburtstagscappuccino der Welt in der Mittagssonne vor römischen Hügeln unter hellblauem Dezemberhimmel verschönt meinen Geburtstag gleich noch ein kleines bisschen mehr.

Ich überlege, der wievielt glücklichste Mensch der Welt ich wohl sein mag: Verschneiter Frühmorgenflussspaziergang im kaltwinterschönen Uppsala; italienisches Geburtstagsfeiern in der römischen Piano Bar. Jedes Mal von neuem ein Ankommen, ein nach Hause kommen – in meine italienische Heimat. Es ist doch nirgendwo so schön wie daheim. Bringen Sie nun: „Mensch Welt der glücklichste der auf" in eine passende Reihenfolge – Herzlichen Glückwunsch!

Nordlandfahrt

„Bis zum Herzen der Felsenwüste, bis zum Urstock des Gebirges, in die letzten Hochthäler und Winkelgräben, bis zum eisumgürteten, nebelumschleierten Throne des Berggeistes, rauscht die Meeresflut heran, als ob ein ungeheures Felsengebirge mit all seinen Hängen und Thälern, Zinnen und Winden in das Meer gesunken wäre.“ (Ferdinand Krach – Nordlandfahrt)

Als das Flugzeug sich langsam unserem Ziel annähert, nehme ich unter mir Sand wahr. Eine bergige Landschaft, bedeckt mit purem Sand, durchbrochen von tausenden Fjorden. Je näher wir kommen, desto klarer kann ich die Gebirgsformationen der Berge erkennen und dann – Schnee; Schnee, nicht Sand und nun schweben wir über eine winterweiße, zerklüftete Fjordlandschaft aus Bergen, Tälern, kleinen bunten Holzhäuschen in der Mittagssonne überzogen mit kitschig-schönem weißem Zuckerguss.

Ich begebe mich nur so halbfreiwillig wieder in den Winter zurück, und doch werde ich mir hier einen weiteren Traum erfüllen können, aber das weiß ich jetzt noch nicht. Der arktische Frühling lässt nur Eisblumen wachsen, doch Gletscher und tiefe Fjordtäler werden mich auf meiner Fahrt durchs Eismeer dafür mehr als entschädigen.

Auf meiner dreieinhalbtägigen Fahrt – tatsächlich, weil wegen Schlechtwetterwarnungen die Flughäfen gesperrt werden (auch so was kommt vor, allerdings sehr zu meinem Leidwesen nicht allzu oft) – werden Island und Alaska südlich von mir liegen und selbst Hammerfest, die nördlichste Stadt der Welt werde ich hinter mir lassen. Bis hinauf zum Nordkap geht meine Kurzreise, 2000 km entfernt, vom geografischen Nordpol.

Die Hurtigruten, Norwegens Kultinstitution fahren an 365 Tagen im Jahr und haben neben der Post auch den Tierarzt und die Hebamme mit an Bord. Für viele kleine Fjorddörfer sind die täglichen Schiffsbesuche die einzige beständige Verbindung zur Außenwelt. Keine(!) Kreuzfahrtatmosphäre und auch nicht alle Schiffe der Flotte haben Stabilisatoren! Wer allerdings das authentische Erlebnis sucht, so wie ich, der ist hier absolut richtig!

Abends draußen am Bug, den Nordwind im Gesicht, die Lichter der Stadt hinter sich lassend, vor einem die Nacht; hinaus auf die offene See, hinein in die dunklen Fjordtäler, vorbeigleitend an kleinen Dörfchen, nur Meer und in ihm schwarze Inseln, die helle Mondsichel am Himmel und Möwen, welche kreischend über unser Schiff schweben. Brian neben mir und ich bin glücklich, auf Weltreise, auf Wanderschaft, auf der Suche nach gelebten Träumen und gangbaren Wegen – und dies hier: fast ultimative Freiheit.

In der Nacht dann offene Seestrecke und gleich nicht mehr ganz so glücklich. Man will gerne das Schiff mit einem der Rettungsboote verlassen, doch dann bleibt man – und wird bereits im nächsten Hafen für seine Ausdauer belohnt: Schneebedeckte Berge ragen hinter kleinen Schäreninseln ins gleißende Morgenlicht, reine Luft, klarer Himmel und Fernweh – nordwärts gerichtete Sehnsucht. Immer weiter zu reisen und Länder zu entdecken, von denen die meisten nur träumen. Selbst aber nicht mehr länger träumen zu wollen, sondern seine Träume zu leben.

Deutsche, Schotten, Norweger vereint auf dem Schiffsdeck in tausend Sprachen, Lachen, Reiseberichten und dann wieder in stillem, ungläubigem Staunen, angesichts der hohen, schneebedeckten Gipfel. Aufwärmen im Salon und schreiben; schreiben, damit die Reiseeindrücke und Emotionen nicht verloren gehen, während draußen die wahrscheinlich schönste Landschaft vorüberzieht – ein nicht ganz einfaches Unterfangen.

Träume sind dazu da, dass man sie sich erfüllt:

Heute früh überqueren wir den Polarkreis. Es ist 7.40 Uhr, ich stehe allein am Bug – alle anderen befinden sich auf dem Achterdeck – und genieße die Ruhe, Weite und raue Schönheit in der arktischen Polarkälte. Massive Felsformationen, an dieser Stelle nur noch mit Moosen und Flechtgewächsen überzogen, vor hoch aufragenden schneebedeckten Bergmassiven. Die Stimmung ist mystisch, kalt und wunderschön, wild und rau, klar und einsam und ich suche nach einem Wort, um dies Gefühl einzufangen und finde es schließlich – Stille.

Ein besonderes Begrüßungskommando erwartet mich, nur um meinen Morgen perfekt zu machen, am nördlichen Polarkreis. Ein kleiner Delfin begrüßt mich mit fröhlichen Sprüngen vor unserem Schiff und hinterlässt ein glückliches Lächeln auf meinem Gesicht, während er weiter seine Bahnen durch das arktische Gewässer zieht.

Nach dem erfolgreichen Bestehen meiner Polartaufe, von König Neptun persönlich, sitze ich auf dem Achterdeck, dick eingemummelt, genieße den leckeren Gewürzwein, der als Belohnung auf einen wartet und sehe die tief verschneiten Gipfel zu beiden Seiten des Fjordarms an mir vorüberziehen. Jetzt fehlt mir nur noch die Äquatortaufe; vielleicht eines Tages bei meinem Traum von den Galapagosinseln …

Doch erst mal sind wir Northbound; immer höher hinauf zieht es einen, das Herz und die Seele wollen nicht mehr umkehren, wollen immer weiter fahren – Alaska, Kanada, Grönland, Spitzbergen. Die Kälte, zuhause fast unerträglich und ein Grund, sich mit einem guten Buch vor den Kamin zu kuscheln, hier gehört sie her und lässt einen, im dicken Polaranorak und Thermohose ein, zwei Stunden auf dem Deck verweilen. Es gibt viele verschiedene Arten von Kälte. Die erste lässt einen kurz erschaudern, die zweite zittern, die dritte färbt das Gesicht und die Hände rot und rau, die vierte macht sie rissig, die fünfte halbblau, die sechste lässt den Körper steif werden und auf Stufe sieben fühlt man sie plötzlich nicht mehr – schlagartig ist sie weg und so hält man auch noch die dritte Stunde aus.

Brian und ich überlegen, was den Zauber des Nordens ausmacht. Ist es vielleicht die unsagbare Weite, die tiefe Einsamkeit und Stille, die raue, wilde Schönheit, die einen gefangen hält; die Ungläubigkeit, dass in dieser unwirtlichen Natur Menschen leben können, wie die winzigen Holzhäuschen vor den imposanten Gletschern augenscheinlich belegen. Vielleicht sind es die offenen

Fragen, die Unentdecktheit, das mystische Nordlicht, die Mitternachtssonne, die Stille, die Einsamkeit, welche die märchenhafte Stimmung heraufbeschwören; die Träume von Weite, Frieden und Einsamkeit in kleinen Hütten, inmitten der Weiten Norwegens, Kanadas, Alaskas. Fahles Nordlicht, kahle Tannen, die sich trotzig dem Himmel entgegenstrecken, vor Gletschern, Bergen, Himmel und Meer. Vielleicht sind es die Antworten, die man hier findet, weil man so unwiederbringlich auf sich selbst geworfen wird, wenn man sich darauf einlässt. Vielleicht ist es auch der Traum vom Aussteigen, davon alles hinter sich zu lassen, sich treiben zu lassen, wie die Schneeflocken oder die Luft, von unbeschreiblicher Klarheit und Reinheit.

Vielleicht ist es diese besondere Art von Einsamkeit; eine Einsamkeit, die leicht ist, und bei der die Seele ganz von selbst in die Knie geht – dankbar.

Vielleicht ist es aber auch, dass sich hier die Natur noch weitestgehend menschlichem Eingreifen erwehren konnte und somit wild und rau, ursprünglich und unnahbar scheint – wildromantisch. Nichts stellt sich zwischen einem selbst und den Himmel und seinen unendlichen Horizont. Statt Blut fließt pures Glück durch die Venen – dann wieder Stille. Langsam und bedächtig bahnt sich das Schiff seinen Weg und die Seele erhebt sich und fliegt – so frei wie ein Vogel, der abends über das offene Meer zieht.

Die Magic Ice Bar in Svolvaer wurde zu einer der coolsten Bars in ganz Europa gewählt – und dies im wahrsten Wortsinne(!) – und ist ganz sicherlich mit Abstand das abgefahrenste, von Menschen erschaffene, was ich je gesehen habe. Nicht nur die Skulpturen, Gänge, Hocker – dick mit Fellen belegt – nein, selbst die Bar und die Gläser selbst sind aus purem Eis und ich esse nach meinem Crawberrywein mein halbes gleich mit auf – und muss am Ende rennen, als das Schiffshorn laut und vernehmlich tutet. Vor dem Cranberrylikör kann man sich, in der angeschlossenen Boutique, übrigens dicke Schneeanzüge und Fäustlinge leihen.

Bis kurz vor Mitternacht sitzen wir zusammen in der Trollfjord-Lounge und bewegen uns dann zur Mitternachtssuppe und Kräuterschnaps aufs Deck, weil unser Schiff bereits vor dem Trollfjord zum Halten gekommen ist. In dieser märchenhaften, romantischen Umgebung – hohe schneebedeckte Berge werden vom sanften Mondlicht beschienen und darüber breitet sich ein gigantischer Sternenhimmel aus – bieten sich sicherlich beste Chancen, aufs Nordlicht. Allein, die Eiseskälte nimmt uns die Entscheidung ab, darauf zu warten.

Die nordische Landschaft zieht vorüber: Eisfelder, Schneeberge, dazwischen unglaublicherweise kleine Siedlungen eng an die Bergrücken gepresst. Jetzt im April schon fast vom Schnee befreit auf der Südseite – nördlich hingegen hat der Winter noch alles fest im Griff. Am Nachmittag legen wir in Tromso an, der Hauptstadt des Eismeeres. Tromso wird im Reiseführer beschrieben als Sitz des/der nördlichsten Universität, Brauerei und Planetariums der Welt. Die spektakuläre Eismeerkathedrale symbolisiert die Polarnacht, die Mitternachtssonne und

das Nordlicht. Am allerschönsten ist es jedoch, Bella, der Seehunddame im Polaria, einen kleinen Besuch abzustatten.
Es wird immer kälter, je näher wir dem Nordkap kommen; die Kabinenheizung wird jeden Tag ein Stückchen höher gedreht. Morgen werden wir unser Ziel erreicht haben, den hohen Norden – ab dann sind wir wieder „southbound" und es wird weniger mystisch, weniger rau und weniger kalt – und ich muss machen, dass ich zurück komme. Eingehüllt in dicke Wolldecken auf dem Achterdeck, währenddessen eine unwirkliche Mondlandschaft aus Eis und Stein an mir vorüberzieht und der arktische Nordwind eiskalt über die Köpfe hinwegfegt.

71° 10' 21''

„Wir befinden uns am Nordrand der arktischen Tundra, einem nackten, öden, unfruchtbaren Land, in dem die melancholischen Lieder vom Mitternachtslicht erklingen, das immer wieder scheint, zwischen Eisnacht und Eisnacht, und in dem noch die Schreie der Seevögel wie ein Echo aus fernen Zeiten wirken, die kein Mensch je miterlebte" (Möbius/ Ster)

Ich bin dem Nordpol näher als der Heimat! Wir ziehen vorbei an Eis und Schneefeldern – darunter blitzt schwarzes kahles Gestein hervor, von kleinen Kratern durchbrochen, mondähnlich. Die ersten Rentiere für dieses Jahr sind auf der Insel angekommen, vereinzelt laben sie sich an den ersten Flechten, die die dicke Schneedecke freigibt.

5 Grad, strahlender Sonnenschein. Der Reiseführer bestätigt unser Glück, mit der Information, dass es im ganzen letzten Jahr nicht mehr als 12 Sonnentage auf Magerroy gab, das Nordkap sei immer nebelverhangen … Fortuna scheint uns tatsächlich ganz besonders gewogen – blauer Himmel, nicht einmal Mütze und Handschuhe sind nötig – dazu spektakuläre Sicht auf die das Nordkap umgebenden Klippen. Jedoch unterschätzt man nur allzu leicht die Eisfelder. Der Steinboden unter einem gibt nach. Hinunter aufs Nordkap Plateau zur Weltkugel läuft man federnden Schrittes: Permafrostboden.

Drei Stockwerke tief unter der Erde befindet sich die nördlichste ökumenische Kapelle der Welt – seit kurzem werden dort auch Trauungen vorgenommen. Auch der Skulpturenpark lohnt einen Abstecher; errichtet von sieben Kindern aus 7 verschiedenen Nationen, die dort ihre Sehnsüchte von weltweitem Frieden, Zusammenhalt, Hoffnung und Glück verewigt haben.

Fischerei und Tourismus sind die beiden Haupteinnahmequellen in diesen nördlichen Siedlungen. Durch den warmen Golfstrom bleibt die Küste eisfrei und die Winter relativ mild, mit Durchschnittswerten um die – 4 Grad; während die Durchschnittstemperatur auf gleichen Breitengraden, wie Nordalaska oder Sibirien locker – 25 Grad erreichen kann. Bis zu 25 Grad kann das Thermometer auch im Sommer erreichen, wenn die Mitternachtssonne Tag und Nacht am nordischen Himmel steht.

Unsere Fahrt setzt sich fort – hinunter nach Kirkenes, nahe der russischen Grenze und seit heute schwimmen vereinzelt Eisschollen im Wasser; die Temperaturen haben angezogen, liegen morgens bei etwa 0 Grad. Kirkenes selbst ist ein Gemisch aus den unterschiedlichsten Menschen, Nationalitäten und Sprachen. Straßenschilder sind auf norwegisch und russisch beschrieben. Das Snowhotel in Kirkenes, beherbergt seine Gäste in einem riesigen Iglo. Die Zimmer sind aus Schnee, die Betten aus Eis und Eisskulpturen und -schnitzereien an den Wänden garantieren frostige Träume. Aber Achtung: ab April taut´s: dann lieber mit Regenmantel schlafen! Zum Aufwärmen und Auftauen werden Snowmobiltouren und Husky-Schlittenfahrten angeboten.

Warm eingepackt treffen wir vor dem Schneehotel auf unsere Huskys samt Hundeschlittenführer: Monika aus Litauen, Philipe aus Belgien und Michael aus Deutschland. Auch sie tragen zu dem multikulturellen Sprachcocktail dieser Stadt bei. Durch eine weiße Winterlandschaft tragen uns die Huskys um den zugefrorenen See, während die Sonne ihr fahles Licht auf die kalte Eislandschaft wirft.

Seit drei Tagen beobachte ich eine 70jährige schottische Lady, Henrietta: Blumenohrringe, Spangen im Haar und wild darauf, die ganze Welt zu bereisen. Jeden Tag bewundere ich sie: wild und frei und neugierig und furchtlos – so möchte ich in ihrem Alter sein. Heute sitzt diese wundervolle Frau mit mir in einem Hundeschlitten und wir verstehen uns wie alte Freundinnen. Sie macht mein Husky-Erlebnis zusätzlich zu etwas ganz Besonderem.

Die Hurtigrute dreht. Als nächstes Ziel laufen wir Hammerfest an, die nördlichste Stadt der Welt und dann sind wir wieder auf dem Weg nach Süden, das Eismeer hinter uns lassend – der Sonne entgegen. Um nur wenige Tage haben wir in Vardo die Weltmeisterschaft im Schneeballwerfen verpasst.

Auch nach drei Tagen an Bord lernt man immer noch dazu – z.B. nicht mit geschlossenen Augen und auf einem Bein in einer schwankenden Duschkabine zu stehen. Der Seegang heute früh zwingt mich, nach dem Frühstück, für eine gute Stunde ins Bett – außer um der Übelkeit vorzubeugen aus ganz pragmatischen Gründen: nämlich um nicht umzufallen. Manchmal während des Landgangs überkommt einen wie aus heiterem Himmel ein Schub und man fängt an, wie auf Eiern zu laufen, weil die Erde unter einem zu schwanken scheint und dann kann man nur hoffen, dass einen gerade niemand beobachtet …

Leben bedeutet Veränderung und wir wandeln uns und treiben weiter, so wie unser Schiff nicht rückwärts schwimmt, nicht den Anker wirft und stehenbleibt; nicht den gestrigen und vorgestrigen Häfen und Städten nachtrauert, sondern sich vertrauend auf große Fahrt begibt, sich neuen möglichen Wegen hingibt. Seemeile um Seemeile zurücklegt, zu neuen fernen Zielen, die es letztendlich, an den ihm bestimmten Hafen bringen.

Und ganz plötzlich strahlt die Sonne wieder vom Himmel herab und die See ist still und friedlich. Vergessen sind die Sturmböen der letzten Nacht, nach denen ich schon glaubte, mit dem Sturmzertifikat nach Hause fahren zu dürfen, vorbei auch der Eisregen. Heute früh haben wir den Polarkreis ein weiteres Mal überquert – dieses Mal Richtung Süden. Die eisbedeckten Felsen im Hintergrund, erheben sich hier wieder grüngrau bewaldete Gesteinsformationen vor stahlblauem Wasser. Fischerkähne vor ihren Küsten und Wasserfälle. Die Rollkragenpullover verstauen und sich langsam, ganz langsam wieder auf den Frühling freuen.

Ein letzter Abend mit liebgewonnenen Reisefreunden in der Trollfjord-Lounge, ein letzter nächtlicher Blick aus dem Bullauge über die Skyline, ein letzter unsicherer Gang auf dem schwankenden Schiff und noch ein paar Abschiedsfotos. Und dann: die letzten Minuten an Deck – die Sonne im Gesicht, den Fahrtwind im Haar, die bizarre Felsenlandschaft vor Augen, unsere 'Reisegruppe' hinter mir und Easy Listening Sound im Ohr. Ich könnte schreien vor Glück – ich glaube sogar, ich tue es.

An Deck bieten sich bei Einfahrt in den Hafen von Stokmarknes, unglaubliche Fotomotive. Doch der kalte Eisregen prasselt hart ins Gesicht und lässt einen so schnell wie möglich wieder in den gemütlichen Panoramasalon fliehen, von welchem aus, man sowohl die Schönheit bewundern, als auch die Wärme genießen kann. Hier unten ist der Schnee inzwischen schon fast weggetaut, jede weitere Stunde auf See bringt uns der Wärme des Frühlings näher, der sich dennoch auch hier seine Zeit lässt. Wir stehen an Deck, in warme Decken gehüllt und frieren und können uns doch nicht losreißen von den bunten Holzhüttchen, auf den vorgelagerten Schäreninseln von Bronnoysund. Jedes Anwesen mit eigenem Strand, auf dem Möwen in Scharen sitzen und Gänse um sie herum watscheln. Die Sonne scheint. Die „Eisschollen" im Wasser haben hier lediglich die Größe von Schneebällen. Kleine rot gestrichene Stelzenhäuschen im klaren blauen Wasser, moosbewachsene Berge und weiße Schneekuppen im Hintergrund, während Graugänse über den Himmel fliegen. Auch Papageitaucher und Eissturmvogel haben hier ihren Aufenthaltsort, doch sie bekommen wir heute leider nicht zu Gesicht. Stattdessen rückt ein silbrig grauer Vogel wieder in mein Bewusstsein, den ich heute Abend – Handschuhe, Polarjacke und 'I did the Arctic'- Löffel sicher verstaut in meinem silbrig-grauen Koffer und in adretter Uniform – besteigen werde. Unvorstellbar müde, unvorstellbar glücklich und unvorstellbar reich.

Berge(n) und Mee(h)r

In Bergen, so erzählen es die Kollegen, brauche ich nur noch ein freies Bild auf meiner Speicherkarte – nämlich vom Regen.

Wir erreichen Bergen in strahlendem Sonnenschein und 14 Grad schönstem Frühlingswetter. Die Sonne wirft ihre Strahlen durchs offene Fenster und Straßenmusik klingt hinterher – und obwohl heute früh um 2.30 schon die Nacht beendet, bin ich draußen und folge meinen Schritten zum Hafen, zum Marktplatz, zu den Straßensängern.

Mit Claire fahre ich mit den Cable Cars hinauf zur schönsten Aussicht über ganz Bergen und seine umliegenden Fjorde; schlendere durch Brygge, das alte Hanseviertel Bergens und streichle eine kleine Katze eine ganze halbe Stunde lang. Speicher, Scheunen und liebevoll restaurierte bunte Häuschen, neben stylischen Cafés mit Meerblick.
Zu einem Glas Wein nehmen wir am frühen Abend, zu Wellenrauschen und Möwenrufen, in einem dieser kleinen Hafencafés Platz – und bleiben nicht lange alleine. Norwegische Piloten gesellen sich an unseren Stewardessentisch. Irgendwie finden sich einfach immer die Richtigen. Einige Stunden und Rotweine später endet für heute, mit einem letzten Blick über die Lichter der Stadt, mein „Kurzurlaub" im Land der Fjorde, Berge und Trolle.

Grüne Inselpfade

Zurück auf der grünen Insel ... vor vielen Jahren war ich schon mal hier, im Norden des wildschönen Landes, in einer Zeit in der Nordirland von Angst und Gewalt regiert wurde. In der beängstigende „Murals" auf den Häuserwänden dich auf Schritt und Tritt an diese Realität erinnerten, solltest du sie einmal vergessen, inmitten der verbrannten Häuser, der verbarrikadierten Ladenfronten, der bis unter die Zähne bewaffneten Militärs, der Aufmärsche der Apprentice Boys während der „Marching Season" und der Sinn Fein Krönung des „politisch Gefangenen des Jahres" auf dem West Belfast Festival.

Damals arbeitete ich in Sandy Row – zusammen mit Shankill (beide protestantisch) und Falls (katholisch) das gefährlichste, da unruhigste Stadtviertel. Gemeinsam mit dem internationalen Zivildienst und weiteren 30 Freiwilligen aus ganz Europa, wagten wir uns an die große Aufgabe ein Sommercamp für Kinder aus sozial schwachen Familien zu veranstalten. Das Besondere? Es war das allererste überkonfessionelle Projekt und fand in Kooperation mit einem städtischen, protestantischen und katholischen Familienzentrum statt! Es war eine durch und durch beglückende Zeit – mein „Summer of Love" wie ich ihn gerne nenne, mit hunderten herumzutragenden Kindern, Theater- und Tanzaufführungen, Mini-Olympics, Picknicks am Strand, Discoabenden, Bowling, Billiard, Abenteuern auf der Eisbahn und im Pfadfinderlager – und Vorsicht überall. Wann immer der Bus die Stadtviertelgrenzen verließ, schlossen sich die Fenster und unsere Songs wurden leiser. Wenn wir die Kinder von einem zum anderen Familienzentrum fuhren, weil die Pyjamaparty im katholischen Stadtteil gefeiert wurde, dann fügten wir das unverfängliche „Belfast" statt dem konfliktträchtigen „Sandy Row" in unsere Liedtexte ein und ja – auch Anschläge haben wir miterlebt und überlebt. Auf der Rückfahrt von (London-)Derry nach Belfast wurde unser Zug mit Steinen und brennenden Flaschen beworfen; Fensterscheibenklirren, Rauch, schreiende Menschen und im Mittelgang des Zuges flach auf dem Boden liegend, zum Schutz vor umherfliegenden splitternden Scherben inklusive. Im Indie-Musikladen in dem ich mittags um 13.30 Uhr meine, noch heute heißgeliebte, Mary Black Kassette ersteigerte, ging um 15.00 Uhr eine Bombe hoch. Und dennoch war es eine schöne, reiche und glückliche Zeit. Und jetzt also wieder hier – etwas weiter südlich in einer anderen politischen Situation, streng genommen in einem anderen Land, doch die Szenerie hält sich nicht an willkürlich von Menschenhand gezogene Landesgrenzen. Sie ist hier und heute genauso wildromantisch, urtümlich, grün und sturmgepeitscht wie vor mehr als 20 Jahren in nördlicheren Gefilden.

Auf dem Weg zum Bahnhof durchqueren wir die bunte Fußgängerzone – atmosphärisch fast an Amsterdam erinnernd, besichtigen noch das Trinity College, bevor wir in den Zug einsteigen, Richtung Howth, Richtung Meer ...

Sein Tosen ist das erste, was ich wahrnehme, sein leichter Sprühregen auf dem Gesicht das Zweite. Danach das Rauschen der Bäume im Sturm, der bunte Mittagsmarkt mit regionalen Spezialitäten, die angestrichenen Schiffchen im Minihafen und der wellenumpeitschte Leuchtturm ...

Kleine Cottages hinter Holzzäunen, knorrige Baumriesen im Garten ...

Bergaufwärts geht's in die dünenähnliche Heidelandschaft, bis uns leuchtend gelbe Blütenteppiche und der betörende Geruch von Maiglöckchen umgeben – auf moosbewachsenen Steilklippen die in atemberaubendem Tempo ins wildaufgeschäumte Meer zu fallen scheinen.

Sich in den Wind stellen, schräg, mit ausgebreiteten Armen und alles Überflüssige wegwehen lassen ...

... und viel später, mit schmerzenden Füßen, durchgefroren und glücklich im Irish Pub bei Guinness, Ginger Ale und Chips mit Vinegar. Ich schwöre, das ist göttlich – die ersten drei Male in Belfast damals musste ich mich fast übergeben, danach begann die große Liebe – and after all, your in Ireland, gobshite!

Eine Abenteurerin eingehüllt in die Farbe des Glücks

Die Kurzstrecke bringt mitunter solch furchtbare Dinge wie Frühaufstehertouren mit sich. Morgens um 3 klingelt der Wecker und beendet die Nacht und wenn man nachmittags die Hoteltür aufschließt, fällt man oftmals einfach über seinen Koffer hinweg ins Bett. Doch ab und zu, beschert sie einem dann doch einen wundertraumhaftschönen Tag. In ihm kann man im Zentrum von Amsterdam, über einen Hippie-Flohmarkt schlendern; an einer der Grachten in der warmen Nachmittagssonne sitzen, verfeinert mit Salat und warmem Ziegenkäse, begleitet von einem Gläschen Wein in einem der winzigen „Hafen"-Cafés.

Amsterdam hat tatsächlich noch weitaus mehr zu bieten als Coffeeshops, z.B. eine Tour zu Fuß, Rad (unzählige Fahradverleihstationen in der Stadt) oder per Schiffchen entlang der wunderschönen Grachten. Wir entscheiden uns für Amsterdam Sightseeing by Boat mit den „Hop on-Hop off Canal Tours". Zur Auswahl stehen drei Linien, die sich auch untereinander oder mit dem Bus kombinieren lassen. Auch verschiedene Kombimöglichkeiten mit Museumspässen, z.B. dem Van Gogh Museum sind möglich.

Im Anne Frank Haus kann man dagegen nur wenig später trauern, erinnern und lernen, was Hoffnung heißt.

Danach über tausend Brücken in der Innenstadt wandern – es fühlt sich an wie in Venedig. Nur dort ist die Stimmung verzaubert und melancholisch. Hier hingegen ist sie bunt, verspielt und farbenfroh.

Abendbrot-Picknick im Sonnuntergang an einer der romantischen Grachten von Amsterdam. Gitarrenmusik, the Doors, Janis Joplin, Bob Dylan und Leonard Cohen vom Balkon im Hinterhof des nahen Hostels im Hintergrund …

Im Schottischen Hochland

Als der schlimmste Flug meines Lebens vorbei war, hab ich eine kleine Anmerkung gemacht: „Das war jetzt echt beschissener als Euro-Disney, aber dafür hat´s ja auch keinen Eintritt gekostet"!!!

Als Entschädigung finden wir am frühen Abend Unterkunft nahe einer kleinen britischen Farm. Eine kuschelige Katze liegt auf mir und lässt sich eine lange Weile von mir verwöhnen. Wir picknicken im Garten von einem wundervoll herzlichen älteren englischen Ehepaar.

Nach den wohltuenden Nachwirkungen der heißen Badewanne und des englischen Tees fallen mir kaum im Bett schon die Augen zu und früh in der Nacht geht es auch schon weiter – erstmal zurück nach Frankfurt und dann nach Richtung Norden – diesmal ganz nahe ins englische „Lake District", in welches wir einen klitzekleinen Crewausflug unternehmen. Nachmittags brechen wir auf, zu einer kleinen Wanderung durch die sanften Hügel von Ambleside und zu einem Picknick am See.

Ein heißes Bad am Abend und eine dampfende Tasse Tee sind obligatorisch, denn windige 15 Grad lassen uns, mitten im Sommer, schöne Herbsttage genießen und sanft in die verdiente Nachtruhe gleiten.

Leider ist das traumhafte Seengebiet ebenso traumhaft teuer – aber uns zieht es sowieso schon weiter. Der dritte Tag bricht an und ein weiteres Mal ertönt zu nachtschlafender Zeit die, ebenfalls müde, Stimme der nachtwachenden Hotelangestellten am Ohr: „Guten Morgen, es ist 3.30 Uhr. Sie wollten geweckt werden." – Das stimmt so nicht ganz …

Der hohe europäische Norden beinhaltet leider erst mal vier weitere sehr stressige Flüge, dann jedoch eine solch grandiose Naturlandschaft, die all ihre Mühen wert ist. In den Grampian Mountains verbringen wir den Abend an einem See, inmitten von Schafweiden, Hügeln und Wildpferden und einem kleinen Fluss. Möwen schweben übers Wasser und über die winzigen buntgestrichenen Fischerboote. Schafe grasen friedlich, inmitten sanfter Hügel. Es ist so grandios friedlich hier. In dieser Kulisse wächst der Wunsch nach Frieden, nach Eins-

Sein, nach Harmonie mit dem Universum. Fast als wenn die Tore von „Avalon" sich gleich öffnen würden und die Elfen und Feen an diesem Ort tanzen würden, im Morgennebel. Oder auch, um es weniger mystisch zu machen: „O commemorate me where there is water, canal water, preferably. So stilly greeny at the heart of summer" (Patrick Kavanagh).

Und schon bin ich ihm verfallen – dem Norden. Es war eine schnelle, den tiefen Kern treffende Liebe. Die Wälder, die Berge, die Einsamkeit, die stillen Seen, in denen sich das Grau des Himmels in all seinen Schattierungen spiegelt. Die tiefe und friedliche Stille, welche nur vom Gesang der Vögel unterbrochen wird. Der Adler, der sich majestätisch über die Bergketten bewegt. Die Schönheit ist überwältigend und innerlich sinkt man fast vor ihr auf die Knie – und vor den Wundern die die Natur erschaffen hat.

Der Wind bleibt kalt. 13 Grad hat der schottische Hochsommer und doch denkt man, dass man von nun an, dem Norden treu bleiben wird. Keine Milde und Lieblichkeit; kein Duft von Jasmin und Oleander, doch so viel Stille, Klarheit, Ruhe und Kraft fand ich nie zuvor. Der See erstreckt sich vor uns in einem der Bergtäler, die Strickjacke fest um die Schultern gezogen, die Füße durchnässt vom Gang durchs Moor. Die Grillen zirpen, Gezwitscher um uns herum, vereinzelt Bienensummen und ansonsten – Stille.

Das Weiß des Sees verwandelt sich in ein helleres Grau und Wolken verhängen jetzt die sattgrünen Berggipfel. Zwischen dem Farn einige Butterblumen. Und wieder zieht ein Adler seine Kreise. Tannen formieren sich zu einem Herz auf dem Bergrücken und inmitten dieser Stille und Einsamkeit: wir. Keine Palmen, keine Rosen, dafür Tannen, Berge, reißende Wildwasserflüsse und dann wieder umso stillere Seen in den verwunschenen Bergtälern.

Der Norden wurde nicht von der Sonne verwöhnt. Stattdessen hat er den Gewitterwolken standgehalten, den Niederschlägen, den rauen Stürmen, dem kalten Wind und dennoch steht er fest und unverbrüchlich und sendet dadurch seine ganze Kraft in den stillen Beobachter. Seine Schönheit entsteht aus seiner Willensstärke; seine Kraft und Klarheit aus seiner Standfestigkeit und in seiner Ausdauer und seinem Widerstand liegt ein ganz und gar eigener verwunschener Zauber. Es ist die faszinierende Landschaft, die netten Menschen, Einheimische, wie Reisende, die täglich neuen Eindrücke sowie die Kraft und der Zauber der im Aufbrechen, wie im Neu-Ankommen liegt, das das Reisen so verlockend macht, dass den Weg zum Ziel werden lässt.

Die „Bonnie Bonnie Banks of Loch Lomond" sind wirklich so wunderschön, allerdings auch vollkommen überlaufen. Viel ruhiger und verträumter und wenn man Glück hat, ziemlich einsam ist der nahegelegene Loch Catherine. Wir fahren durch raues, unverwüstliches Bergland, vom Loch Lomond, durch die Trossachs, bis zum Loch Catherine; vorbei an schottischen Yaks. Die Straße windet sich über Berge und Pässe, weiter unserem Ziel entgegen.

Die Sonne geht unter. Obwohl, so richtig dunkel wird es schon gar nicht mehr. Gestern Nacht war es um 24 Uhr noch so hell, wie um 21 Uhr in Deutschland. Selbst um 2 Uhr zeigte sich das Licht, wie in einer Vollmondnacht und bereits um 5 Uhr strahlte draußen helllichter Tag. Der Norden hat uns im Griff und dies im wahrsten Wortsinne! Ein Tag wird uns geschenkt – ganz selten passiert so etwas auch mal in Europa – umso kostbarer sind diese dann auch.

Morgens sitzen wir am Rande der tosenden Wildwasserfälle, mittags schlendern wir an einem Flussufer entlang, Wildblumen, Schafe, Hasen und Hühner auf unserm Weg, dabei immer die Hügel des schottischen Hochlandes im Blick.

Manche Musik scheint einfach für bestimmte Landstriche geschaffen ...

Wer anders als Johnny Cash könnte uns also auf unserer nachmittäglichen Autoroute durch die Highlands musikalisch begleiten?

Am Abend finden wir dieses zauberhafte Kleinod. Im Hintergrund die Berge, vor uns das Meer und die Sonne wirft noch immer ihr warmes Licht über das Wasser. Dabei ist es schon weit nach 22 Uhr!

Ich sitze im Wintergarten einer Farm, mit Schafen und tausenden Katzen. Voller Katzenhaare, nachdem ich einigen Lieblingen Zuflucht auf meinem Schoß gegeben habe, die diese wohlig schnurrend gerne annahmen. Nette Hippies bewirtschaften die Farm, einige Biker aus dem Süden leisten uns Gesellschaft.

Wasserfälle stürzen sich über Hügel und Klippen. Sonnenlicht scheint über die grünen Berge, spiegelt sich im Meer, lässt Brillanten auf der Wasseroberfläche tanzen – und das um bald 23 Uhr!

Es ist kalt – aber traumhaft schön. Am Abend sind wir einen kleinen Weg am Meeresufer entlanggelaufen, saßen auf den Klippen, ließen den Blick schweifen – als plötzlich in etwa 10 Meter Entfernung ein Seehund gemächlich an uns vorüberschwamm.

Und immer höher hinauf in den Norden windet sich die Straße der wir folgen – bis ans Ende der Welt.

22.45 Uhr. Noch immer leuchtet der Himmel hell über den imposanten dunklen Felsformationen. Heute folgten wir der Straße quer durch die mittleren Highlands, ließen die Grampian Mountains hinter uns, vorbei an wilden Wasserfällen und Bergbächen und an friedlich in der Sonne grasenden Schafen und fuhren entlang der sich nordwärts windenden Küstenstraße. Standen ehrfürchtig und staunend an Bergseen und Fjordlandschaften, bis tief hinein in die Northwestern Highlands.

Imposant, eindrucksvoll, einzigartig – und doch unglaublich kräftezehrend.

Doch nach zwei Ingwerwein, bzw. Guinness fallen der ganze Stress und all die Kälte von einem ab und zurück bleibt nur ein entspanntes und zufriedenes Lächeln auf dem Gesicht. In der Bar spielt schottische Dudelsackmusik – ganz genauso soll es sein.

Stille, Weite, Einsamkeit im hohen Norden

Am letzten Sonntag im August werden traditionell die „Highlandgames“ am Loch Ness veranstaltet. Einen Blick auf Nessie erhaschen wir leider nicht, aber auch die muskulösen Männer in karierten Röcken sind ganz nett anzuschauen … Die größte Attraktion beim heutigen Frühstück ist allerdings ein englischsprachiger Papagei. Und beim anschließenden Morgenspaziergang in den Bergen sitzt eine kleine Berg- oder Haselmaus, mit dichtem, flauschigem Fell, zwei Minuten lang, direkt vor mir. So beginnt für uns ein weiterer, neuer, spannender Arbeitstag.
Die Koffer müssen heute ausnahmsweise einmal nicht eingepackt werden, denn nur zwei Flüge später, kehren wir wieder zurück.

Nachmittags ein Picknick am See, mit dem Blick auf das Eileen Donan Castle. Wir befahren den Western Ross Coastal Trail, nehmen bezaubernde Eindrücke in uns auf und erleben Weite – in einer nie gekannten Dimension auf unserer Route durch das karge Hochland.

Ullapool heißt das heutige Ziel unserer Tagesetappe, der bislang nördlichste Punkt unserer diesmaligen „Reise“; ein kleines und nicht minder wunderschönes Dörfchen direkt am Meer – „na Mara“, wie es auf gälisch heißt. Der Hafen von Ullapool empfängt seine Besucher mit bunten Fähnchen, Böötchen, urigen Kneipen und pelzigen Kätzchen, welche träge auf den Felsen liegen und von frischen Fischen träumen.

Zurück in einem kleinen Örtchen südlich von Ullapool, sanfte Berge erstrecken sich um den Meeresausläufer, an dessen steinigen Stränden, saftige Schafweiden anschließen. Vom oberen Hügel hat man einen fast Rundumblick auf's Wasser. Hühner laufen vorbei, Schafe grasen, man sieht die Wellen an den Strand schwappen; sanft und mit beruhigendem Rauschen schlagen sie an die Uferböschung …

Das erste warme Essen seit „Reisebeginn“ tut gut, denn auf der Kurzstrecke gibt es tatsächlich kaum Alternativen zur Crackern und Schokolade. Ebenso die warme Badewanne. Die Wolldecke liegt auf der Couch. Das Feuerholz für den Kamin, neben der Gitarre; denn die Nächte, obwohl taghell und wunderschön, sind herbstlich frisch – gerade hier am Meer. Selbst bei 15 Grad fühlt sich der Wind kalt an, wie 8 Grad – und dennoch wollte ich im Moment an keinem Ort der Welt lieber sein.

Ein kleiner Strandspaziergang vor dem Abendessen. Auf meinem Rückweg lassen sich ein paar Seevögel beobachten, die um die bunten Fischerbote kreisen, als sich plötzlich, vor meinen Augen, fünf Delfine ihren Weg bahnen. Sehr berührend.

Der Wind bewegt die Gräser und die Wellen auf dem Wasser. Der Regen hat aufgehört. Der Himmel ist um 10 Uhr abends taghell, weiße Wolken ziehen über das lichte Blau, das sich mit hellem Grau vermischt. Kleine weiße Cottages liegen wie Muscheln verstreut, am Hang der Bergkette auf der gegenüberliegenden Seeseite. Die Schafe kuscheln sich eng zusammen, die Vögel sind schlafen gegangen. Der restliche Tag vergeht mit Essen und Lesen und dem Blick hinaus auf's Meer, die Berge, die Gräser, die Möwen und die kleinen Spatzen und einem kleinen Spaziergang in der Weite, Stille und Einsamkeit von Loch Broom.

Regen tropft auf's Dach, der Kamin knistert. Eingehüllt in eine warme Decke auf dem kuscheligen Sofa. Der Geruch von Pasta mit Tomatensoße hängt noch in der Luft, vermischt sich mit dem Rauch des knackenden Feuerholzes. Neben mir ein Glas Wein und ein heißer Orangentee. Die Fellstiefel und der dicke Parka helfen mir hier weiter, doch die Finger waren so eingefroren, dass ich sie zwei Minuten unter 40 Grad warmen Wasser aufwärmen musste, um sie wieder bewegen zu können. Dennoch: Badewanne und heißer Tee, Kaminfeuer und die unendliche Schönheit dieser wilden und mystischen Landschaft lassen einen die Kälte vergessen. Kaum zu glauben, dass das restliche Europa von einer Hitzewelle beherrscht wird, während wir uns hier oben vom Kamin wärmen lassen.

Der Sturm peitscht das Meer auf, fegt über die Gräser und durch die Baumwipfel. Die Schafe haben Unterschlupf gesucht, die nahe Farm wirkt verlassen. Helles Licht strahlt durch ein Loch in der Wolkendecke und taucht die, im Nebel liegende, Landschaft in ein silbrig-milchiges Licht – wie es nur der Norden kann! Verzaubert von seinem silbrigen Glanz sehe ich die Regentropfen auf's Meer fallen, auf dessen Oberfläche sich langsam ihre Kreise ausbreiten. Die Flut ist da! Der steinige Strandweg ist überflutet und so nehme ich heute früh am Morgen meinen Weg durch meterhohes Gras. Wieder Zuhause verfolge ich vom Fenster aus dieses grandiose Farben- und Naturschauspiel des silbernen Lichts über den grünen Hügeln, zwischen dem Grau des Himmels und dem Grau des Meeres. Und weiter geht's in den Flieger, kreuz und quer durch Europa – in Serviceweste heißen Kaffee servieren, Sandwiches und Tomatensaft …

Schlafen, essen, lesen und die Vorfreude auf eine heiße Badewanne – rudimentäre Dinge, aber allein schon die Vorstellung bringt die erschöpften Kräfte wieder zurück. Bei aller Schönheit ist die Fliegerei doch ganz schön anstrengend. Jeden Morgen um 3 Uhr das Bett verlassen, um weiterzuziehen. Ländergrenzen überquerende und stundenlange Passagierflüge, Tag für Tag, in denen wir unsere eigenen Bedürfnisse zum Wohl unserer Gäste komplett zurückstellen. Am Ziel angekommen: Wanderungen, neue Eindrücke, wenig Schlaf und wenig Essen. Erlebnisse oder Ruhe – für alles ist die Zeit des Layovers meistens zu kurz und doch probiert man oft beides unter einen Hut zu bringen, immer im Bewusstsein, dass man dienstlich unterwegs ist und am nächsten Arbeitstag alles zu geben hat. So siegt, neben dem Entdeckergeist, oft doch die Vernunft und dieser ist es zu verdanken, dass dieses Buch am Ende nicht doppelt so viel Seiten bekommen hat, denn alles was meistens noch zählt ist eine heiße Dusche und ein weiches Bett – bis zum nächsten frühen Morgen.

Manchmal allerdings reicht die Kraft und dann wird man für alle nur möglichen und unmöglichen Strapazen entschädigt mit unvergesslichen Naturerlebnissen und einzigartigen Begegnungen mit der Menschen-, Tier- und Pflanzenwelt.

Biker- und Hippiefestung Applecross

Eine Fahrt die Nordküste hinauf – jetzt sind wir breitengradmäßig auf der gleichen Höhe wie Alaska. Ein leckeres schottisches Essen, ein Rundblick über See und Berge. Gitarrenklänge im Hintergrund und morgen fliegen wir schon weiter!

Das Buch, welches ich am Abend lese, trägt den schönen Titel: „Du findest mich am Ende der Welt“ – und so fühle ich mich auch. Noch etwa 90 Meilen, dann ist die äußerste Nordküste Schottlands erreicht, über der sich an dieser Stelle nur noch die Orkney-Inselgruppe aus dem Meer erhebt. Und das einzige Geräusch was man hört, sind die Wellen, die sanft an den Strand schwappen …

Am Abend zurück in Schottland. Und am nächsten Morgen frei. Nun sitze ich hier, vor einer malerischen Kulisse. Heute früh haben wir unser Hotel verlassen und sind in den „Süden“ gefahren – Richtung Applecross: Ein winziges, aber dennoch legendäres Hippiedörfchen, dass jeder aber auch wirklich jeder von Frankreich bis Norwegen zu kennen scheint! Zu diesem Dörfchen führt eine kleine, geschlängelte und neblige Bergstraße. Das Autothermometer zeigt inzwischen 8 Grad. Vorbei an Wasserfällen und Bergseen, gelangen wir zu dem kleinen Städtchen, direkt am Meer. Man sitzt auf den schroff zum Meer hin abfallenden Felsen, hört das Tosen der sich brechenden Wellen, lässt sich das Salz auf die Haut regnen und als weiße Kruste auf den Lippen trocknen. Der Wind peitscht einem die kalte Gischt ins Gesicht, man zittert ein bisschen vor Kälte und irgendwie kommt man sich vor, als sei man Teil der großen Weite des Ozeans. Ein befreiendes und erhebendes Gefühl!

Den Whiskey zum Aufwärmen gibt´s gleich nebenan, nach einem Spaziergang ins Nachbardörfchen, bei einer Einkehr im Applecross Inn. Auch dieser Gasthof, bevölkert von Bikern und ähnlichem, ist Pflichtprogramm und von Südengland bis Holland, stellte sich mir, unter Schottlandkennern die Frage, ob ich hier eingekehrt wäre. Der Wirt legt jedes Jahr die 12 Meilen über den Bergkamm – hin und her – zurück, um „Charity-Projekte“ zu unterstützen. Der Pub trägt außerdem die schöne Auszeichnung „Best Summer Pub“ und die kleinen grünen Tischchen am Meer möchten dies gerne glauben machen. Allein, windige 8 Grad sind kein Klima, in dem man dies wirklich austesten möchte. Falls nach all dem noch Zweifel an der Hippiefestung aufgekommen sein sollten, so werden sie spätestens mit einem Blick auf eine Speisekarte, voll mit leckeren vegetarischen und veganen Gerichten vertrieben.

Am späten Nachmittag brechen wir abermals auf – zurück in die Heimat!

Isle of Skye

Auf der Insel empfängt uns strahlender Sonnenschein und milde 15 Grad heißen uns hier herzlich Willkommen. Ein kleines Gasthäuschen sieht so einladend aus, dass wir umdrehen. Und tatsächlich: ein Plätzchen ist noch für uns frei, neben französischen und holländischen Gästen – diesmal mit romantischem Blick auf den weißen Sandstrand, das heute strahlend blaue Meer und die grünen Hügel des „Festlandes". Als 35jähriger Vegetarier serviert uns der nette Herbergsvater gleich ein köstliches mehrgängiges Menü - das Beste der ganzen Insel – und das nehmen wir gerne an, um unseren kurzen Zwischenstopp in Schottland gebührend zu feiern!

Ein Strandspaziergang mit Muscheln sammeln auf dem Rückweg zur Pension, Einkehr in eine der Künstlergalerien am Meer, Seeluft und Seeotter – und dann ein warmes Bett.

Erlebnisse wie diese machen den Zauber des Reisens aus. Beim Frühstück bitten wir das lustige und sympathische Paar aus Holland zu uns an den Tisch – und stellen innerhalb von fünf Minuten fest: Wir schwimmen ganz genau auf derselben Wellenlänge. Das Frühstück verstreicht unter Reiseberichten und Gelächter.

Heute hier, morgen dort – das allertollste an meiner Art zu leben, als moderne Nomadin sozusagen, ist nicht der Schlafentzug, die Frühaufstehertouren und die Nachtschichten; nicht die absolute Erschöpfung und das Servieren von Rührei um drei Uhr früh, wenn alles, was man dringend möchte, schlafen ist. Nicht das Ankommen am späten Mittag in Deutschland, nach einer komplett durchwachten Nacht und einem ganzen Tag und ganz sicher auch nicht der Erschöpfungsschlaf mit Schüttelfrost im Winter auf der nächsterreichbaren Autobahnraststätte. Auch nicht der Standby-Dienst von 5-23 Uhr, bei dem man um 22 Uhr abends noch auf einen 13 Stunden Flug gerufen wird – und so etwa ab 24 Uhr meint, zu sterben.

Es ist, so man sich darauf einlässt, die Natur, die Gastfreundschaft der Einheimischen und die Begegnung mit Menschen aus jedem erdenklichen Kulturkreis. Das stetige Lernen und die Notwendigkeit, oft innerhalb von Sekunden, aus seinem westlich geprägten Denken auszusteigen, um vorurteilsfrei dem Neuen begegnen zu können. Um ihm den gleichen Respekt entgegenzubringen, wie dem Altbekannten – dafür mit umso mehr Neugier. Und jeden Tag sehen wir nicht nur neue Orte, sondern treffen vor allem an Bord auf neue Menschen, mit neuen Gedanken, neuen Ideen und neuen Verhaltensweisen, die uns oftmals unverständlich sind und manchmal bleiben. Für die Herausforderung, auch sie zufrieden zu stellen, braucht es, so glaube ich, die Fähigkeit, sich selbst nicht allzu wichtig zu nehmen und den starken Wunsch, aus jeder Situation lernen zu wollen.

Unsere Reisebekanntschaften machen sich auf, zu ihrer dreiwöchigen Rundfahrt durch die Northwestern Highlands. Wir hingegen verlassen noch heute den Norden und fliegen der – früh untergehenden und dennoch angenehm wärmenden – Sonne entgegen.

Im allerletzten Moment erwischen wir die Fähre zur Überfahrt auf's Festland. 30 Minuten auf offener See und die Elemente bieten uns ein eindrückliches Schauspiel ihrer Kraft. Noch etwas wackelig auf den Beinen verlassen wir in Mallaig die Hauptstraße und folgen der Küstenlinie - vorbei an einladenden, weißen Sandstränden. Natürlich kann man da, wenn auch nur ganz kurz, nicht widerstehen. Barfuß im weißen Sand welcher auf der, vom Meerwasser nassen, Haut trocknet. Vier nette Rocker haben hinter uns ein kleines Strandlager aufgeschlagen und so sitzen wir in angenehmer Gesellschaft. Das Rauschen der Wellen und die frische Meeresluft als Hintergrund. Abschied auf einer Brücke am reißenden Wildwasser-Fluss und schon wieder geht's weiter. Kreuz und quer über den schönen Kontinent hinweg – bis zur Landung am sehr sehr späten Abend.
Im Sommerdeutschland herrschen, obwohl mitten in der Nacht, schon fast „subtropische" 16-20 Grad und die schaffen es gerade so, einen mit dem Abschied vom schottischen Hochland so ein kleines bisschen zu versöhnen.

Weltwärts

Am frühen Abend passieren wir den Loch Lomond, an dessen Ufern ein Spaziergang bei 20 Grad in der Sonne den letzten Arbeitsstress-Blues vertreibt. Einige bunte Schiffe, sanfte Wellen, spielende Kinder und ein paar tiefe Atemzüge später hat sich die Erschöpfung in Luft aufgelöst.

Der einsetzende Platschregenguss zwingt uns zwar recht schnell zurück ins Crewhotel, doch das hat in diesem Falle auch sein Gutes. Nach einem Amaretto in der Lounge mit gemütlichen Sofas und Kuschelecken – schlafen wir gut und tief, bis zum nächsten Morgen.

Wir sind heute in Blackpool gelandet, der Stadt des wichtigsten Tanzturniers in Europa – vielleicht der Welt – und die Stadt scheint ein einziges Volksfest zu sein! Bei 18 Grad ist es mild – wenn auch extrem regnerisch und bei H&M verkaufen sie neben Kleidung und Schmuck auch Regale voller Regenschirme, Regenmäntel und Gummistiefel.

Und ein weiterer neuer Morgen in Brighton, eine lebendige, atmosphärische Studentenstadt im Süden Englands. Gestern um 23 Uhr sind wir angekommen und von Helen, Paul und Holly, guten Freunden von mir, herzlich empfangen worden. Bei Wein, Salat und Spaghetti saßen wir bis tief in die Nacht zusammen und haben Traveller-Geschichten ausgetauscht. Brighton soll übrigens die Vegetarier und Veganer Hauptstadt Groß Britanniens sein; wer hier Fleisch essen will, der soll es sehr schwer haben. Über der ganzen Stadt liegt eine gute, eine leichte und heitere Energie, die man richtig fühlen kann. Helen und Paul leben in einer coolen Wohnung mit Dachgarten im Studentenviertel von Brighton.

Dementsprechend war die Nacht ziemlich kurz und unruhig, wegen der lauten Möwenschreie! Die reizenden Tierchen leben und nisten auf den Dächern der Stadt, was ganz hübsch ist, aber auch einen ganz ebenso hübschen Lärm verursacht.

Wir frühstücken in einem kleinen schnuckeligen Café im hippen Lane Viertel von Brighton. Und schon wieder auf dem Weg …

Die letzten Minuten verbringe ich am Meer – schweigend und allein. Ich sehe, sich das Blau des Himmels im Wasser spiegeln, sehe die Wasservögel, wie sie sich von den Wellen hin- und her bewegen lassen und höre noch einmal das Rauschen der Wellen, wenn sie sich am Strand brechen. Ein letzter Spaziergang an der Strandpromenade – wir fliegen weiter und schon wieder Mal ist der Weg das Ziel!

Mein Beruf zeigt mir jeden Tag aufs Neue, dass es im Leben nicht ums Ankommen, sondern ums Unterwegssein geht. So wie das Schiff, dessen Bestimmung gerade nicht die Einfahrt in einen Hafen, sondern die Seefahrt ist. Trotzdem ist es schön, Wurzeln und Flügel zu haben und gerade unterwegs immer wieder ein Stück Vertrautheit und Geborgenheit zu finden.

Indien, Kanada, Mexico, Kolumbien, Italien, Frankreich, Belgien, Luxemburg, Wüsten und Eismeere überfliegen wir. Aber wenn ich die schöne Kurpfalz erreiche wirft die Sonne ihre warmen Strahlen über die Weinberge und taucht alles in ein Licht, welches, der Toskana gleich, alles golden erstrahlen lässt, nicht silbrig wie im Norden – nicht orangerot wie im Nahen Osten – und nicht flirrend wie in Südostasien. Die Freundlichkeit der Menschen, die skurrilen Erlebnisse an Bord und Boden, die eindrücklichen Geschichten und die Schönheit der Natur hingegen sind absolut universell!

Meine absoluten Geheimtipps für Südengland müssen einfach sein. Im Sommer finden hier drei sehr abgefahrene Festivals statt, die man sonst so nicht und nirgendwo anders erleben kann:

800 Jahre alt sind die Bäume, die hier ihre Zweige gen Himmel recken – dazwischen springen Fabelwesen, Einhörner, Elfen, Feen, Zwerge und Waldtiere umher – sie singen, tanzen, machen Yoga und lauschen den Sounds von Singern und Songwritern. Im August im Cornbury Park in Oxfordshire www.wildernessfestival.com

Die wahrscheinlich bunteste und verrückteste Verkleidungsparty der Welt findet im September auf der Isle of Wright statt. Geboten werden neben einem grandiosen Line-up, Theater, Shows, Zirkusse und Kunst zum Mitmachen – ´ne aufblasbare Kirche zum Heiraten gibt's auch. www.bestival.net

Wem´s jetzt immer noch nicht bunt genug ist, der reist im Juli ebenfalls nach England – wieso sind die dort eigentlich so viel kreativer als hier? Bei Huntingdon feiert das bunte Völkchen auf der Secret Garden Party bei Musik, Kunstprojekten und -workshops, Schlammwrestling und Farbschlachten – je wilder, desto lieber. www.secretgardenparty.com

Madeira – ewiger Frühling im Atlantik

Frühstück in der Sonne – ist das schön, wenn der Frühling mehrmals im Jahr beginnt.

Heute früh bin aus herbstwinterlicher Kälte weggeflogen, aus diesem Grund habe ich meinen Wecker auf 2.30 Uhr gestellt. Was folgte, war eine Fahrt über den verregneten „Highway", ein sanftes Gleiten über den Wolken und, in der Servicepause: der Blick auf Eisblumen am Fenster, einen grandiosen Sonnenaufgang, über schneeweißen Schäfchenwolken, welche sich über dem Atlantik wie Wattebällchen aufbauschen und die schneebedeckten Hügel der Pyrenäen.

Dann taucht sie auf vor unsern Augen: Madeira – die Insel der, so sagt man, Glückseligen oder des ewigen Frühlings.

Deutschland verließ ich im Nieselregen bei 5 Grad. 21 Grad, Rosenbüsche, Palmen und Oleander und ein sanftes Lüftchen, welches den Atlantik bewegt, verheißen einen herrlichen Aufenthalt und wir sind damit, mitten im Winter im europäischen Sommer gelandet! Schon auf der Fahrt im Bus ins Hotel bedenke ich, dass man vielleicht doch den Wechsel der Jahreszeiten nicht unbedingt bräuchte, überlege noch mal, ob mein Zuhause wirklich der schönste Ort der Welt ist und ob es irgendeinen vernünftigen Grund gäbe, hier jemals wieder abzureisen.

Auf Madeira sinken die Temperaturen, durch die Nähe zu Afrika, niemals unter 10 Grad, doch steigen, durch den sie umspülenden Atlantik, auch nicht über 35 Grad an – mit anderen Worten: paradiesische Zustände.

Das kleine Künstlerhotel mit dem grandiosesten und romantischsten Atlantikblick raubt mir jedoch endgültig den Atem. Fontänen rauschen über kleine Steinchen, verwinkelte Gässchen, in pastellrosa gestrichene kleine Bungalows, die Atlantikterrasse auf einem Klippenvorsprung über dem Meer. Auf den Felsvorsprüngen kleine hellblaue Blumen, Oleander und Trompetensträucher vor dem Fenster und man denkt schon jetzt an lauschige Abende mit Madeirawein (neben Bananen das wichtigste Wirtschaftsgut auf Madeira) und netten Freunden auf der Veranda.

An meine ganz persönliche Terrasse, gesäumt von Palmen und Oleander, schließt sich ein kleines Studio über drei Etagen an – über dem Bett in der obersten Etage lässt sich der Himmel abhängen und gibt den Blick frei auf Mond und Sternenhimmel, welcher durch die Glasverkleidung leuchtet. Erwähnte ich schon, dass ich glücklich bin?

Ich sitze auf der Terrasse, vor mir das Meer, über mir der Himmel, atme den Duft von Frühling, den Duft von Freiheit. Die Sonne steht hoch am azurblauen Himmel; bekleidet mit Jeansrock und Trägershirt, nehme ich barfuß die Treppen

aus dem Dachzimmer meines Studios hinunter auf die, von Oleander gesäumte, Terrasse. Bis mittags träume ich auf meiner Veranda, von der Sonne beschienen. Am Nachmittag breche ich auf, zu einem kleinen Spaziergang, die Strandpromenade entlang. Tausende Katzen säumen meinen Weg und da sich die meisten von mir kraulen lassen, dauert es eine kleine Ewigkeit, eh ich unten am Atlantik stehe und mir die Gischt ins Gesicht sprühen lasse.
Zur abendlichen Schorle bin ich wieder zurück im Crewhotel. Fledermäuse flattern, Spinnen spinnen und Eidechsen sonnen sich im golden scheinenden, warmen Licht der Laternen. Tausendfüßler erklimmen die Wände, Oliven und Cracker auf dem Tisch und das nette Pärchen aus Bad Pyrmont spendet den Rotwein zu dieser Idylle. Geschichten füllen die Luft, aus Schweden, Schottland, Feuerland, Australien, Hongkong, Neuseeland und China; von Irland, Indien und der Raupenplage auf Korsika. Von den Feigen und Oliven, die mittags in Faro gekauft, nachmittags in Lissabon voller Maden waren und der Riesenkakerlake, die in Macao die Toilette besetzte. Wie schnell man zu der Erkenntnis kommt, dass man eigentlich auch hauptberuflich reisen könnte – wenn man es denn nicht bereits täte!

Glücklich und müde liege ich in meinem Bett, den Blick auf den Mond und die Wolken, die am Himmel ziehen. Friedlich und mit der nötigen Bettschwere, schlafe ich ein ...

Ein Layover ist kein Urlaub. So sehr die Illusion vermittelt wird, als würde ich ständig auf Reisen sein, so sehr bin ich leider zunächst mal auf der Arbeit. Von Erschöpfungszuständen, kräftezehrenden Nachtschichten und Schlafmangel zu schreiben, wäre auch nur halb so unterhaltsam. Alternativüberschriften könnten dann in etwa lauten: „Im Frühtau zu Berge, wir flieg ‘n, Fallera“, „wir haben wieder die Nacht zum Tag gemacht; ich nehm mein Frühstück, abends um acht“ oder auch „Spuckereste auf der Weste und hätte vor Müdigkeit gerne geweint“. Vielleicht aber auch: „Schön, wenn man so früh aufsteht, da hat man noch was vom Tag!“ – ein kleines Zitat meines Kollegen, um 2 Uhr morgens bei Einstieg in den Crewbus.

Allerdings, zugegeben, bringt mich mein Arbeitsplatz an Orte, an die einen ein herkömmliches Großraumbüro so nicht bringt. Und an ihnen meinen verdienten Feierabend oder freien Tag zu verbringen ist das, was für alle Anstrengungen, Auseinandersetzungen, Erschöpfungen und Schlafdefizite entschädigt. An manchen Tagen habe ich tatsächlich das Gefühl, mein Job ist ein einziges Extrem. Höhenstrahlung, Druckausgleich, Schlafentzug, Nachtschichten, Servicebeflissenheit, wenn der ganze Körper nichts will, als nur ins Bett; verschlafene Tage auf der Autobahnraststätte, bevor einem die Augen vor der Leitplanke zufallen, Flugzeugessen, Klima- und Zeitverschiebungen. Dienstpläne, die nur 24 Stunden, 365 Tage im Jahr kennen, ständiges Üben zur Lizenzerhaltung, Sprachprüfungen, 14 Stunden Flüge, 18 Stunden Standby Einsätze und im Anschluss ein 11 Stunden Flugeinsatz (rechnen Sie bitte selbst nach). Kotztüten und Kindergeschrei, Hunger, Durst, Müdigkeit, verschobener Biorhythmus, fehlendes Zeitgefühl, Schlaf-, Zyklus- und Gewichtsstörungen und dann wieder: Südamerika, Kanada, Australien, Asien, Afrika, Norwegen und die Türkei. Iran, Kuwait, Malediven und Seychellen, Karibik, Oman, Jemen, Sri Lanka und dazwischen Wüstensafari in Dubai und frischen Kokosnuss Saft in Singapur. Und jetzt auf Madeira. Manchmal habe ich frei, manchmal nicht. Wie bei meinem Hauptwunschziel Athen. Zwischen Ankunft, Schlaf und Abfahrt lagen genau 20 Minuten, die ich auf meinem Balkon mit Blick auf das kristallblau-glitzernde Meer verbringen durfte – ohne die Chance auch nur die Füße darin zu benetzen. Oder dem ersten Aufenthalt in St. Petersburg. Nach der Ankunft um 3 Uhr nachts im Hotel, stellte ich meinen Wecker auf 9 Uhr, nur um in die Stadt zu spurten, fünf Minuten zu fotografieren, zurück zu sprinten, klatschnass unter die Dusche zu hüpfen und 30 Minuten später in meiner Uniform lächelnd mit Kirschmund in der Lobby zu stehen. Hat man jedoch nicht frei – oder nicht lange genug – kommt man einfach wieder zurück. Und dies beantwortet dann auch die Frage, ob man sich nicht irgendwann langweile an einer Destination, denn viele Layover hintereinander geben dann tatsächlich fast so etwas wie einen Urlaub – nur eben ohne die Erholung!

Insel der Glücksseligen

Mein zweiter Aufenthalt, mein zweiter Morgen auf Madeira und nach Tagesanbruch der erste Gang auf die Terrasse: warme Luft, Blütenduft, blauer Himmel und das Rauschen des Atlantiks. Deutschland wird im selben Moment überzogen von einer dicken Schneedecke.

Eine warme Dusche, ein stärkendes Frühstücksbuffet – eingenommen auf der Veranda des Crewhotels. Arienklänge im Hintergrund, von vorn die Brandung der Wellen. Understatement, jeder Versuch einer Beschreibung. Unter unzähligen Fliegerberichten verstreicht das Frühstück: „als ich auf Korfu war, damals in Athen ..." und danach geht´s zusammen ins Zentrum der Insel, nach Funchal. Ein entspannter Spaziergang an der Strandpromenade, am Hafen, einen ganzen halben Tag am Meer. Im Zentrum halt machen im blühenden Stadtpark, und am Fischerhafen, bis dann am Nachmittag einer der „Hop on-Hop off Busse" anhält, der uns mit Mariza-Klängen durch ganz Funchal und Umgebung trägt. An einer besonders schönen Ecke unterbrechen wir unsere Fahrt, um auf einen kleinen Leuchtturm zu steigen, der abenteuerlich auf den Klippen thront.

Die Lichter im Hafen von Funchal gehen an, noch eine halbe Stunde am Meer und dann bringt uns der Bus zurück zu unserem Zuhause auf Zeit, bis morgen früh um drei der nahende Crewbus unseren Frühling schon wieder beendet. Nach einem letzten Gute-Nacht Trunk mit Hubert und Evelyn, liege ich bereits um acht Uhr im Bettchen unter dem Nachthimmel, und finde den Schlaf der Gerechten ...

Delfine sehen und sterben

Donnerstag früh. Die Insel des ewigen Frühlings hat mich wieder und das Aufstehen fällt mir heute gar nicht schwer, obwohl ich erst spät am Abend gelandet bin. Denn heute ist der Tag, an dem sich mein großer Traum erfüllt!

Beim Frühstück, einmal mehr die schon bekannten Arienklänge und Meeresrauschen, ein leckeres Büffet – und wie jeden Abend und Morgen, Geschichten aus der großen weiten Welt. Von Sizilien, Philippinen, Kuba, Costa Rica und nur immer stärker wird durch die ganzen Erinnerungen der Wunsch für immer hauptberuflich Reisende zu sein.

Nach dem Frühstück fahre ich nach Funchal und treffe mich mit der Meeresbiologin im Center für Sealife Funchal. Mein Traum rückt in immer greifbarere Nähe. Nach einer kurzen Einweisung und einem Film geht es gemeinsam aufs Speedboot – wir hüpfen über die Wellen des Atlantiks. Der Küstenstreifen wird immer kleiner, die Gischt im Gesicht, die Brandung in den Ohren, das Boot tanzt auf dem windgebeutelten Meer, vollführt Sprünge, schlägt wieder auf dem Wasser auf. So fühlt sich Freiheit an!!!

Dann sehen wir sie – rechts und links vom Boot vollführen sie ihre Sprünge – spielen mit uns und mit sich selbst, reiten auf den Wellen. Erwachsene, Juveniles und Baby Delfine überall, um uns herum. Fast Tränen des Glücks und sprachlos noch dazu. Auf dem Bug des Schiffes, um besser sehen zu können, atemlos, ungläubig – ihre silbrigen Körper, ihre sanften Augen, ihre verspielten Töne, zum Greifen nah.

Etwa fünf Minuten genieße ich das Glück dieses Naturschauspiels, dann höre ich Rachels Stimme: „Swimmer get ready!“ In gefühlten Sekunden entledige ich mich meiner Kleidung und denke nicht eine Sekunde an die Kälte des Ozeans, von gefühlten 0 Grad, den ich gleich im Bikini besteigen werde und nicht an den heftigen Wellengang in der eiskalten See – nicht für eine Sekunde, denn gleich wird sich mein Traum erfüllen! Ich höre die Einweisung, bekomme die Schnorchelmaske angezogen und dann rutsche ich vom Boot in die eiskalten Fluten. Die Delfine sind um mich, nur meterweit entfernt – ich tauche mit der Schnorchelmaske unter und sehe einen riesengroßen Fischschwarm: Fütterungszeit! Sofort kommen fünf Delfine, darunter zwei Babys angeschwommen, um zu Speisen. Beim Auftauchen vollführen sie wieder neben mir ihre Sprünge, beim Abtauchen sehe ich ihre Körper neben und vor mir gleiten, zum Anfassen nah. Mein großer Traum ist tatsächlich Wirklichkeit geworden!!!

Nach etwa 15 Minuten merke ich, ich kann nicht mehr – Carlos hilft mir ins Boot – dann breche ich zusammen. Durch die Eiseskälte steht mein Körper völlig unter Schock, die Verdauung stoppt, ich muss mich übergeben, zittere, die Tränen laufen unkontrolliert über mein Gesicht; ich fühle mich sterbenselend oder wie Evi sagte: Delfine sehen und sterben!

Leider vollführen die Delfine ihre letzten Sprünge ohne meine Aufmerksamkeit. Ich liege zitternd am Boden des Schiffes. Es dauert eine gute Stunde bis ich wieder auf den Beinen bin. Zuckerwasser und heißer Kamillentee helfen mit, dass es etwas schneller geht.

Ja, manchmal muss man eben Opfer in Kauf nehmen, um seine Träume wahr werden zu sehen!

Nachdem es mir wieder fantastisch geht, kann ich heute Abend mit dem wahrscheinlich strahlendsten Lächeln der Welt, zum Dienst antreten.
Wieder zuhause: Mein Delfinschwimm-Zertifikat liegt eingerahmt neben meinem Bett. Darauf steht blau auf weiß, mein gestriges Abenteuer aufgezeichnet und erinnert mich von nun an, alle Tage daran, dass Träume wirklich wahr werden können, wenn man nur fest genug an sie glaubt!!!

Weltentdeckungen

Immer wenn ich hier bin, werde ich ein klein wenig kitschig und sentimental. Dann frage ich mich solche Dinge, wie: werde ich jemals wieder frühstücken können, ohne das Rauschen des Atlantiks, ohne das Licht der Sonne am Morgen, welches übers Meer scheint, ohne den Blick auf die Wellen, die sich an Klippen brechen, ohne den Duft von Oleander, gepaart mit Salzwasser in der Nase? Aufwachen, ohne den Blick auf Berge, Blüten und Meer und die Nacht verbringen, ohne unter dem Sternenhimmel meines Glasdaches zu träumen?
Abendessen ohne Meeresrauschen, während die Lichter am Bergrücken scheinen und sich Lichterketten um Palmen ranken. Dazu Eidechsen und Wein?

Nachdem ich mich des Kitsches und der Sentimentalität entledigen konnte, geht's mit meinem kleinen silberfarbenen Toyota, denn ich mir ganz spontan für einen Tag mieten konnte, immer am Meer entlang, um den östlichen Küstenstreifen. Sollte man es noch nicht können, so lernt man übrigens spätestens auf Madeira Auto fahren. Die Insel ist vulkanischen Ursprungs. Man lernt ja nie aus: vor heute war mir nicht mal bewusst, dass man überhaupt derartige Steigungen mit einem Auto bewältigen kann, zumindest ohne hinterrücks überzukippen. Doch mein kleiner Toyota hält wirklich gut durch und trägt mich vorbei an blühenden Kakteen, stahlblauem Wasser, Mauern, auf denen zu tausenden Eidechsen in der Sonne liegen; Bananenplantagen, Orangenbäumen, Terrassenfeldern, Malven und Oleander und im Hintergrund die weißen Schaumkronen des Atlantiks im Blick.

Mein erster Halt in Porto da Cruz. In Schlangenlinien schlängelt sich der Weg, dem ich folge, durch die Terrassenfelder und auf ihm erklimme ich ein kleines Bergchen. Auf seinem Gipfel bietet sich ein grandioser Ausblick auf Atlantik, Klippen und Berge ringsum. Das Meer rauscht, Möwen fliegen über meinen Kopf hinweg. Zu meinen Füßen blühende Blumen und Kakteen. Meinen Weg teile ich mir mit Eidechsen und Heuschrecken.

Einen schmalen Pass, von dem rechts und links die Steilklippen in den Atlantik abfallen und ein etwas mulmiges Gefühl später sitze ich auf der zweiten Bergspitze, nun den Atlantik im Rücken; dafür die Berge von Porto da Cruz vor mir. Der Nachbarort heißt Machico und genauso fühle ich mich hier. Wie in Mexico wachsen auf den angelegten Terrassen Bananenstauden und Kakteen, stehen kleine Häuschen, gestrichen in den Farben des Südens: weiß, creme und terracotta.

Die Brandung rauscht, in der Ferne bellt ein Hund. Die Sonne wirft durch die Wolken, Farbenspiele an die Bergrücken, Möwenrufe. Ich bin ganz allein hoch oben über dem Meer und fast möchte ich der Aztekengöttin meinen Dank ausbringen.

Von Porto da Cruz bis nach Santana fahre ich und noch ein Stück nach Sao Jorge. Von Minute zu Minute fühle ich mich mehr, als ob ich durch Südamerika reisen würde. Traditionell mit Stroh gedeckte Häuser, Bananen und Kakteen, weitere Felder, die sich in Terrassen an die Hügel schmiegen, welche steil zum Meer hin abfallen. Hühner gackern, Hunde bellen, Ziegen meckern, ältere Frauen verkaufen am Straßenrand Bananen ...

Zurück fahre ich am Meer entlang, unter Palmen, um den Abend auf der Atlantikterrasse zu verbringen, bei feinen Speisen, mit Silvi und Carolin. Ananassaft trinkend auf der Veranda unter dem Sternenhimmel. Die Opernarien wurden gegen italienische sehnsuchtsvolle Musik eingetauscht. Und wie sehr ich das Meer vermissen werde ... Am Tisch neben mir hat die Raubtierfütterung begonnen und mindestens 50 Echsen balgen sich um die übriggebliebenen Brotkrümel. Glücklicherweise jedoch lässt sich die Riesenkakerlake von heute Früh nicht mehr sehen.

Am Horizont gleich links

Direkt nach der Ankunft breche ich auf, um dieses Mal die andere Seite des Küstenstreifens entlang zu tuckern. Und wieder fahre ich durch kleine Dörfchen. Serpentinenstraßen winden sich um die Hügel, Bananenplantagen am Weg; Bauersfrauen verkaufen am Wegesrand ihre Waren. Endlich gelange ich zur zweithöchsten Steilklippe der Welt (die höchste befindet sich in Taiwan). Auf dem Felsen sitzend, nehme ich das Tosen der Brandung in mich auf.
Auf meinem Rückweg fängt es an, Katzen und Hunde zu regnen und ich drehe das Autoradio auf. Es spielt Fado, auch Mariza, in Dauerschleife, während ich durch den Regen, Nebelschwaden und dichte Wolken ziehe und in dieser Melancholie fange ich endlich an, die Musik wahrhaftig in meinem Herzen zu begreifen ...

Mein Zuhause ist die Welt

Mittags treffe ich Otti zum späten Frühstück auf der Atlantik-Terrasse, bevor wir uns in den bunten Markthallen mit Unmengen von frischem Obst beladen, zum Picknick am Hafen. Mit den Cable Cars schweben wir zum Monte hinauf, unter uns die Stadt, die Berge, das Meer und die, von oben, klitzekleinen Häuschen, platziert auf die Bergrücken, wie ganz zufällig hingetupft. Frischer Saft im Gipfelcafé und die Vielfalt der Pflanzenwelt zwischen romantischen Wasserspielen im tropischen Garten. Auf der Fahrt zurück, das offene Meer vor unseren Augen.

Wir spazieren gemütlich durchs Zentrum von Funchal und landen schließlich am Abend in einem wunderschönen, pittoresken Hafenrestaurant, in dem man, anstatt an Tischen, in kleinen Booten Platz nimmt. Südländische Musik und das Meeresrauschen als Untermalung. Und trotz der späten Abendstunden sitzen wir ohne Jacke und lassen uns von der milden Seeluft durch die Haare streicheln.
Viel geredet, viel gegessen, viel gelacht. Unter dem Vollmond machen wir uns auf den Heimweg und glücklich und müde schließe ich für heute meine Augen … bis zum sehr frühen Weckruf am Morgen.

Zahme Vögel singen von Freiheit – wilde Vögel fliegen

Bedächtig steige ich die halbverfallenen Stufen in der Steilklippe, zum Atlantik hinunter. Herabgefallene Geröllbrocken schaffen einen wenig vertrauenserweckenden Eindruck. Abgebrochene Bambusstäbe, Hängekakteen und Riesenbananenblätter versetzen mich stimmungsmäßig nach Thailand. Eine kleine Schlange schlängelt sich über die Steine, eine große Ratte huscht über die Treppen, tausende Eidechsen bevölkern die Klippen, Heuschrecken springen nach allen Seiten …

Einer der großen, heruntergefallenen Felsbrocken bietet mir einen herrschaftlichen Sitz, mit Blick über den weiten Ozean. Salzwasserluft atmend, spüre ich die Gischt, die bis zu mir herauf weht. Wellen brechen sich an meinem Felsen und ich sauge mit jedem Atemzug das Meerestosen, seine Brandung in mich auf. Ich will es speichern, konservieren, für die lange Zeit, in der ich viel zu weit entfernt bin, vom großen Blau.

Meinen Ausguck verlasse ich, als es zu feucht wird; spaziere durch den kleinen Ort zur anderen Seite des Meeres, entlang der Strandpromenade, wo ich, mit einer kleinen Katze auf dem Schoß ein kleines bisschen Zeit verbringe. Die Sonne wirft ihre Strahlen auf uns, Seeluft, Meeresrauschen und Blütenmeer zu Katzenschnurren.

Kurzstrecke. Vier Tage hin und her, entkräftet und eigentlich viel zu müde selbst für ein einfaches Abendessen mit meinen Kollegen. Doch heute ist mein letzter Tag auf dieser Tour und ich bin auf Madeira. Morgen früh werd` ich nach

Hause fliegen, in ein weißes Winterwunderland. Aber heute bin ich noch hier und heute hab ich noch etwas ganz Besonderes vor.
Mein Herz klopft wie wild, denn gleich geht's nach Madalena do Mar, wo wir Gabriel treffen. Das Treffen hatte ich schon vor zwei Tagen mit ihm verabredet und meine Kollegen gebeten, mit mir zu kommen. Gestern hat er unser Treffen bestätigt und jetzt sind wir auf dem Weg zu ihm. Je näher wir unserem Zielort kommen, desto aufgeregter werde ich. Wir treffen ihn an der Strandpromenade und fahren gemeinsam mit ihm auf eine der hohen Steilklippen zwischen Madalena und Calheta.

Frei wie der Wind

Margret bleibt mit seinen Freunden am Strand, Michi macht sich mit einem andern Freund an den „Abstieg" und Gabriel und ich bleiben ganz alleine zurück. Wie lange habe ich auf diesen Moment gewartet ... Wir sprechen, Wichtiges und Belangloses, dann spüre ich seinen Körper dicht hinter mir. Ich stehe fest an ihn gepresst und spüre seine Arme um mich; jetzt wird es ernst, mir wird heiß und kalt, wir verharren in Stille.

Als er mir bedeutet, dass es Zeit ist, diesen Ort zu verlassen, beginnen wir zu laufen, wir laufen gemeinsam den Abstieg hinunter, so schnell wie es geht, wir laufen und laufen …
… dann öffnet sich unser Schirm weit und – wir fliegen! (Gabriel ist Paragliding Instructor)
Wir fliegen entlang der Klippe, steigen mit der Thermik auf, gleiten sanft über Steilklippen, Bananenplantagen und den offenen Ozean. Just fucking gorgeous and amazingly beautiful …

Zu schade, dass wir sonst keine Flügel haben …um zu fliegen, wie die Möwe Jonathan … über die Berge, die Inseln und über das Meer – frei wie ein Vogel und wild wie der Wind …

Schleichpfaden folgen wir auf unserem Weg zurück in den Hauptort der Insel, klettern auf Klippen, über verfallene Brücken, unter Wasserfällen hindurch, über dem Ozean. Nach einem kleinen Hafenbummel in Funchal treffen wir auf Claudi und kehren zu viert in ein kleines italienisches Restaurant ein, in dem wir sitzen unter orange blühenden Bäumen. Mit gutem Essen und nur einem kleinen bisschen Poncha feiern wir unseren Flug und unsern Abschied von der Insel, die mir schon so viele meiner Träume erfüllt hat.
Und die Moral von der Geschicht`, Mädchen, lass das Träumen nicht, denn wenn du einen Traum hast, musst du ihn beschützen!!!

Träumen Flügel verleihen

In einem kleinen Schweizer Örtchen, kurz vor der Grenze, kurz vor dem letzten Pass, um 9 Uhr abends; sehr sehr müde aber ziemlich glücklich bei einem Glas Amaretto im kleinen Berggasthof. Nach einer atemberaubenden Fahrt durch hohe Bergmassive und schönen Stunden in der Sonne am Zürcher See. Dem Lauschen der Straßensänger im Hafencafé, einem kleinem Spaziergang durch die verwinkelten Gässchen des abendlichen Dorfes ... und jetzt sanfte Musik, süßer Amaretto und trockener Wein; schreiben, während die Erinnerungen des Tages vorbeiziehen. Draußen kalte Nachtluft, auf den Bergrücken liegt Schnee, doch der Amaretto und der heiße Tee wärmt von Innen ...

Heute Mittag am See sitzen und die Gedanken schweifen lassen – als Teenager hat man eine Liste von verrückten Dingen im Kopf, die man erledigt haben will, bis man erwachsen geworden ist; Wünsche und Träume für das eigene Leben, welche sich stetig wandeln, wachsen, erweitern, verändern. Und dann, mit 36 steht man am Zürcher See, schaut in die Sonne und plötzlich wird einem bewusst, dass man alle seine Wünsche und Träume erfüllt hat. Die verrückten und die vernünftigen. Die beruflichen und die privaten. Die guten wie die schlechten. Die schönen und all die andern auch. Ganz wirklich alle. Keine offenen Punkte mehr auf der Liste – nichts zu bereuen, nichts wiedergutzumachen. Sehr cooles Gefühl. Und was lernen wir daraus?

Träume, so verrückt sie auch sein mögen, können wirklich wahrwerden. Wer sich traut, sie zu pflanzen, kann kleinere und größere Wunder ernten. Wenn wir erst mal herausfinden, wovon wir wirklich träumen, dann erkennen wir, wer wir wirklich sind. Euripides sagte einst, „wenn du das Leben liebst, verschenke keine Zeit“ und die richtige Zeit, um wahr zu machen, was man sich wünscht, ist immer jetzt! Dazu noch dies:
„If your dreams don´t scare you, they are probably not big enough!“
„Live your passion because you want to look back in 30 or 40 years on an amazing life lived!“
Und, am allerwichtigsten: „Don´t stop believing, unless your dreams are stupid!“

Eine Nacht in Venedig

In der Abendluft an einem italienischen Flüsschen, auf dem Steg liegend – kurz vor Venedig …
Stille genießen, Libellen und Fische betrachten, Wein nach dem Picknick, Ameisen auf dem Rücken und der Wind verweht die Haare … alle Anspannung weicht einem tiefen Frieden.

Ialienische Sommerlaube

Heute früh zweimal hin und her über die Alpen, noch mal kurz in den Übergang vom Winter zum Frühling eingetaucht – über den Comer See und italienische Bergdörfer und ab Richtung Venedig. Endlich angekommen, am See sitzen bis die Enten schlafen gehen und die Lichter im Fluss golden leuchten …

Die schönste Stadt der Welt heißt unter Umständen doch nicht Paris oder Heidelberg. Heute hab ich mich neu verliebt, eine Liebe auf den zweiten Blick – denn mein erster Besuch liegt schon einige Zeit zurück – und diese ist ja bekanntlich manchmal noch tiefer …

Meine neue Liebe heißt Venezia. Nach einem Tag am Meer, dem Spazieren über ihre tausend Brücken, dem Mittagessen am Kanal und Picknicken vor den Gondolieres am San Marco. Nach drei Stunden mit den Vaporellos durch jede Ecke von Venedig, Murano, Burano, Lido … Salzwasser auf den Lippen im ho-

hen Wellengang. Vorbei an majestätischen Bauten, die dringend der Renovierung bedürften. Ein riesiges Freiluftmuseum unter südlicher Sonne.
Der Sonnenschein taucht heute die Stadt, die sich sonst so gerne in einen Schleier aus Mystik und Melancholie hüllt, in eine farbenfrohe, heitere und lichte Atmosphäre – fast leichter als in Amsterdam, doch genauso bunt. Singende Gondolieri, leuchtende Laternen und bunte Luftballons – Venedig hat ihr Sonntagskleid angezogen und es steht ihr ganz ausgezeichnet!

Unter der Sonne der Toskana

Mittags um drei Ankunft in der Toskana. Auf die Autofahrten könnte ich zwar nach dem Flugdienst seit morgens um fünf gut verzichten, doch bei Einfahrt ins Chiantigebiet fällt aller Stress in Sekundenschnelle von einem ab. Ein süßer kleiner Hof, mitten im Herz des Chianti, mit Türmchen, Badesee, inmitten von Weinreben hat zum Nachmittagsessen noch ein Plätzchen frei; inklusive Katzen zum Streicheln und einer supersüßen italienischen Lady, die sich sehr über meine, wenn auch noch eher rudimentären, Sprachkenntnisse freut. Seit meiner italienischen Begrüßung redet sie einfach drauflos und dank ihrer Hände, die mal auf „la tavola", „la finestra" und „la lampa" zeigen, verstehe ich tatsächlich das allermeiste, was sie mir sagen möchte.

Essen gibt's im Garten, in einer kleinen Laube, mit Blick über das Rebenmeer, ich glaube, hier möchte ich bleiben …

Abendspaziergang durch die Weinreben und einem toskanischen Abendessen in einer kleinen Trattoria. Auch hier wird zum Menü und dem Blick über die Weinberge eine Schmusekatze gratis mitgeliefert.
Um das Schwanken des Weinberges auf dem Nachhauseweg zu verhindern, verzichten wir auf den angebotenen Grappa, denn immerhin wartet auf uns noch eine einstündige Fahrt zurück nach Florenz, um morgen früh um sechs unsere Passagiere wieder mit einem strahlenden „Buongiorno" an Bord willkommen heißen zu dürfen.

Entlang der Chiantigiana – Im Wein liegt die Wahrheit

Die Sonne hat sich hinter dicken grauen Wolken versteckt, nur ab und an blitzt sie durch die dicke Wolkendecke. Eben noch war der Himmel himmelblau - mit kleinen weißen Schäfchenwolken, doch jetzt türmen sich dunkle Wolken über der toskanischen Hügellandschaft.

Den halben Tag verbringe ich lesend, schlafend, träumend, schreibend, auf meiner Picknickdecke in einem Olivenhain; zwischen dem kleinen Steinhäuschen der liebevollen Signora und dem schnuckeligen Türmchen, hoch über dem See. Inmitten von Weinbergen und vis à vis des kleinen Städtchens, dessen terra-

cottafarbene Häuschen sich so wunderbar in das Braun und Grün und Blau der sie umgebenden Natur einfügen, so selbstverständlich. Eine kleine Katze besucht mich und bleibt einen wunderschönen Nachmittag lang – schnurrend ...
Oliven zu Ciabatta, Rotwein, Rucola, Tomaten und Schafskäse – dazu Cantuccini und über mir die Sonne der Toskana. Mein Buch ungelesen, Grillen singen, ich genieße den Feierabend im italienischen Sommer in vollen Zügen.

Ein Bad in Italienisch

Am frühen Mittag – nach Dienstantritt um 3.45 Uhr - Fahrt nach Siena, entlang eines südlichen Kiespfades. Ja, ich bestaune den Dom, trinke Amaretto auf der Piazza aber dann bin ich schon wieder unterwegs entlang der Chiantigiana, in meinen geliebten Olivenhain, zu Picknick und Wein. Und jetzt taucht auch die Sonne wieder auf und scheint warm auf mich hinunter. Musik und Vogelzwitschern im Hintergrund. Sattes junges Hellgrün umgibt mich von allen Seiten. Hier draußen scheinen alle Städte, alle Hektik, alle Sorgen der Welt weit weg, nur der Wind, der dir zärtlich durch die Haare fährt und dein Gesicht streichelt. Zum Abendessen gibt es Wassermelone mit Mandelkeksen, in der Ferne bellt ein Hund – dann breitet sich wieder Stille aus ... Sizilianische Tage, skandinavische Nächte ... Am Himmel zieht ein Walfisch auf dem Rücken eines Krokodils vorbei, die Grillen singen jetzt lauter und die Hunde in den ringsum liegenden Höfen haben zum Abendgebell angesetzt. Langsam zieht die Kälte in den Körper, während die Sonne einem, hinter den Hügeln, ihr letztes Abendlächeln schenkt. Zwei Hasen in den Weinbergen, nie gesehene Vögel mit dunklen Schnäbeln und buntem Gefieder, vielfarbige Wolken, wie auf einem Rubensgemälde, gewundene Sträßchen, die über sanfte Hügel führen. Die Lichter drüben im Dorf gehen an – wie bernsteinfarbene übergroße Glühwürmchen, endlos möchte man so sitzen ...

Eine Hochzeitsgesellschaft fährt vorbei, in den Gasthof zwischen den Weinbergen. Aus dem See erklingt ein Froschkonzert, bald wird es zu dunkel sein, um zu lesen ... Aus dem kleinen Häuschen dringt Lichterschein und da die Nacht jetzt fast schwarz ist und die Grasmücken zu zahlreich auftreten, mache ich mich auf den „Heimweg".

Warum ich Florenz entfliehe – der Stadt der Künste, der Museen, der Uffizien? Obwohl als Halbitalienerin in Italien zuhause und verliebt in fast jeden Zipfel des Landes, hat Florenz mir bisher noch nichts zu sagen gehabt. Dies mag allerdings, so gebe ich zu, daran liegen, dass ich mir noch keine Mühe machte, ihre Stimme zu hören. Durch das Geschrei der Touristenmassen ist sie nicht sehr deutlich zu vernehmen und bisher verweilte ich nie lange genug, um ihrer Melodie vielleicht doch noch lauschen zu können. Meist nehme ich stattdessen einfach ein motorisiertes Vehikel und entspanne mich in der Natur – und trotz der

Weckrufe zu nachtschlafender Zeit fühle ich mich danach jedes Mal so gestärkt, wie nach einem Kurzurlaub in der Wellnessoase.

Meine kleine schwarze Katze erwartet mich an der Türschwelle und so entführe ich sie in mein Zimmer, für zwei schöne Stunden, die wir sehr glücklich miteinander verbringen. Es ist schon spät als ihr Kuschelbedürfnis gestillt ist und stattdessen ihr Jagdinstinkt erwacht und so entlasse ich sie in die toskanische Nacht, bevor mir die Augen zufallen.

Meine Beine sind übersät von riesigen roten brennenden und juckenden Kreisen – heute früh beim Frühstück sah ich mir die Bescherung an – dann werden es dieses Mal zum Dienst wohl die Hosen sein …

Süßes Nichtstun

Dolce far niente …
auch heute steht die Sonne hoch am Himmel und ich liege in meinem zerrissenen blauen Sommerkleid auf meiner Decke, inmitten des Olivenhains –

Schreibzeug, Romane, Wasser neben mir, dazu Erdbeeren und Mandelkekse. Vor mir Weinberge, See und Städtchen, rechts ein mittelalterliches Türmchen und links das kleine Steinhaus. Über mir blauer Himmel, weiße Wolken und Sonnenschein, gelbe und purpurfarbene Farbtupfer zwischen den kleineren und größeren Olivenbäumen, an denen sich bereits die ersten kleinen Früchte zeigen. Bald werden sie voll und reif sein und geerntet werden können – Alles nimmt seinen Lauf und alles geschieht zur richtigen Zeit.

Manchmal vertraue ich den Prozessen nicht genügend, obwohl ich es doch inzwischen so viel besser weiß – erst wenn der Geist bereit ist, sind die Dinge bereit.

Brot und Wein unter der Sonne der Toskana, Nüsse, Käse, Mandellikör und dazu eine kleine schwarze Katze … völlig in der Gegenwart versunken. Früher stellte ich mir oft eine Zukunft vor, in der ich glücklich wäre, doch durch die Fliegerei habe ich gemerkt, dass diese Zukunft genau jetzt ist, genau heute … und auch das Glück ist jetzt ganz nah an mich herangerückt …
… denn in Wirklichkeit gibt es ja keine Zukunft, sondern nur eine andauernde Gegenwart. Wer jeden Tag auf den nächsten wartet, um glücklich zu sein, verpasst am Ende ganz viel davon. Darum, heute im zerrissenen Kleid, Ameisenüberhäuft und komplett zerstochen im italienischen Sommergras bin ich so nah dran am Glück, wie selten zuvor.

Im Olivenhain wurden heute Mittag Pfirsiche, Walnüsse und Kirschkuchen serviert und gegen Abend Chips, Ciabatta, Salat und Wein. Jetzt transportieren Ameisen dicke Brotkrümel ab; die zerstochenen Stellen an meinen Beinen übertreffen die nicht zerstochenen um Mengen. Mein schwarzes Fellknäuel liegt noch immer neben mir, vom Dorf dringt italienische Musik zu mir hinauf – die Sonne scheint dagegen den ganzen Sommer mit sich fortzunehmen, wenn sie schlafen geht …

Es ist die Stunde der Abendstille, wenn die Nacht hereinbricht, nachdem die Sonne versinkt … Die meisten Menschen lieben den Morgen, den mag ich auch und ganz besonders wenn ich aus der Nacht in ihn hineinfahre. Ich mag auch den Mittag und seine Hitze und die klare stille Nacht, die uns Weisheit, Erkenntnisse und manchmal auch Sternschnuppen bringt. Aber der Abend hat für mich seinen ganz eigenen Zauber – ein wenig so wie Regentage. Der Abend drückt für mich, wie keine andere Tageszeit, das Sein in der Gegenwart aus. Irgendwie scheint sich ein Schleier des Vergessens über alles bisher Gewesene zu legen, man ist ganz und gar bei sich und völlig von dieser Stille umfangen. Der Tag ist vergangen, der neue noch nicht herangebrochen und dann wenn man ganz in diesem Frieden angekommen ist, dann erst beginnt der neue Morgen.

Unter dem südlichen Sternenhimmel

34° Grad, Sonnenschein und seit heute Mittag höre ich es wieder: das südliche Meeresrauschen. Das Meer klingt im Süden ganz anders als im Norden und ich muss es wissen, denn dieses Jahr stand ich an schottischen, englischen, niederländischen, französischen, deutschen, norwegischen, portugiesischen und italienischen Küsten …

… und erst hier am tyrrhenischem Meer, klingt mir wieder das gleiche Rauschen in den Ohren, wie auf Madeira, fast meine ich, dem Atlantik zu lauschen. Zuerst ersteige ich ein kleines Bergchen mit einer Kapelle. Eine Brücke führt hinüber zum Yachthafen. Laufe weiter, durch die verwinkelten Gässchen der Stadt – undurchdringliche Mauern aus weißem Stein zum Schutz gegen die Hitze. Statt wie bei uns von Wein, von Bougainville umrahmte Tor- und Türbögen; gedämpftes Licht und leise italienische Musik, die aus den Fenstern dringt. Gelächter, und im Wind flatternde Wäsche, auf Leinen, von Fenster zu Fenster gespannt …

Hinter den Gässchen, die wie ein in sich geschlossenes Bollwerk wirken, tut sich eine neue Welt auf: Touristentrubel, Marktplätze, Händler, Eiscafés, Boutiquen und Restaurants. Nur kurz eintauchen in das laute Kunterbunt, dann zurück durch die sich endlos windenden Straßen aus weißen Steinen, zurück zum Meer …

Alle Touristen haben inzwischen den Strand verlassen, allein laufe ich im nassen Sand. Lichter auf dem Bergrücken entzünden sich. Winzige Häuschen, vorwitzig gebaut auf Felsvorsprüngen. Eine Band fängt an zu spielen. Über mir der große Wagen. Um meine Beine das, erst kalte dann warme, Meerwasser; rauschende Wellen, die sich zu meinen Füßen brechen. Goldgelber Sandstrand, der bei jedem Schritt funkelt und glitzert und Jasminduft, der sich mit Salzwasser vermischt. Ganz allein am Meer, erst nach und nach finden sich vereinzelte Liebespaare mit Decken und Rotwein am Strand ein. Picknick mit Zitroneneis am kleinen Fischerhafen bis die Sterne dort oben aufgehen und einer von ihnen, doch tatsächlich noch für mich ins Wasser fällt.

Fledermäuse und Sternschnuppen

Le Grotte di Pastena: Sie zählen zu den allerschönsten – was ich auf Anhieb glauben mag - Tropfsteinhöhlen Italiens und in ihnen finden sich glasklare und intensiv blaue Seen, Edelsteinformationen, Stalagmiten und Stalagtiten wie mit weißem, glänzenden Weihnachtszuckerguß überzogen. Dazu tausende Fledermäuse, deren Flügel in den engen Gängen dein Gesicht und deinen Hals streifen (was so viel schöner wäre, ohne die Schreie der Frau hinter mir), doch das Allerschönste wartet mit seiner Entdeckung bis ganz zum Schluss:
Ein Fledermausnest in der Bergkuppel: hunderte winzige Mini-Mäuse kleben wie Embryos aneinandergepreßt an der Decke und stoßen ihre spitzen kleinen Schreie aus.

Früh am nächsten Morgen geht es schon weiter, um fünf hebt der Flieger ab. Nachmittags um vier landen wir in der ewigen Stadt: Bella Roma. Schönheit, Kunst und Geschichte auf Schritt und Tritt, ein riesengroßes Freiluftmuseum; einen kurzen Blick auf das Kolosseum, Mittagessen auf der Spanischen Treppe, Abschied am Fontana di Trevi ...
Nur ein paar kurze Stunden Schlaf und drei anstrengende Flüge später: Abends am Strand, kurz vor Napoli. Surfer Paradies und Lagerfeuer, Gitarren- und Trommelmusik und Sternschnuppen, die kreuz und quer über den Himmel fliegen.

Lustig ist das Zigeunerleben

Die Sonne versinkt im Meer, hoch über dem Wasser, umgeben von Lavendel, Thymian und Feigenbäumen. Terrassenfelder am gegenüberliegenden Berghang. Kleine bunte Häuschen, übereinandergestapelt, entlang des Felsens. Steile schmale Treppen, die das kleine Dörfchen durchziehen und auf denen die Einheimischen, schwer keuchend, Einkäufe und Wasserkanister nach oben tragen. Wildkräuter und Wein rechts und links der hohen Treppenstufen – erzählte ich schon von dem Wunsch, für immer Reisende zu sein ...?

Die Tagestouristen sind nach Hause gefahren. Stille senkt sich über den Ort; die Hitze des Tages weicht einer kühlen Brise. Leichte Gänsehaut, halb neun schlägt die Kirchturmuhr. Vögel singen, die Hausdächer bevölkert von Möwen; das Meer liegt ruhig in der Abendsonne, ganz sanft schaukeln auf seinen Wellen die bunten Schiffchen ...

Gypsy Life

Schuhe kaputt, Kleidung zerrissen, Füße schwarz wie die Nacht, Haare zerzaust. Im Zigeunerrock steige ich die Stufen hinab ins Dorf, unter duftenden, weißen und rosafarbenen Blütenbäumen hindurch, vorbei an pittoresken Straßencafés und schlafenden Katzen, bis hinunter ans rauschende Meer. Die Felsenklippen bevölkert und belegt mit Menschen, Pizza, Rotwein, Eis, Gitarren. Amaretto im Hafencafé, rechts die Lichter des Küstenstreifens, unter mir Meeresrauschen und über mir funkelt ein Sternenhimmel aus tausend Diamanten …

Zum nächsten Feierabend sind wir bereits wieder zurück in Italien, dieses Mal in Genua; auf Erkundungstour durch die Cinque Terre, per Zug und über die Küstenwege, welche sich als ausgewiesene Trekkingpfade mit schmalen Pässen, hoch über dem Meer erweisen; durch Monterosso, Vernazza, Corniglia, Manarola und natürlich über die Via dell`Amore nach Riomaggiore.

Abendessen im Hafenrestaurant, Spätnachmittagssonne auf hohen Klippen am Felsenstrand, zum Sundowner – mit Katze – auf die Terrasse, hoch über dem ligurischen Meer – warten auf Sterne … und schon wieder einmal nicht stehenbleiben, sondern weiterziehen …

Provenzalische Träume

Der Sommer liegt fett und satt über der Sommererde – 31° Grad um acht Uhr abends – dunkles, tiefes Grün über dem ausgetrockneten Boden. Goldene Sonne auf dichtem Wein und reifem Weizen.

Ich dachte, ich müsste Kontinente und Ozeane überqueren, um mir alle meine Träume zu erfüllen, doch heute Abend stehe ich überwältigt und schweigend am provenzalischen Grand Canyon ... without words to describe its beauty …

Plötzlich 17° Grad herbstliche Abendluft im verträumten Bergdörfchen. Lavendelduft erfüllt die Luft ringsum – raue Steinhäuser und ein noch offenes Restaurant – Mandellikör, Kerzenschein und Savoir vivre.

Französische Fahnen flattern im Wind, heiße Augustsonne in den Straßen und auf den traditionellen Häusern aus grauem Stein – ein freier Tag im Spätsommer in der Provence – Fortuna scheint mir doch noch gewogen. Nach meiner letzten Reserve-Line wagte ich tatsächlich schon daran zu zweifeln. Nachtflüge nach Russland ohne Aufenthalt und Dienste von Berlin mit An- und Rückreisen von 12 Stunden (ja, die „Shuttlelei“ ist mein „Privatvergnügen“, drei Stunden Anreise zum Flughafen wird in die Dienstzeit nicht miteingerechnet) für 4 Stunden Flugdienstzeit; Standby-Einsätze von 5-23 Uhr, gefolgt vom Frühaufsteher-Weckerklingeln um 2 Uhr lassen einen gelegentlich seine Berufswahl in Frage stellen. Doch im Gesamtpaket ist einfach alles drin. Und so stehe ich heute wieder in einem der schönsten Landstriche, den man so finden kann. Gestern am Straßenrand antwortet mir ein lieber Mensch auf die Frage nach einem hübschen Ort mit Lavendelfeldern: Sault.

Ich folgte seinem Rat, doch gestern Nacht nahm ich nur seinen Geruch wahr. Dafür heute früh bei Sonnenschein: Lavendelfelder soweit das Auge reicht. Vom Marktplatz aus zähle ich über 60; zu meinen Füßen breitet sich ein lilafarbener, duftender Teppich aus, der seine ätherischen Aromen bis nach oben ins kleine

Städtchen sendet. Zwei Stunden mit Croissant und Milchkaffe vor dieser Kulisse, doch dann fällt mir etwas viel Besseres ein: ein gemietetes Fahrrad bringt mich direkt hinunter ins Feld.

Tief und schwer und fast betäubend steigt einem der Duft des Lavendels von unzähligen Feldern, Räucherungen und Destillerien in die Nase. Heiß scheint die Sonne vom Himmel, zu Tausenden umflattern Bienen, Hummeln und Falter die violetten Blütenkelche; inmitten der Lavendelfelder herrscht ein gigantischer Geräuschpegel. Dicke Heuschrecken hüpfen über den Weg. Rast inmitten leuchtender Blumenfelder, kurzer Sommerregen, dann wieder sengende Augusthitze – und von überall her weht Lavendelduft über´s Land.

Violett in allen Schattierungen, dazwischen Weizenfelder mit bunten Sommerblumen, vereinzelt kleine Farmen und provencalische Steinhäuschen, Katzen auf den Dorfstraßen, Sonnenblumen am Feldrand ...

Crêpes mit Maronencreme zum Abendessen, Mandellikör, kühler Bergwind, bunte Lichter und der tiefe, betörende Geruch, der über allem liegt ...

Mondaufgang über dem Mont Ventoux – als dünne Sichel steht er über dem Plateau. Lavendelfelder erkennt man jetzt kaum mehr, nur ihr unverwechselbarer Duft dringt nach oben.

Frühstück über hunderten violetten Duftfeldern. Barfuß im Sonnenschein, schlendern über den bunten Markt in den kleinen Gassen, lauschen der Musik von Straßensängern und streifen durch Lavendel unter südlicher Höhensonne auf provencalischem Hochplateau.

Freilaufende Hühner, dicke Heuschrecken, bunte Schmetterlinge und dicht und schwer liegt Lavendelduft über dem Feld, den Dörfern, den Hügeln ...
Lächelnd durch kleine Gassen, mit ihren blau, türkis und lavendel gestrichenen Tür- und Fensterrahmen. Noch einmal aufs Feld – die Lavendelernte hat begonnen, was den Geruch nur intensiviert. Schnell pflücke ich noch ein kleines Sträußchen, um Duft und Farbe irgendwie zu konservieren. Noch drei tiefe Atemzüge und noch vier, noch fünf, noch zwei – und dann zuerst auf die Autobahn und dann ab auf die Startbahn.

Künstler, Bohèmes, Clochards

Paris, mon Amour, begrüßt mich mit Sommerregen, doch auch in ihm fühle ich mich ganz daheim. Nachdenklich sitze ich im „Le Depart du Saint Michel", einem meiner Pariser Stammcafés, während sich vor mir ein gigantischer Menschenstrom über den Boulevard schiebt.

Chevre chaud und chocolat viennois, Gedanken fliegen. Seit fast drei Stunden durchwandere ich Paris, suche alle meine Lieblingsecken auf; den Brunnen im Jardin des Tuilleries, den Park hinter Notre Dame.

Und wieder spüre ich sie hier, die Freiheit, die sich, wie das Glück und die Liebe, nur erleben und nicht festhalten lässt, die dich aber, wenn du sie lässt, bis ans Ziel deiner Träume trägt. Dahin, wo der Wind – oder auch der Dienstplan – es will.

Oben auf dem Montmartre, am Rande des Touristenstroms, der sich durch das Künstlerviertel schiebt; schräg gegenüber der kleinen Galerie, im „Aux Bons Vins“, am Abend, im Regen. Die Besucher verlassen eiligst die fast überfluteten Straßen, flüchten vor dem Donnergrollen. Zurück bleibt jene ursprüngliche Pariser Atmosphäre, die ich so liebe; die mich Jahr für Jahr, auch privat, in diese Stadt ziehen läßt. Melancholie zwischen bunten Regenschirmen, warmer Kaffee und prasselnder Sommerregen.

Die Künstler haben lauter kleine Regenschirme über ihre Bilder gehängt; die Restaurants stellen ihre Heizlüfter auf, gierig drängen sich die Menschen in den ersten Sonnenflecken, die sich nach dem Gewitter auf dem Pflaster zeigen, noch ein Cappuccino im „La Bohème“ …

… ich verabschiede mich auf den Treppenstufen vor dem „Relais de la Butte“, von Paris. Meine „Reise“ führt mich weiter, mein Nomadenleben lässt mich an keinem Ort der Welt lange sein. Ein paar Stunden hier, ein paar dort, schlafen und wieder weiter. Dies ist kein wildes, freies Hippieleben. Zu hoch ist die Verantwortung, die wir in unserem Job tragen, für die Sicherheit all unserer Passagiere. Zu schräg, die eingezeichneten Zeiten auf meinem Dienstplan. Zu kurz die Nächte und zu schnell die Episoden, die sofort vergessen wären, würde man sie nicht schreibend speichern. Zu erschöpfend manchmal, zu ermüdend. Und doch spüre ich hier wieder wie dankbar ich bin und wie noch immer neugierig auf Neues. Hippies und Yuppies im Straßencafé, Künstler, Straßensänger, vornehme Pariser Damen, hier findet jeder seinen Platz. Heimweg durch den Regen und in den Pfützen spiegeln sich die Lichter dieser Stadt.

Sechs Uhr früh, Samstagmorgen – das 15. Arrondissement erwacht. Die ersten Cafés servieren Frühstück, die Straßenreinigung räumt die Gehwege, vereinzelt Businessleute auf dem Weg zur Arbeit. Taubengurren im Park. Chocolat chaud in der kleinen Bar, Spatzen auf den Bistrotischen, bei „Chez Madelaine“ werden die Jalousien hochgezogen. Obstfrühstück, schon in Uniform, am Felix Faure -

Hier hat alles angefangen und es heißt, man kehrt immer wieder an den Ort seiner ersten Liebe zurück. Ich war gerade 16 und schwer verliebt in den Straßensänger aus Boston, der aussah wie Jim Morrison in seinen allerbesten Tagen. Karin verbrachte Nächte mit mir vor Notre Dame um ihn spielen zu hören. Ich hing am Grab von Morrison rum, schrieb melancholische Gedichte auf die Steine, sang seine Lieder und nachts saßen wir am Ufer der Seine, sangen, schrieben und sahen den Lichtern zu, wie sie im Wasser tanzten. Keine vier Tage hielt ich es nach meiner Rückkehr zuhause aus, so dass ich mit David bereits am Donnerstag wieder zurücktrampte, um Scott zu treffen. Ihn fand ich nicht – dafür ließ uns der Typ um zwei Uhr nachts in irgendeiner düsteren Ecke von Paris raus, wo wir bis 6 Uhr früh die Nacht zitternd in einem Hauseingang verbrachten, bis wir die Entdeckung machten, dass sich direkt um die Ecke ein 24 Stunden Café befand. Der schlechteste Kaffee der Welt schmeckte köstlich und der Typ mit der Gaspistole am Tresen konnte nicht das breite Grinsen aus unseren Gesichtern vertreiben.

Mit der ersten Metro zum St. Michel, komplett durchnässt vom Dauerregen und nie werde ich sein glückliches Gesicht vergessen, das dem meinen so ähnlich gewesen sein muss, als wir uns über unsere Kaffeetassen und über unsere „Crêpes avec Fraise“ angestrahlt haben. Neun Uhr strömender Regen, 30 Stunden ohne Schlaf – fast schon wie ein Vorgeschmack auf meinen Beruf - im Young und Happy alles ausgebucht – aber das Three Ducks hat noch Zimmer frei. Also auf zum 15. Arrondissement. Am Place du Commerce steigen wir aus und laufen bis zum Felix Faure – und werden endlich auf Englisch und mit heißem Café begrüßt. Hier wurde die Liebe besiegelt.

Scott traf ich, wie gesagt, nicht mehr, dafür Tom, einen Künstler aus San Francisco. Mit ihm schlenderte ich Hand in Hand durch Paris, an der Seine entlang, durch die Gärten, die er malte; Rotwein und Cracker und Gitarre spielen auf der Ile de la Cité. Leonard Cohen, Janis Joplin und John Lennon. Ich las ihm Erich Fried, meinen Lieblingspoeten, und einige meiner eigenen Wortschöpfungen vor. Und wir sprachen über das Leben, was es noch vorhaben sollte und die Bedeutung, die wir dem geben würden, was immer es wäre. Wir wollten reisen, das Leben sehen, fühlen, schmecken, riechen, in jeder versteckten Ecke, jeder Begegnung, jedem sinnlichen Detail. Und wir trugen so viel Sehnsucht nach wildem, purem, unbeständigen Leben in uns.

Seine erste Liebe vergisst man nicht und Paris war meine erste Liebe. Jedes Mal anders, jedes Mal neu und doch immer die gleichen Gefühle wie damals: Barfuß auf dem Montmartre, mit bunten Bändern und Münzen in den Haaren am Centre Pompidou; mit Holger Orangen essend unter dem Eiffelturm auf unserem Road Trip im umgebauten himmelblauen Postbus von Amsterdam bis Marokko, durch ganz Europa.

- und hier verbringe ich die letzten Minuten, glücklich, schweigend, Walderdbeeren essend und dann heißt´s für mich wieder: Neues Ziel, neues Glück und „thank you for the music“!

Auf den Spuren der Poeten

Oliven, so salzig, dass es bei jedem Bissen zwischen den Zähnen knirscht. Warme weiche Sommerluft, raschelnde Bananenblätter, stachelige Kaktusfeigen; leichter Sonnenbrand, Salzwasser, das vom Meer heraufweht. Zirpende Vögel im Wettstreit mit Zikaden um das schönste Lied, dösende Eidechsen träge am Mauerwerk. Barfuß auf warmem Steinfußboden – während sich in Deutschland die Blätter anschicken, ihr Grün einzutauschen gegen mildes Ocker, leuchtendes Orange, schimmerndes Rostrot, buntgesprenkeltes Kastanienbraun. Und inmitten dieser Herbstsinfonie das Sommerkleid in den Koffer werfen – das blütenübersäte – und Weinlaub eintauschen gegen Hibiskus und Oleander, gegen Bougainville und Jasmin.

Auf den Spuren der italienischen Lyriker und Poeten in Capo Vaticano. Über diesen Ort schrieb einst, der Autor Guiseppe Berto: „Ich bin auf einem Felsvorsprung hoch über dem Meer, es ist eine gewaltige Aussicht ... Ich weiß, dass ich am schönsten Ort der Welt bin."

Ganz sicher bin ich mir noch nicht, während ich gekühlten Weißwein zu Bruschetta mit Olivenpaste, Tomatencreme und Zwiebelmarmelade (paradiesisch) in meinen Händen halte; während frische Mandelmilch und Cappuccino schon auf das Ende meines Nachmittagssnacks warten. Während Eidechsen über die Steinmauern und eisernen Ornamente in der Brüstung klettern, die Sonne das Meer unter mir in ein azurtürkisfarbenes Feuerwerk verwandelt und zartes braunrot auf Schultern und Füße zaubert und während italienische Musik schon die Lesung der Poeten einläutet – La Poesia italiana –die Sonne unterdessen glutrot über Stromboli ins Meer fällt und dabei rosa Farbeimer auszuschütten scheint. Der schönste Ort der Welt würde implizieren, dass es nichts geben würde, was dieser Schönheit gleichkommen könnte. Darüber muss ich erst nachdenken, bei Wein, viel Wein und in mir wächst die Sehnsucht für ziemlich lange an diesem Ort am Meer zu bleiben, zu schreiben, mit Eidechsen im Garten Wein zu trinken, Mandelmilch und Caffé. Erst als der Mond auf- und die Lichter des Küstenstreifens angehen und dazu die Sterne im großen Schwarz und erst als die Musik aufhört und die Händler ihre Stände abbauen, die mit Formaggi Calabresi, Olive salati, Pomodori secchi e Marmellata di Cipolle; als die kleinen gusseisernen Laternen, die die Wege beleuchten und die Balustraden, eingesammelt werden. Als die klitzekleinen Holzstände zugeschlossen werden und die Einheimischen sich zum Wein auf der Piazza sammeln, erst da kann ich meine Entscheidung treffen.

Vielleicht hat er Recht. Vielleicht müsste man bleiben und vielleicht wird es nicht mehr schöner – vielleicht. Vielleicht würde ich hier, wenn ich es versuchen würde, wirklich glücklich werden – vielleicht. Was aber soll ich dann machen mit dem Wunsch nach Eisweintrauben in Weinbergen, nach vertrockneten Kakteen auf mexikanischen Bergrücken, nach Surfern auf hohen kalifornischen Wellen, nach Tango-, Samba-, Salsa-, Bachata- und Merenguerhythmen im Süden Amerikas. Nach Wildpferden im Lavendel, Steinschlössern an der Loire, nach ´Jim Morisson`- Straßensängern vor Sacre Coeur, nach Cappuccino und chevre chaud auf dem Place du Tetre mit den Akt- und Aquarellmalern zwischen Sommerregenpfützen und den ersten fallenden Blättern. Nach Oliven und Ciabatta am weißen oder schwarzen Sandstrand und Sternschnuppennächten über dem Meer. Nach duftenden Räucherstäbchen in hinduistischen Tempeln und Hare Krishna Gesängen zu pappsüßem Prasadam. Nach leuchtenden Sonnen- und Wildblumenwiesen in der Provence, Gitarrennächten in Amsterdam, nach frischem Kokoswasser auf Thailands Märkten, nach kuscheligen Kängurus, Koalas und dem Sonnenaufgang im australischen Outback. Nach bunten Faltern im kolumbianischen Regenwald und durchtanzten karibischen Salsa Nächten. Nach Delfinen im Atlantik, Paragliding über Steilklippen und den offenen Ozean, nach Garküchen in Hongkong, über deren Töpfe schwarze Käfer huschen und Kamelreiten im heißen Wüstensand. Nach wilden Äffchen und Geckos in Afrika. Nicht zu vergessen: nach Caffé freddo, Abu Ghobi und Chili-Ananas mit Erdnuss Soße, nach heißem weißem Mokkaccino, mit schwarzen Linsen gefüllten Samosas und Chips mit Vinegar. Nach Tuk-Tuk Fahrten in Glitter Saris, Trekkingtouren im Nebelwald, Rumpunsch am Bug des schaukelnden Katamarans, Schildkröten und Rochen in der Badebucht. Und nach Lagerfeuernächten mit Percussions und dem Meeresrauschen als Baseline.

Vielleicht also ist dies tatsächlich der allerschönste Ort der Welt, doch um dies herauszufinden muss ich leider weiterreisen – ein kleines Stückchen noch, so ungefähr bis zum Horizont, und dann gleich links.

Ein leuchtender Regenbogen, jedes Mal wenn die Gischt an den Bug spritzt – tropfendes Salzwasser in den Haaren, die Sonne und Wind wild zerzaust trocknen lassen. Möwenschwärme auf dem Wasser, das schwankende Schiff hinterlässt ein flaues Gefühl in der Magengegend; heißer Cappuccino in den, vom Schokoladenbrioche süß verklebten, Händen. In der Ferne der rauchende Vulkan. Die sizilianische Küste im Blick, über deren Festland sich der Ätna erhebt. Die äolischen Inseln zerstreut im Meer.

Geckos, die Glücksbringer der äolischen Inseln aus schwarzem Glitzerstein an Ketten, Armbändern, Fußkettchen, goldbestickten Pareos. Feigencreme, Mandelpaste, Cassata, Canoli – sizilianische Spezialitäten. Rechts und links die Küste Siziliens und Kalabriens im Blick. Rotwein, Oliven, Pfirsiche und Kaktusfeigen verstreut im schwarzen Sand am Hafen.

Pink leuchten die Fußnägel um die Wette mit den bunten Fischerbooten am Hafen im schwarzen Sand aus Lavagestein. Über uns sekündlich neue Rauchwolken, weiß und grau … und dann ein feuersprühendes Funkenspektakel am tiefschwarzen Nachthimmel. Auf der Sciara del Fuoco, der Feuerstraße, hingegen schwarze getrocknete Lava.

Stromboli ist der einzig regelmäßig aktive Vulkan Europas. Alle geschätzten acht Minuten findet in seinem Innern eine Eruption statt, die während der dunklen Tageszeit ein wahres Feuerwerk an den Himmel zaubern kann, ganz ohne Menschenhand.

Auf dem Spuren der alten Griechen: am fast äußersten Ende der Stiefelspitze, einen Steinwurf weit entfernt von Reggio di Calabria und der Meeresenge von Messina, erhebt sich, auf dem Felsen des Monte Calvario, Pentedattilo. Einst erinnerte dieser Berg an eine fünffingrige Hand, daher ihr Name: Penta und Daktylos = fünf Finger. Unglücklicherweise sind einige Teile des Berges über die Jahre abgestürzt und so sind heute nicht mehr alle fünf Finger zu erkennen. Seine mysteriöse Ausstrahlung und Atmosphäre hat der Ort jedoch bis heute beibehalten. Unter den griechischen Dörfern tief im Süden Kalabriens, ist dieses Fleckchen Erde bei Weitem das Charakteristischste und zugleich Geheimnisvollste.

Die ursprüngliche Bevölkerung gründete etwas weiter zum Fuße des Berges hin, eine neue Siedlung, von der aus man heute den alten „Geisterort" bewundern kann. Seine ganz besondere Magie strahlt das sanft erleuchtete Dorf jedoch bei Nacht aus, wenn sich goldene Lichter über den Felsen legen.
Zwei wichtige Festivals finden Jahr für Jahr in diesem kleinen Wunderort statt. Das Festival Paleariza, welches die griechische Historie und Kultur wiederaufleben lässt. Ebenfalls im Sommer, zwischen August und September, trifft sich dort die internationale Filmszene um ein Kurz- und Kunstfilmfestival zu zelebrieren, welches auf magische Weise Film und Territorium im alten Geisterort vereint. Schaurig-Schönes Gänsehautfeeling garantiert!

Tausend und eine Nacht

Als wir unsere verschlafenen Augen nach einem anstrengenden Nachtflug und einer scheinbar ebenso langen Crewbusfahrt wieder öffnen, breitet sich vor uns eine majestätische Anlage, aus Palmen, mediterraner Vegetation und marokkanischen Unterkünften, aus, errichtet um einen erleuchteten, palmenumsäumten Pool. Von unserem offenen Fenster aus, hören wir den Atlantik rauschen, am kilometerlangen Sandstrand. Am Frühstücksbuffet dürfen wir uns stärken, mit Olivenbrot, eingelegten Feigen, Ziegenkäse, süßem marokkanischem Tee und Datteln, dazu Trauben vom Schokobrunnen bevor wir kurz mal die Augen schließen. Müssen.

Siesta

In der Küstenstadt El Jadida empfängt uns quirliges Markttreiben. Bunte Flickenteppiche, Spiegeltaschen, Lederwaren, frisches Obst und Gemüse, getrocknete Feigengirlanden, aufgetürmte Datteln, Oliven, Kräuter und duftende Gewürze, Vanille- und Safrangeruch hängen in der Luft, kunstvoll bemaltes Tongeschirr, Eisverkäufer, Bettler, herumstreunende Katzen zwischen tief verschleierten Frauen, die am Straßenrand frisch gebackene Fladen verkaufen. Picknick mit frischem Mangosaft am Meer und bunte Hennabemalung auf Händen und Füßen.

Kurze Pause

Das Meer rauscht, lullt uns ein, die Möwen ruhen sich aus am Strand, von einem langen Tag – fast scheint es, als würden sie den Sonnenuntergang über dem Atlantik beobachten, so wie wir. Die Brandung hat abgenommen, nur noch mittelhohe Wellen brechen sich am Strand und rollen als kleine gischt-aufgeschäumte Wasserhäufchen zu uns heran. Die Hitze des Tages ist verflogen; eine angenehme Milde macht sich breit ...

Ein geschenkter Tag in der Sonne, nichts Unwichtiges zu tun, nur Essentielles:

Ich beobachte die tausend Sternchen, die das Licht der Sonnenstrahlen auf die Wellen regnen lässt, rieche und schmecke das Salz, das auf meiner Haut trocknet, höre das Tosen der Brandung. Sehe ich den Wasservögeln zu, wie sie am Strand miteinander spielen, währenddessen der Himmel sich diesig färbt, milchig, ganz leicht Pastell, wie ein impressionistisches Aquarell, nur um dann von Minute zu Minute sein Gesicht zu verändern ...

Die Lichter der Hafenstadt El Jadida leuchten von der langgezogenen Landzunge, welche sich ins Meer schlängelt, darüber die Mondsichel und irgendwann setzen die Frösche im Teich an, zu ihrem Nachtkonzert ... und wir zu unserem Nachtflug.

Venezianische Sinfonie

Vorgestern frischgepresster Mangosaft in Marokko und heute sitzen wir am Lido, dem Stadtstrand von Venedig. Feiner Sandstrand, ganz besonders perfekt für ein Nachmittagsschläfchen in der Sonne. „Gnocchi con pomodori e basilico", „insalata mista" und „vino rosso" schmecken nirgendwo so gut wie hier.

Am Abend, wenn die Touristenmassen abgezogen sind, wenn der unaufhörliche Menschenstrom über die Brücken und Plätze Venedigs verebbt und nur noch ein Rest verliebter Pärchen in den Hafenrestaurants übrigbleiben, dann erst beginnt man die Stadt zu fühlen; dann entledigt sie sich der überflüssigen Kleider und zeigt einem ihr wahres Gesicht. Mein, wenn auch noch nicht perfektes, italienisch dient als Türöffner – und was für einen Tür es uns öffnet. Ein Kellner deckt uns einen Tisch auf einem kleinen Balcone über dem Kanal und ich bin mir für fast zweieinhalb Stunden sehr sicher, ich könnte nicht glücklicher sein. Gondolieri die an uns vorbeiziehen, Lichter im Wasser, dazu Spaghetti und Amaretto und die Einsamkeit, die man so selten findet in dieser Stadt voller Melancholie, die auch in den Menschenmassen irgendwie allein zu bleiben scheint. Sich hinter einer Maske versteckend, zeigt sie sich und erst wenn man die Mühe auf sich nimmt, ihr in die Hinterhöfe und Hinterecken zu folgen, dann nimmt sie ihre Maske ab und zeigt ihre Trauer und ihr sanftes Lächeln, auf den Gartenterrassen, in den alten Holzkähnen, in den Einwohnern und dem Alteisenwarenladen an der Ecke, da wo kein buntes Muranoglas feilgeboten wird. Es heißt, die schöne Stadt, kann sich ihre Liebhaber nicht aussuchen, dies sei ihr Schicksal.

Ganz kurze Zeit später merke ich, es geht doch – das glücklicher sein, meine ich. Auf der Piazza San Marco spielt ein Orchester und ich lausche von der Mitte der Piazza aus, dem ergreifendsten Konzert meines Lebens, in einer gigantischen Kulisse. Ein unbeschreiblicher "Once in a lifetime-Moment".

Hermann Hesse schrieb:

Dass das Schöne und Berückende
Nur ein Hauch und Schauer sei,
Dass das Köstliche, Entzückende,
Holde ohne Dauer sei:
Wolke, Blume, Seifenblase,
Feuerwerk und Kinderlachen,
Frauenblick im Spiegelglase
Und viel andre wunderbare Sachen,
Dass sie, kaum entdeckt, vergehen,
Nur von Augenblickes Dauer,
Nur ein Duft und Windeswehen,
Ach, wir wissen es mit Trauer.
Und das Dauerhafte, Starre
Ist uns nicht so innig teuer:
Edelstein mit kühlem Feuer,
Glänzendschwere Goldesbarren;
Selbst die Sterne, nicht zu zählen,
Bleiben fern und fremd, sie gleichen
Uns Vergänglichen nicht, erreichen
Nicht das Innerste der Seelen.
Nein, es scheint das innigst Schöne,
Liebenswerte dem Verderben
Zugeneigt, stets nah am Sterben,
Und das Köstlichste: die Töne
Der Musik, die im Entstehen
Schon enteilen, schon vergehen,
Sind nur Wehen, Strömen, Jagen
Und umweht von leiser Trauer,
Denn auch nicht auf Herzschlags Dauer
Lassen sie sich halten, bannen;
Ton um Ton, kaum angeschlagen,
Schwindet schon und rinnt von dannen.
So ist unser Herz dem Flüchtigen,
Ist dem Fließenden, dem Leben
Treu und brüderlich ergeben,
Nicht dem Festen, Dauertüchtigen.
Bald ermüdet uns das Bleibende,
Fels und Sternwelt und Juwelen,
Uns in ewigem Wandel treibende
Wind- und Seifenblasenseelen,
Zeitvermählte, Dauerlose,

Denen Tau am Blatt der Rose,
Denen eines Vogels Werben,
Eines Wolkenspieles Sterben,
Schneegeflimmer, Regenbogen,
Falter, schon hinweggeflogen,
Denen eines Lachens Läuten,
Das uns im Vorübergehen
Kaum gestreift, ein Fest bedeuten
Oder wehtun kann. Wir lieben,
Was uns gleich ist, und verstehen,
Was der Wind in Sand geschrieben.

Wären diese Momente noch so kostbar, wenn wir sie festhalten könnten oder würden sie ihren Glanz verlieren - Sternchenregen von der Sonne auf die Wellen geschüttet, rosafarbene Mandelblütenalleen im März, goldrotes Weinrebenmeer im Oktober, Paul McCartney live vor dem Buckingham Palace in London, Scott Damguard live vor dem Notre Dame? Mit solcherlei Gedanken sitze ich in der Mitte der Piazza San Marco auf dem Steinboden und lausche den Melodien Verdis und Puccinis, während marokkanische Händler ihre Glitzerkugeln vor dem „Campanile" in die Luft werfen und Menschen auf der Piazza tanzen. Zwei ältere Damen halten sich an den Händen und drehen sich im Takt, Glück scheint vom Himmel zu regnen, mit jedem fallenden Glitzerregen über der Kathedrale, mit jedem Ton der Violine, mit dem Lächeln der flanierenden Spaziergänger, mit dem Tanzschritt der 80jährigen, mit jeder selbstvergessenen Drehung des kleinen Mädchens im pinkfarbenen Sommerkleid, das wohl nie wieder aufhören will zu tanzen. Hochzeitspaare, Opernbesucher, Einheimische und Backpackertouris auf dem Boden, zwischen all den Rosenverkäufern, den Sängern und mittendrin dieses kleine Mädchen, das sich dreht und kreist und tanzt.

„Lucky Lady" hat er mich genannt, darüber sinne ich nach, während ich hier im Frühstückscafé mit Blick über den Kanal, meinen Cappuccino, venezianische Biscotti und Macedonia verspeise. Italienische Musik klingt aus dem Lautsprecher und vor meinem Fenster schiffen Gondolieri, romantiksuchende Reisende über Venedigs Wasserstraßen. Anstatt das Auto aus der Einfahrt zu fahren, lassen die Anwohner vorsichtig ihr Ruderboot zu Wasser. An den langen Leinen über den Kanälen trocknet bunte Wäsche. Ganz unbeeindruckt von dem unaufhörlichen Strom der Romantiksucher, blättert der Putz, überzieht Hinterhäuser mit wunderschöner Patina und zwei, drei Hintergassen weiter, verebbt wieder einmal das Blitzlichtgewitter und Venedig offenbart uns erneut seine wahre Seele: Stolz, melancholisch und allem zum Trotz wunderschön.

Meinen Koffer hinter mir herziehend durch die engen Gassen, sprach mit ein netter italienischer Herr, aus einem der anliegenden Geschäfte, an: „An- oder Abreise?" Ich antwortete ihm mit: „Beides". Dann erzählte ich ihm, dass wir vorgestern aus Marokko kommend, nun in Venedig gestrandet sind, bevor es uns weiterzieht Richtung Süden, bis hinunter nach Griechenland, Kroatien und die Türkei im Zielvisier. „Lucky Lady“, erwiderte er darauf, glückliche Frau – und ja, wie könnte ich auch nicht?

Aphrodites Traum

... vertraute Stille, Streicheln des Mooses auf dem Geländer ...
... wir liefen mitten auf einer noch warmen Landstraße ...
... das Abendlicht war bildschön. Die ganze Landschaft in Ocker, Bronze, Altgold ruhte sich von einem langen Tag aus ... (frei nach Anna Gavalda aus: Ein geschenkter Tag)

Sternenhimmel über Athen. Zwischen dem dunklen Blau des Meeres und dem leicht helleren Blau des Himmels, erstreckt sich der hügelige braungrüne Küstenstreifen unter den Sternen. Unser Segelschiff zieht gemächlich seine Bahnen, kreuzt weitere Segelyachten und Fischkutter ... Sonnenuntergänge über dem Ozean, Sonnenstrahlen durchs Flugzeugfenster und dazwischen Mini-Erkundungstouren durch die Perlen des Mittelmeerraumes.

An Baris Steinstrand Seeluft tanken, mit Marokkanern um bunte Armkettchen feilschen und sich dann in den kleinen verwinkelten Gässchen verirren.
In Griechenland mit dem Motorroller über die nahen Inseln vor Athen, vorbei an duftendem Oleander, Hunden im Garten und Katzen in der Sonne. Immer der Weinstraße folgend, dabei das Meer im Blick, mit seinen weißen Strandhäuschen und dem türkisblauen Wasser. Über die Hügel bis hinunter zum Hafen und der Wind verweht wild die Haare. Zum Tagesausklang sich mitziehen lassen, durch das Gedränge der lauten Marktstraßen, Kleider probieren, die einer griechischen Göttin würdig wären und sich dabei wie Aphrodite fühlen, gerade eben dem Meer entstiegen ...

Du mein Freund – Du gute Preis

Sich in Izmir durch das Gewimmel des Kemeralti Basars schlängeln, den Duft von Feigen und Apfel-Tee in der Nase, durch das Rufen der Marktschreier hindurch und von überall türkische Gastfreundschaft spüren. Zurück immer entlang der Hafenpromenade mit ihren scheinbar tausenden, einladenden Strandcafés und ihrer relaxten, verspielten und eleganten Atmosphäre. Und während wir dort entlangschlendern wächst die Sehnsucht, die ganze Welt zu erkunden und erst aufzuhören, wenn man alle schönen Plätze der Erde gesehen, gefühlt, geschmeckt, erfahren hat.

Der Ruf des Muezzin

Istanbul verzaubert mich bereits in der ersten Sekunde. Nicht nur der Hochsommer, der hier noch Hochkonjunktur hat, während wir bereits die Winterjacken aus der hintersten Schrankecke kramen. Nicht nur die Leichtigkeit in der Atmosphäre, die Freundlichkeit, Herzlichkeit und Gastfreundschaft der Menschen; nicht nur der Wirt, der uns in seinen Hinterhof und Garten führt. Nicht nur das Lächeln der Händler, Busfahrer und des Servicepersonals; nicht nur das Meer, die Basare, Gewürzmärkte, die prachtvollen Moscheen, die versteckten Straßencafés, das goldene Horn und der Bosporus. Nicht nur die Tatsache, dass man nur die Brücke überqueren muss und innerhalb von zwei Minuten von Europa nach Asien gelangt, in der einzigen Stadt der Welt, die auf zwei Kontinenten liegt. Nicht nur die orientalische Musik, die bunten Gewänder, die Prinzessinnenkleider, noch das Hupen in den Autoschlangen, die Entspanntheit der Einwohner; auch nicht der goldene Sonnenuntergang, der dem goldenen Horn seinen Namen gab. Nicht die unzähligen Schiffe, die im Hafen von Istanbul auf ihre Einschiffung warten. Nicht allein die frischen Granatapfeldrinks, die bunten Flaggen, Teppiche, Taschen, Kunsthandwerkstücke oder die Fischer am Bosporus und das kosmopolitische Flair. Nicht nur der traditionelle Sherbet, der mit hausgemachten Dattel-Kokospralinen serviert wird und nach Tamarillo schmeckt und ein wenig nach indischem Chai. Auch nicht die milde Hochsommermeerluft, die bunten Minarette, das Rufen des Muezzin und die Mosaike der Blauen Moschee; die frisch gerösteten Maronen, die Kleidergeschäfte mit ihren münzklingenden Hüfttüchern, der frische Orangensaft, die reifen und dunkelroten Wassermelonen, die gebratenen Maiskolben und der Geruch, den sie verströmen. Auch nicht die vielfarbigen Kopftücher, die vor den Moscheen feilgeboten werden, die aufgeregt kreischenden Möwenschwärme, die den Fischmarkt und die davor liegenden Kutter umfliegen; die Überredungskünste und das Verhandlungsgeschick der Verkäufer und die Wasserpfeife, die zum türkischen Mokka gereicht wird.
Aber all dies zusammen, diese wilde, übersprudelnde, pulsierende und dennoch unaufgeregte Leichtigkeit, Lebendigkeit hat heute mein Herz erobert und so liegt jetzt nicht mehr nur ein Teil davon am Neckarstrand, an der Seine und am Golf von Venedig, sondern seit heute auch am Bosporus. In der Stadt, die mit vollem Recht, als eine der schönsten der Welt bezeichnet wird.

Das Paradies auf Erden

Von George Bernard Shaw stammt der Ausspruch "Wer das Paradies auf Erden sucht, sollte unbedingt Dubrovnik besuchen!“ Das Meer, klar wie Kristall, versammelt unzählige Fischarten in sich. Der Himmel leuchtet, nun ja, himmelblau; die Häuschen liegen wie weiße Farbkleckse inmitten der sich, sanft um die Küste schmiegenden, Hügel. Kleine Yachten, noch kleinere Jet Ski und etwas größere Touristendampfer kreuzen. Oleander und Bougainville ranken sich um jedes Haus, welches wir auf unserer Scooter-Tour durch diese äußerliche Idylle passieren. Noch einmal Sommerwind in den Haaren und noch nicht ganz wissen, welches Gefühl überwiegen soll, das der Müdigkeit oder vielleicht doch das der Freiheit …

Am Bosporus

In der Blauen Lagune

Ein neuer Tag bricht an. Erneut ziehen wir unsere Koffer durch die Lagunenstadt; biegen hier und dort ab und entdecken wieder mein geliebtes Venedig. Das alte, das unentdeckte, das, in den Hinterstraßen, ohne die Menüs „Turistici", die in überteuerten Pizzerien feilgeboten werden. Sondern das, was ich so sehr liebe und in dem sich das wahre Leben abspielt. Entlang der kleinen Kanäle, in die sich nur selten einmal ein Gondoliere verirrt, mit ihren in die Jahre gekommenen Häusern, von denen der Putz bröckelt und die so wunderschön, die venezianische Seele widerspiegeln. Melancholia Veneziana. Die kleinen Kähne, statt der pompösen Gondeln, an den hauseigenen Anlegestellen und die historischen Lokale. In eines dieser „Locale Storico" flüchten wir uns vor dem einsetzenden Regenschauer. Uns umgibt frisch gebrühter Kaffeeduft und der Geruch von noch warmem Gebäck. Wir sitzen über heißem Cappuccino während draußen Regentrop-

fen Kreise ins Wasser malen und ein paar Kinder im Regenmantel Tauben füttern ...
Aus dem Pizzaofen dringt inzwischen der Geruch von geschmolzenem Käse, vermischt sich mit der, im Kessel dampfenden, Minestrone. Venezianer stehen in kleinen Grüppchen zusammen, halten Rotwein in ihren Händen – Valpolicella und Cabernet Barricato – sprechen miteinander in der schönsten Sprache der Welt. Frisch belegte Fischbrötchen werden in die Auslage gelegt, die Holzdeckenventilatoren drehen sich im Takt der Musik, eine einzelne Gondel fährt vorbei während der Sänger im Radio von verlorener Liebe singt ...

Abendstimmung am San Marco

Zu Besuch bei der Liebesgöttin

Venus, die Göttin der Schönheit und der Liebe regiert unzweifelhaft dieses Land – und Schönheit, Liebe und Leidenschaft umgeben einen hier auf Schritt und Tritt. Apulien ist das Tor zum Mittelmeer und zum Orient. Die apulischen Kreationen gelten als Inbegriff der berühmten Mittelmeer-Küche. In den fruchtbaren Ebenen werden Tomaten, Zucchini, Brokkoli, Paprika, Kartoffeln, Spinat, Auberginen, Rosenkohl, Fenchel, Zichorien, Kichererbsen, Linsen und Bohnen angebaut. Darüber hinaus ist der kleine Landstrich an Italiens Stiefelsporn der größte Olivenölproduzent des Landes.

Auf unserem Ausflugsplan stehen gleich zwei beeindruckende Sehenswürdigkeiten: I trulli di Alberobello. Die berühmten Kegelbauten entstanden in dieser Gegend nach der Bauweise der Hirten. Ihr Charakteristikum sind ihre Kegel-

dächer aus Kalksteinplatten, die ohne jeden Mörtel aufeinandergeschichtet wurden. Weil sie nicht als „richtige Häuser“ angesehen wurden, blieben sie steuerfrei. Daher bestehen noch heute ganze Stadtviertel in Alberobello aus diesen Häuschen, die den urtümlichen Behausungen der Menschheit gleichen. Aus diesem Grund gehört der Ort auch zum UNESCO Weltkulturerbe.
Grotte di Castellana: Die Grotten sind bekannt als die größten speläologischen Grotten Italiens. Erst 1938 entdeckt, breiten sie sich, durch Hohlräume verbunden, über eine Gesamtlänge von 3 Kilometern in einer Tiefe von 71 Metern aus. Zahlreiche natürlich geformte Skulpturen fangen und reflektieren Lichteffekte. Die bekanntesten unter ihnen sind die schwarze Grotte, die Höhle der Monumente, die Weihnachtskrippe sowie nicht zuletzt die traumhaft schöne weiße Grotte, in der Stalagmiten und Stalagtiten in kristallklarem, reinem, glitzerndem Weiß ihre Besucher, und damit auch uns, wortwörtlich verzaubern.

Wirf die Gläser an die Wand ...

Eine Fahrt mit der Moskauer U-Bahn ist schon für sich genommen ein Erlebnis. Marmorverzierte Bahnhöfe, Mosaike, Hammer und Sichel Ornamente – Reliquien aus vergangenen Zeiten, der Moderne trotzend – und nicht zu enden scheinende, steile Rolltreppen, die uns gemächlich unter Tage bringen.

Vor dem Bolschoi-Theater spuckt sie uns wieder aus. Falls man vorhat, darin einzukehren, allerdings für die Abendvorstellung keine der höchst begehrten Karten mehr ergattern sollte, kann man immer noch versuchen, die Schwarzhändler, die sich in Trauben um den Eingang sammeln, herunterzuhandeln. Im hellen Tageslicht, umzingelt von Touristenmassen, werden wir mehr gezogen, als das wir unseren Füßen selbst Richtung und Ziel geben würden. Doch das macht fast gar nichts. Manchmal ist eben doch nicht der Weg, sondern nur das Ziel das Ziel. Unsers ist der Rote Platz, mit Kreml, Mausoleum und der weltberühmten Basilius Kathedrale, die mit den kunterbunten Zwiebeltürmchen von außen und den verspielten Stuckarbeiten in ihrem Innern.
Zum Sonnenuntergang sehen wir ihn dann nochmal, den Kreml. Diesmal vom Wasser aus, als unser Boot den Moskau-Fluss entlanggleitet, Wasservögel mit sich führend ...

... Russland ist ein schönes Land

Die Hop on - Hop off Tour beginnt am Ostrovskogo-Platz. Sie lässt an uns vorbei die bekanntesten Sehenswürdigkeiten der St. Petersburgs ziehen: Den Winterpalast, die Ermitage, den Jussupow- sowie Marmorpalast, die Nikolaus- und die Peter-und-Paul-Kathedrale und -Festung, die Kathedrale der Muttergottes von Kazan, Pushkins Wohnhaus, den Nevsky Prospekt ...

Bei Tag ist die Stadt – interessant. Bei Nacht aber verwandelt sie sich in ein, selbst im Sommer, weihnachtlich anmutendes Lichtermeer, als wenn sich alle Bauten gleichzeitig bereitmachten für ihren Auftritt beim festlichen Opernball.

Historisches Fuhrwerk

Die Kunstsammlung in der Ermitage zeigt Werke von Leonardo da Vinci, Tizian, Michelangelo, Rafael, Rembrandt, Gauguin, Matisse, Picasso ... und ist die weltweit zweitgrößte Sammlung antiker Kunst (nach der des Louvre) und dazu die umfassendste Sammlung der Impressionisten. Um die mehr als drei Millionen Kunst-Stücke zu bewundern, braucht man dementsprechend viel Zeit – Zeit, die ich nicht habe. Nach zwei Stunden hat mich leider die Straße wieder, vorbeieilend an frischen Walderdbeeren, von alten Mamutschkas am Wegesrand verkauft. Rechts und links sehe ich noch Kathedralen und architektonische Meisterleistungen aus vergangenen Epochen an mir vorüberziehen – aus den Augenwinkeln bei meinem Sprint zurück. Dem nahenden Weckruf entgegen.
Das berühmte Bernsteinzimmer besichtigt und bestaunt man bei einem Besuch des Katharinen-Schloss, der Sommerresidenz der Zarenfamilie in Tsarskoje Selo. Weitere Ausflugsmöglichkeiten sind das "Russische Versailles" Peterhof; die Zarenresidenz Gatshina sowie der Palast von Pavlovsk. Selbstverständlich können auch Ausflüge in die, die Städte umgebende, raue russische Natur unternommen werden. Ich besichtige alles davon nur in Gedanken. Schöne Gedanken.

Die verweilen. Noch lange, während ich schon längst wieder bei Turbulenzen in der Kabine stehe, heißen Kaffee durch Luftlöcher balancierend.

Auf den Spuren der Künstler

Barcelonas Boqueria

Küche, Kunst oder Architektur in Barcelona genießen? Ich entscheide mich für einen Spaziergang entlang der Ramblas, dem Placa Reial und der Altstadt Barri Gòtic bis zum Hafen. Flanieren mit Meerblick, Wind in den Haaren, um mich dann in die duftenden, engen, lauten, bunten Gassen der „Boqueria“ ziehen zu lassen. Überall naschen ist nicht schwierig. Die Entscheidung, die unweigerlich von einem verlangt wird, jedoch schon. Irgendwann fällt sie. Auf Falafel im Brötchen mit grünem Curryreis und Salat, frischen Fruchtsaft und Crema Catalana zum Nachtisch: ein äußerst schmackhafter Vanillepudding mit Karamellüberzug und geeisten Karamellfrappuccino.

Wie gemalt

Picasso, Miró, Dalí, Gaudí hatten hier einst ihren Wohnsitz. Im Museum begeben wir uns auf ihre Spuren, um feststellen, ob diese quirlige Metropole ihnen genug Inspirationen für ihre Werke lieferte. Sie tat es.

Tapas zum schweren südländischen Rotwein werden am Hafen serviert ... und die Wellen plätschern so schön zur Musik ...

Slibowitz am Donauufer

Halbverfallene Holzkähne, Frachtlader, Schiffsgerippe, Hausboote, Clubschiffe neben schwimmenden Restaurants am Donauufer. Die meisten dieser alten Flöße und Schiffe wurden zu hippen, edlen, trashigen oder romantischen Kneipen und Cafés umfunktioniert.

Galerien präsentieren ihre Kunstwerke in den angrenzenden Straßenzügen rund um den Platz der Republik. Dazwischen Cafés, Boutiquen, Theater und Oper. Im „klub knizevnika“ (Schriftstellerclub) gleich nach dem National Theater können auch Nicht-Schreiberlinge sich den Kaffee schmecken lassen ... obwohl auch ihnen hier vielleicht ganz neue kreative Eingebungen kommen ...
Und zurück am Donauufer trinkt man den Slibowitz am Abend auf einem der halbverwitterten Flöße, unter dem Sternenhimmel.

Rom des Ostens

Vilnius, die Kapitale Litauens, wurde 2009 zur Kulturhauptstadt Europas gekürt. Die Altstadt des "Rom des Ostens" liegt am Fuße der Burg von Gediminas und gehört, als eine der größten und besterhaltendsten Altstädte Europas zum geschützten Unesco-Weltkulturerbe. So reich an Kultur wie diese Stadt ist, so bunt, schräg und schrill präsentiert sie sich auch ihren Sommergästen. Die Jugend hat sich den Platz in der Mitte der Altstadt erobert, mit lauter Musik, provokanten Outfits und bunt umstrickten und umhäkelten Bänken, Bäumen und Laternenmasten.

Das Künstlerviertel Uzupis hat sich zum Spaß am 1.4.1997 zur unabhängigen Republik Uzupis erklärt. Die Republik hat natürlich auch eine Verfassung. In dieser haben beispielsweise Hunde das Recht Hunde zu sein; jeder hat das Recht glücklich zu sein – oder unglücklich. Das "Parlament" tagt regelmäßig im Café Kaviné (ganz witzig: hier mal schauen www.uzupiokavine.lt).

Im Herbst begebe ich mich, mit der Fotokamera bewaffnet, ans bunte Flussufer, bzw. in die kleinen Seitenstraßen, jenseits der barocken und gotischen Altstadt. Dort muss ich nur kurz vom Weg abweichen, um litauische Impressionen einzufangen: goldgelbe Blätter zwischen fußballspielenden Kindern in grauen Höfen, vor verfallenen Einfamilienhäusern; der flammend rote Baumgipfel vor der tannengrünen Veranda, von der der Putz abblättert; ein Blätterhaufen, bunt und wild, auf der Ladefläche eines alten burgundfarbenen Lasters, überzogen von Roststellen, verziert mit alter Patina. Und mein Abendessen zum wärmenden Glühwein lasse ich mir im „Neringa“ mit Jazzuntermalung servieren.

Transsilvanische Träume

Auch aus Rumänien gibt es schaurig-schöne „Layover-Geschichten“ zu berichten. Eine Kollegin schlief – so nah an Transsilvanien – mit geöffnetem Fenster, als nächtens eine Fledermaus zu ihr ins Zimmer schlüpfte. Ich bleibe ganz und gar unbehelligt. Und habe zudem erst um 16 Uhr geschniegelt und gestriegelt in der Hotellobby zu erscheinen.

Mein Mietfahrrad bringt mich zunächst mal, vorbei an weißgetünchten Altbauten, zum Regierungspalast des Ceausescu-Regimes, welcher heute das rumänische Parlament beherbergt. Dieser ist nicht nur das zweitgrößte Verwaltungsgebäude der Welt, sondern zudem der Komplex mit der weltweit größten Grundfläche.

Im Freilichtmuseum Muzeul Satului radle ich vorbei an über 100 Holzhäusern, aus der alten Zeit, inmitten einer romantischen Parkanlage.
Zur Mittagszeit bin ich im Cismigiu Garten angekommen, fahre durch Baumalleen und um den Ententeich, an welchem man sich mit frischgepressten Obstsaft entspannt und den Familien im Sonntagsstaat zusieht, wie sie auf den Kähnen unter den Weiden entlangtreiben.
Auf dem alten Basarviertel bewundere ich kurz vor „Freizeitende“ noch ganz schnell einheimisches Kunstgewerbe und trete dann vorsichtshalber mal lieber ganz schnell in die Pedale …

Tapas, Wein und Sonnenschein

Zum Tapas essen sollten die Restaurants auf der Plaza Mayor in Madrid nun wirklich eher gemieden werden. Weniger Touristenfallen liegen rund um die Plaza Santa Ana und dahin sind wir gerade eben auf dem Weg. Schinken, Krake, Tintenfisch oder Fleischbällchen sind so die typischen Verköstigungen. Vegetarische Tapas gibt´s für mich auch, auf extra Nachfrage. Dafür werden mir nur wenig später Pfannkuchen, Oliven, Champignons in Sherry und mit Knoblauchsoße, und gegrillte Auberginen kredenzt. Was wir erst lernen müssen: in manchen Bars bekommt man, sofern man nicht ablehnt, unaufgefordert neue Tapas gebracht –und eine ebenso gesalzene Rechnung zum Schluss.
Zum Tagesabschluss laufen wir so die Straße entlang. Da leuchten uns abertausende Glühbirnchen entgegen, aus etwas, was aussieht wie eine Mischung aus Märchenwald, Dornröschenschloss, Zauberhöhle und Hexenhäuschen. Wir betreten dieses Funkelschloss und haben das unverschämte Glück einen Platz zu ergattern. Neben dem Gefühl direkt in einem Märchen gelandet zu sein, wird als Schlummertrunk der beste Kaffee der ganzen Welt serviert: mit Baileys, Karamell, Sahne und noch irgendeiner geheimen göttlichen Zutat – uns jedenfalls beschert er zauberhafte Träume.

Das fliegende Klassenzimmer – sechs Freunde sollt ihr sein

Manchmal ist die Arbeit einfach nur Arbeit – ermüdend, anstrengend, auslaugend. Manchmal kommt man an Bord und man trifft auf fünf Menschen, zwei Cockpitmenschen und drei Kabinenmenschen. Und man sagt „Hallo", nicht ahnend, was man mit ihnen in den nächsten fünf Tagen alles erleben wird.
Und die Tour beginnt. Und während dem ersten Transit sitzt man zusammen, man redet, man lacht, man kocht sich gegenseitig Kaffee und man teilt seine Geschichten, seine Lieblingslieder und seine Videos – und man kommt sich Stück für Stück ein bisschen näher. Dann arbeitet man weiter. Tief in der Nacht landet man in Portugal und man schält sich aus der Uniform und wirft sich die Strickjacke über und dann sitzt man zusammen, bei Portwein auf der Hotel-Terrasse – und langsam fühlt es sich nicht mehr fremd an, sondern ganz schön schön vertraut.

Vom Südufer des Douro in Vila Nova de Gaia eröffnet sich ein traumhaftes Panorama der Altstadt Ribeira. Der Blick von der Brücke Dom Luis 1. – in der oberen Etage – oder sogar noch ein Stückchen höher, vom Kloster da Serracho Pilar, steht dem in keinster Hinsicht nach. Direkt am Fluss gelegen befinden sich außerdem zahlreiche einladende Restaurants aller Preisklassen. Portwein, während die Sonne ihre letzten Strahlen goldrot über das Wasser schickt, während alte Fischerkähne auf den Wellen treiben, Laternen ihren sanften Schein über die Kulisse werfen und von irgendwoher der Fado klingt, verleiht einem ganz sicher einen ziemlich schönen Romantikschock.

Abenteuerlich dagegen sind die Fahrten auf den drei noch existierenden Straßenbahnlinien mit altertümlichem Fuhrpark. Die „Azulejos", die für Portugal berühmten blau-weißen Fayence-Kacheln, zieren auch in Porto zahlreiche Bauten, wie z.B. den Bahnhof Sáo Bento. Mitunter bedecken sie sogar ganze Fassaden und geben damit sehr attraktive Fotomodelle ab.

Am nächsten Morgen auf eben dieser Brücke Dom Luis 1. über dem Douro in Porto, auf der der Wind die Haare zerzaust und diese kleinen Wassertropfen ins Gesicht weht – prickelnd. Unten treiben Boote vorbei, Fischerböötchen, Frachtlader, Touristendampfer, Holzkähne. Bunte Fähnchen flattern im Wind. Russische, polnische, portugiesische, deutsche, niederländische Reisegruppen ziehen ihres Weges. Leichte Salzkruste trocknet auf deinen Lippen. Pfeifen klingt im Ohr, vermischt sich mit den harmonischen Melodien der Straßenmusiker unten an den Anlegestellen. Eine Begegnung findet statt, dort in den engen Gassen, in denen die Wäsche flatternd auf Balkonen und Leinen trocknet, zwischen einer Katze und einer Frau. Die Sonne verbrennt dir dein Gesicht. Der intensive Duft der lilablühenden Blumen, die die Hausdächer überziehen, steigt zu dir auf.

Und drei Stunden später steigst du selber auf, mit deinen neuen Freunden. Und ein neuer Arbeitstag beginnt. Und die Namen werden zu Kosenamen und die Blicke liebevoller und das Lachen steckt unsere Passagiere an. Und in Mailand wird Cappuccino geholt und ein bisschen getanzt in der Pause und auf einmal vergisst man seine Uniform und die Menschenmassen am Gate und man fühlt sich, wie damals beim Interrail – nur in der Luft. Als wenn man sich mit fünf Freunden auf einem Kurztrip befinden würde durch Europa. Abhängen, sich gegenseitig vorlesen, eine Massage für die verspannten Schultern vom schweren Trolley – und das Lächeln für die ankommenden Gäste ist ganz und gar echt.

Als wir um 2 Uhr nachts in Budapest landen, hat das Wochenende schon begonnen. Die Straßenkneipen und die Clubs sind zum Zerbrechen gefüllt. Musik dringt nach draußen und zieht uns hinein. Hardhouseklänge im „Urimuri", „Virgintonics" und Tanzen bis zum frühen Morgen. Hand in Hand „nach Hause".

Das gesamte Donauufer zwischen der Margareten- und der grünen Freiheitsbrücke wurde übrigens zum Weltkulturerbe erklärt. Zu schade, dass ich es heute nicht mehr zu Gesicht bekomme.

Der Blick zur Mittagsschicht ist nur ein klein wenig verschlafen – unser Europatrip geht weiter und setzt uns spät in der Nacht in der dänischen Metropole ab. Ein Lächeln bevor wir heute ausnahmsweise schon um 2 Uhr „früh" in unsere Bettchen fallen.

Morgens sind sie wieder da. Vertrautheit. Straßenbummel, Window-Shopping und Windbeutel, gefüllt mit Marzipan zu „Pumpkin Spice Latte" im Frühstücks Café gegenüber dem Rathausplatz. Das Tivoli, dem nahenden Halloween geschuldet, wird bevölkert von kleinen Feen, Hexen, Kobolden und wilden Derwischen, die ungestüm durch die fallenden, bunten Blätter toben.

Drei Stunden später wieder in Uniform und dann sagt die Kollegin, was wir alle denken: „Mit euch fühlt es sich nicht an, wie arbeiten. Es fühlt sich an, als ob sechs Freunde Urlaub machen würden. Eine kurze, intensive, schöne Woche lang".

Zwei Uhr Nachts: St. Petersburg. Spätsommer in Portugal, Herbst in Ungarn und Dänemark, Winter in Russland – alles in fünf Tagen, plus fünf neue Freunde.

Die Crewlounge gehört uns, bis fast 7 Uhr früh, als unsere frühabreisenden Kollegen schon längst den Himmel durchziehen, Kaffee zum Frühstück servierend.

Und als es vorbei ist, freut sich keiner auf den Feierabend. Und ein paar Tränen kullern. Weil das war ganz ungewöhnlich schön. Und mit Euch würd ich jederzeit wieder „Urlaub" machen.

Rund um die Uhr, Rund um die Welt

Hallo, ich bin`s wieder, die Flugbegleiterin. Auf meinem Balkon in der Sonne sitzend, schreibe ich, obwohl ich eigentlich gerade auf Stadtbesichtigung in

Kiew sein wollte. Grund dafür ist das Nachtflugverbot. Am Frankfurter Flughafen darf zwischen 23 und 5 Uhr nicht mehr gestartet oder gelandet werden. Dies kann man gut oder schlecht finden, je nachdem, ob man Leidtragender des einen oder des anderen Szenario ist. Ich möchte dies heute nicht diskutieren sondern einfach nur meine Erfahrung wiedergeben.

Selbstverständlich verstehe ich Lärmgeplagte. Immerhin absolvierte ich meine Ausbildung direkt an der Autobahn und in der Nähe des Flughafens und die einzige Frage, die ich mir jede Nacht stellte, war: Ruhe oder frische Luft. Aktuell benutze ich ein Stand-by Zimmer in der Nähe des Airports – dort schlafe ich bei Frühdienst, Nachtdienst, Schulungen oder Bereitschaftseinsätzen. Natürlich gehen auch hier die Flieger dicht übers Haus, doch was noch viel schlimmer ist, ist die Bahnlinie direkt vor meiner Wohnungstür. Alle 40 Minuten donnert dort ein Zug entlang und reißt einen aus dem Schlaf, selbst bei geschlossenen Fenstern und Türen. Ich käme deswegen allerdings nicht auf die Idee, bei der Deutschen Bahn auf ein "Nachtfahrverbot" zu drängen; ganz abgesehen davon, dass die "Nachtruhe" ja auch nicht alle gleich betrifft. Für alle Schichtarbeiter liegt die "Nacht" eben nicht zwischen 23 und 5 Uhr früh. Ich wohne eigentlich ganz gern dort – ab und zu. Privat lebe ich in einer ruhigeren, schönen Wohnlage, in der allerdings dreimal wöchentlich die Tiefflieger übers Haus gehen – meist in der Zeit, in der eben meine "Nacht" ist, weil ich gerade nach 30 Stunden Wachsein vom Dienst gekommen bin. In einer modernen Welt, wird es leider kaum möglich sein, sich grundsätzlich vor Lärm zu schützen, so sehr ich diesen Wunsch verstehe. Jedenfalls dann nicht, wenn man zentral wohnen möchte und keine langen Anfahrtswege auf sich nehmen mag.

Welcher Student oder Nachtarbeiter saß noch nicht völlig verzweifelt in seinem Zimmer, weil eine Dauerbaustelle jeglichen Schlaf, bzw. Lernprozess unmöglich machte. Zum Glück aber bleibt uns allen die freie Wohnwahl und so sind wir nicht gezwungen, dauerhaft neben einer Autobahn, einer Bahnlinie oder einem Flughafen zu wohnen. Dennoch verstehe ich mehr als gut, was Dauerbeschallung anrichten kann und was dies mit unserer Gesundheit macht.

Doch zurück zum gestrigen Abend und den Auswirkungen des Nachtflugverbotes. Wir stehen auf der Startbahn, bereit, in Richtung Ukraine abzuheben. Der Flieger ist beladen, die Kabine klargemeldet, das Cockpit startbereit. An Bord: Familien, viele ältere Leute, allein reisende Kinder, Geschäftsreisende. Eine Frau, die noch 24 Stunden Zeit hat, ihre sterbende Mutter zu besuchen – und natürlich wir, die Crew. Die Windverhältnisse stehen schlecht. Durch extremen Nordwind, sowie Baumaßnahmen an der Süd-Bahn standen den gesamten Tag schon nicht alle Start- und Landebahnen zur Verfügung. Darüber hinaus herrscht, wegen des bevorstehenden Pfingstwochenendes, Hochbetrieb am Flughafen. Viele Ukrainer haben ihre Ersparnisse zusammengekratzt, um endlich wieder mal ihre Verwandten besuchen zu können; kleine Kinder wurden alleine zu den Großeltern geschickt, ihr gelbes Täschchen um den Hals gehängt.

Die Luftfahrtbehörde war nicht bereit, für einen Sonderfall eine flexible Handhabung des Nachtflugverbotes zu genehmigen und so drängt sich nun eine Reihe Flugzeuge vor der verbleibenden einzigsten Startbahn. Die Uhr tickt, es ist 22.40; der Tower gibt die Startfreigabe für ein Flugzeug nach dem Nächsten. Die Langstreckenflieger heben ab, Richtung Sao Paolo, Capetown und Johannesburg. Jumbos und große Airbusse rollen an uns vorbei, dazwischen ein kleiner Postfrachter. Es ist 22.50 die Reihe scheint nur langsam, ganz langsam kleiner zu werden, die Jumbos scheinen aus dem Nichts zu kommen. Der Tower bemüht sich nach Kräften, wenigstens die großen Vögel starten zu lassen; die Kurzstrecken- und Regionalflieger bilden das Schlusslicht. 22.55, noch immer hebt die Langstrecke vom Boden ab. An Bord macht sich Unruhe breit; allein reisende Kinder weinen, eine ältere Frau hat Herzprobleme; die Menschen verstehen nicht, was passiert.

23 Uhr: die Frau mit ihrer todkranken Mutter weint herzzerreißend. Dem netten älteren Ehepaar hinter mir stehen Tränen in den Augen und der Mann erzählt mir, sie hätten fünf Jahre für diesen Trip gespart, um sich jetzt wenigstens vier Tage bei ihrer Familie leisten zu können. Auch mir kommen fast die Tränen bei diesen ganzen persönlichen Tragödien. Doch Gesetz ist Gesetz und berücksichtigt nie menschliche Einzelschicksale; für heute bekommen wir keine Startfreigabe mehr. Um 23.10 meldet sich das Cockpit "Liebe Gäste, liebe Crew" und klärt uns über unseren Verbleib in Frankfurt auf. Die Situation an Bord eskaliert: Wutanfälle, Tränenausbrüche, betretenes Schweigen. Natürlich werden wir verantwortlich gemacht, obwohl auch wir dadurch mit massiven Schwierigkeiten zu kämpfen haben. Nach Herzenskräften versuchen wir, die Menschen aufzuklären, zu beschwichtigen, zu beruhigen, uns zu entschuldigen ... doch was hilft es?

Um 23.45 kommen die Busse angefahren und bringen unsere Gäste zum Terminal, wo sie ohne ihr Gepäck – um diese Zeit wird der Flieger nicht mehr ausgeladen – die Nacht verbringen müssen. Darunter auch die Frau, mit der sterbenden Mutter, zwei allein reisende Vierjährige, das verzweifelte Ehepaar, die ältere Dame mit Gesundheitsproblemen und all die, deren Geschichten ich nicht kenne. Hoffentlich sind wenigstens alle Kontaktlinsenmittel, Babywindeln, Tampons und Medikamente in ausreichender Anzahl im Handgepäck untergebracht, denn ihre Koffer werden sie erst wieder 12 Stunden später in Empfang nehmen können.

Die Frau, die ihre Mutter wahrscheinlich nicht wiedersehen wird, starrt mit ausdruckslosem Gesicht vor sich hin, die Passagierin, welche so lange gespart hat, weint noch ein bisschen, die beiden Kinder kreischen. Meine Kollegin wird tätlich angegriffen, von Passagieren in Verzweiflung. Wir verstehen, wir bitten um Verständnis, wir entschuldigen uns, wir halten Hände. Beim Aussteigen:

weitere Verzweiflung, Beschimpfungen: "nie wieder mit ihrer Airline" – dann sind sie weg und betreten stehen wir in der Kabine. Auch uns fehlen die Worte, Schweigen. Der Kapitän bedankt sich für unsere Arbeit; wir wissen nicht, was wir sagen sollen. Lange stehen wir da, denn um diese Zeit fahren normalerweise keine Crewbusse mehr und jetzt müssen zuerst alle stehengebliebenen Kollegen von ihren verstreuten Fliegern abgeholt werden. Auch später im Crewbus sagt keiner ein Wort. Die Geschichten der Passagiere gehen uns nah und noch dazu zittern jetzt alle um ihren eigenen Dienstplan, denn alle Termine die wir für die nächsten Wochen fest geplant hatten, werden sich auch für uns verschieben. Die Kollegin, die endlich wieder ihre Eltern in Istanbul treffen wollte und die, die zum Geburtstag ihrer Großmutter eine Reise in den Iran plante – nicht mehr möglich, und nur, weil ein Flieger fünf Minuten nach elf nicht mehr von der Startbahn rollen durfte. Der „Shuttler" aus Köln muss morgen Mittag wieder zum Dienst anreisen – sein Freund telefoniert fiebrig von zu Hause aus, um nachts um 12 noch ein Zimmer für ihn aufzutreiben. Ich fahre wieder heim. Durch die fehlenden Flugstunden habe ich die letzten zwei Tage weitaus mehr Benzingeld verfahren, als ich eingenommen habe. Der Schaden im materiellen Bereich und Imageverlust liegt im Unermesslichen. Kosten für Hotel und Verpflegung von stehengebliebenen Passagieren belaufen sich bis jetzt auf eine halbe Million.

Nicht eingerechnet sind dabei Schäden durch Umbuchungen auf andere Airlines, Kompensationszahlungen aus Ansprüchen aus EU- Passagierrechten und dem Imageverlust allgemein. Diese Kosten trägt nicht das Management der Fluglinien und Flughafenbetreiber allein, sondern sie werden ebenso auf dem Rücken aller anderen Mitarbeiter ausgetragen.

Eine Frage bleibt, auch wenn diese nicht so einfach zu beantworten ist, nämlich wie wirtschaftlich sinnvoll es ist, einen der allergrößten europäischen Flughäfen, ein so wichtiges internationales Drehkreuz derart zu reglementieren, dass dabei die gesamte Mitarbeiterschaft und alle Passagiere, für die wir tagtäglich unser Bestes geben, so sehr zu Leidtragenden werden.

Wir werden jetzt das Licht in der Kabine abdunkeln, eine persönliche Leselampe befindet sich über ihrem Sitz. Während der Nacht werden wir in regelmäßigen Abständen mit Safttabletts herumgehen, ein „Galley-Buffet" ist in ihrer Bordküche aufgebaut. Am Morgen werden wir Ihnen vor der Landung ein kleines Frühstück servieren. Ihre Kabinencrew wünscht Ihnen eine angenehme Nachtruhe.

„How do I get to my seat?" – Wie komme ich zu meinem Sitz – Vollkommen hilflos sieht die nette Dame mich an und ich denke schon bei mir, sie hat sich im übervollen und wahrlich nicht klitzekleinen Langstreckenflieger verlaufen. Anteilnahmsvoll versuche ich also herauszufinden, wo ich sie wieder unterbringen könnte als mir bewusst wird, dass sie sich bereits direkt davor befindet! Etwas hilflos bin dementsprechend nun fast ich, als sie ihr Anliegen wiederholt, mit leiser, weinerlicher Stimme. „Tief durchatmen", denke ich mir und frage freundlichst: „Where is your seat?" – Wo ist Ihr Sitz – as if I didn´t know. Nun fast den Tränen nahe, zeigt sie auf den Mittelsitz in der vor uns liegenden Reihe. Die Dame neben ihr am Gang verfolgt mit interessiertem Blick dieses Schauspiel.

„Mam, could you please let her pass“, spreche ich sie freundlich an – würden Sie sie bitte vorbeilassen – als meine völlig aufgelöste Passagierin sich anschickt auf den Stuhl zu klettern und ihr mitten in diesem Kunststückchen bedeutet: „Sie müssen nicht aufstehen, ich kann über sie rüber klettern“!

Beim Frühstücksservice bedeute ich den Passagieren ihre Rückenlehnen zurückzuklappen, da für den Hintermann mit einem Tablett im Magen so wenig Platz in diesem für das eigentliche Essen bleibt und hoffe jedes Mal von neuem auf ihr Verständnis. Weit gefehlt. Mit lautstarken Beschimpfungen erklärt mir eine Passagierin wie viel Geld sie für den Sitzplatz bezahlt hat, auf dem ihr nun, für eine halbe Stunde 20 Zentimeter weniger Platz zur Verfügung stehen würden, da sie bereits im Voraus davon ausgeht, dass der Vordermann sich seinerseits weigert, sich an die gebotenen Höflichkeitsregeln zu halten.

Die nächste Dame schaut mich schon leicht säuerlich an, als ich ihren Sitzplatz erreiche. Lächeln meinerseits. „Da sind sie ja endlich. Ich dachte schon, ich müsste mir eine Pizza bestellen!“ Nur mit Mühe kann ich mir das Lachen verkneifen und erkläre ihr liebevoll, dass sich in unserer Küche die ganze Nacht über ein Galley-Buffet befindet – für den kleinen und großen Hunger derer, die nicht das Glück haben, in einer Ölsardinen-ähnlichen Position schlafen zu können. Drei weitere Minuten wertvolle Lebenszeit verstreichen damit, mir ihre Ausführungen über ihren knurrenden Magen anzuhören.

Werte Passagiere, Ihre Anliegen in allen Ehren. Nichts liegt mir ferner, als nicht all Ihre Wünsche erfüllen zu wollen. Dennoch unterbreite ich Ihnen heute einen – zugegebenermaßen – durchaus kühnen Vorschlag. Dieser hilft Ihnen, das verspreche ich, in ganz verschiedenen Lebenslagen. Hunger, Kälte, Platznot und tollkühne Kletterpartien in der dunklen Flugzeugkabine können damit garantiert vermieden werden. Nicht immer ist Schweigen Gold und Ihre Kabinencrew oder Mitreisenden können nur in den allerseltensten Fällen Ihre Gedanken erraten. Daher, probieren Sie es das nächste Mal doch einfach mal aus, um ihr Anliegen zu bitten und Sie werden sehen, dass sich schon bald auch für Sie das altbekannte Sprichwort erfüllen kann: „Wer bittet, der empfängt, wer sucht der findet und wer anklopft, dem wird aufgetan“!

I can´t get no sleep

Zurück aus dem Nachtflug. Auf ganze eineinhalb Stunden Schlaf hab ich es heut Nacht im Crew Rest innerhalb der letzten 29 gebracht. Jetzt sitze ich zuhause. Zitternd, eingehüllt in Wolldecken, umpolstert mit Wärmflaschen – aber die Augen wollen einfach nicht zufallen. „Ich weiß gar nicht wie Sie das machen“, spricht mich ein übernächtigter Gast um 4.30 Uhr in der Bordküche an. „Ich weiß manchmal selbst nicht, wie ich das mache“, antworte ich ihm lächelnd, bevor ich uns beiden einen extra starken Kaffee aufbrühe.

Schwärmerisch und voller Enthusiasmus erzählte ich der netten Dame beim Vorstellungsgespräch meinen Traum vom Reisen, vom Dienst an Menschen aus unterschiedlichen Kulturen, vom Entdecken neuer Horizonte, dem Arbeiten in

ständig wechselnden Teams, dem gelebten Servicegedanken als Gastgeberin und der Bereitschaft, mich Tag und Nacht, rund um die Uhr, rund um die Welt für meine, mir anvertrauten, Passagiere einzusetzen.
„Schön und gut", erwiderte mein Gegenüber ungerührt, „aber was glauben Sie, könnten die Schattenseiten dieses Lebens sein?"
„Der Schlafentzug", antwortete ich, „und das ständige Leben aus dem Koffer. Dazu die Anstrengungen, die der Körper unternehmen muss, um mit den Schichtdiensten gegen die eigene innere Uhr, den Zeit- und Klimaverschiebungen (drei Tage Kurzstrecke im Herbst, durch Barcelona, Wien und Moskau und sie wissen, was ich meine), der Höhenstrahlung, der trockenen Luft und den Druckverhältnissen an Bord klarzukommen. Und vielleicht, dass es nicht einfach sein wird, ein Privatleben aufrechtzuerhalten, wenn man seinen Freunden und Freizeitaktivitäten zwei Drittel des Monats komplett abhanden kommt." „Das alles stimmt", bekräftigte sie mich. „Doch ist das alles theoretisch. Was es wirklich bedeutet, davon machen Sie sich keine Vorstellung. Und der Körper gewöhnt sich nie daran! Rechnen Sie damit, dass sich Ihr soziales Umfeld Stück für Stück von Ihnen entfernt, weil Sie keine Zeit mehr für es haben werden. Die meisten Leute nehmen, wenn Sie Ihnen ziemlich wohlgesonnen sind, bis zu vier Absagen am Stück in Kauf. Danach wird auch langsam aber sicher das Interesse des geduldigsten Menschen schwinden. Sagen Sie ´Bye Bye` zu Ihren regelmäßigen Hobbies und Sportvereinen. Jeden Donnerstag um 19 Uhr an irgendetwas teilzunehmen – da glauben Sie doch selbst nicht dran. Über den Verdienst sind Sie sich ja sicher auch im Klaren. Und wenn Sie schon beim Rechnen sind, kalkulieren Sie gleich die Schlaf-, Gewichts- und Zyklusstörungen mit ein, die früher oder später auftreten werden, genau wie die ausgetrocknete Haut, die Krampfadern und die Bandscheibenbeschwerden." Ich lächelte weiter. Nein, nicht alles, was die besorgte Psychologin mir ausmalte, ist eingetreten. Meinen Bandscheiben geht's noch gut, auch wenn ich immer öfter mit Rückenschmerzen, vom Umherwuchten der schweren Trolleys, aus der Kabine gehe. Zyklusstörungen habe ich auch keine bekommen und die angedrohten Krampfadern sind bisher erst kleine Besenreiser. Doch nun sitze ich hier, zitternd und frierend, ohne Schlaf zu finden; eine Stunde, zwei, bis sich nach sage und schreibe 42 Stunden endlich die Augen schließen wollen und der Geist für ein paar Stunden zur Ruhe kommt. Ja, trotz aller Überspitzungen hatte sie nicht in allem ganz unrecht mit ihren Prognosen – und Sie machen sich ja gar keine Vorstellungen!

Es war einmal … ein langer, schaurig-schöner Kolumbien Umlauf
Blättern Sie nochmal durch die Seiten. Dann lesen Sie (falls nicht bereits geschehen) von unserem Aufenthalt in der kolumbianischen Hauptstadt, welcher zwecks Eis und Schnee, drei Tage anstatt der geplanten eineinhalb dauerte. Soweit so schön. Können Sie sich allerdings auch nur annähernd das Chaos vorstellen, welches einen erwartet, wenn nach zwei Tagen, die die Gäste auf Wartebänken im Terminal verbrachten, die erste Maschine wieder in die Heimat startet?

Eine Maschine, in die nun alle die Passagiere versuchen, Einlass zu finden, die im Normalfall auf drei Flugzeuge aufgeteilt worden wären. Zusammen mit ihrem Gepäck, was die Maschine schwer macht, sehr schwer. Weswegen man keinesfalls die kurze Landebahn benutzen darf, da man auf dieser eventuell nicht nach oben kommt. Können Sie sich vorstellen, dass der Tower in dieser Situation die lange Startbahn nicht freigibt und ein Kräftemessen beginnt, zwischen dem Fluglotsen und dem Kapitän? Es ist spät in der Nacht. Ein 11stündiger Flug liegt vor uns. Wir sind müde – hundemüde. Ich-hätte-vor-Müdigkeit-gerne-geweint-müde. Unsere Gäste, die zwei Nächte in Airporthotels oder auf Flughafenböden verbrachten, auch. Jetzt quetschen sie sich in die engen Sitzreihen und warten. Wir auch. Doch nichts passiert. Auch nach einer Stunde noch nicht. Auch nicht nach zweien. Inzwischen beginnen wir mit dem Service – am Boden (ohne Bezahlung von Flugstunden versteht sich!). Nach drei Stunden gibt sich der Kapitän geschlagen. Vollbeladen können wir nicht auf der kurzen Startbahn abheben, ohne immense Sicherheitseinbußen in Kauf zu nehmen. Also heißt es, Gepäck und Gäste wieder ausladen. Die erklärende Ansage lässt 300 Menschen, einschließlich der Crew, gleichzeitig aufstöhnen. Und jetzt kommt endlich Hilfe. Ein kolumbianischer Minister, der in der First Class Platz genommen hat, erbittet sich eine Audienz beim Kapitän. Eine Stunde und unzählige Telefonate mit zuständigen Ministerien später, bekommen wir die Startfreigabe – auf der langen Bahn. Die Gäste klatschen." I´m so tired, I haven´t slept a wink – I´m so tired, my mind is on the blink". Dass die Beatles Flugbegleiter waren, ist nicht überliefert, dennoch verstanden sie unseren Berufszweig offensichtlich ganz ausgezeichnet. Um 14 Uhr mittags komme ich endlich in Frankfurt an. Und hätte vor Müdigkeit gerne geweint.

Treffen sich zwei Schneeflocken, sagt die eine: „Und was machst Du?" Antwortet die andere: „ Ich geh nach Frankfurt und leg den Flughafen lahm."

Um 2.30 Uhr reißt der Wecker mich erbarmungslos aus meinem, so dringend benötigten, Schönheitsschlaf. Draußen herrschen ebenso erbarmungslose -15° Grad – gefühlte Temperatur -77°! Die Straße ist nur an manchen Stellen noch zugefroren. Auf diesen jedoch hätte man keinerlei Probleme, Übung vorausgesetzt, ein paar Pirouetten auf glänzenden Kufen zu drehen. Es ist, wen wundert´s, stockdunkel und in dieser eisekalten, unmenschlich frühen Finsternis beginnt nun auch noch ein Schneegestöber. Ich sterbe. Ja, ich könnte mich krank melden. Da wir nun aber nicht in ganzjährlich sonnenverwöhnten Gefilden leben und ich darüber hinaus noch ein gehöriges Maß Verantwortungsbewusstsein mitbekommen habe, fahre ich mit geschätzten 30 km/h bei einer Sichtweite von mal 1, mal 30 Zentimeter durch ein weißes Flockenmeer. Dreieinhalb Stunden später erreiche ich so meinen Arbeitsplatz. Am Flughafen, ebenfalls keine Überraschung, Komplettchaos. Drei Stunden laufen wir durch den inzwischen grauenden Hoch-Wintermorgen, vom Crewgebäude in den Bus, dann in den Flieger und wieder zurück; hören widersprüchliche Meldungen, sehen der Meldetafel der Ankünfte und Abflüge zu, wie sie sekündlich ihre Nachrichten ändert. Der Kapitän am Dauertelefonat mit der Creweinsatzplanung. Nächster Versuch: Wir hangeln uns am tiefgefrorenen Geländer entlang, um auf der vereisten Treppe nicht den Halt zu verlieren, unseren Rollenkoffer balancierend. Erneut checken wir die Beladung der Maschine. Eine weitere Stunde verrinnt. Es ist 11 Uhr früh. In der gesamten Zeit wurde keine einzelne Flugstunde meinem Gehaltskonto gutgeschrieben. Um 11.30 Uhr die „frohe Botschaft“ (passend zum nahen Weihnachten). Rien ne va plus – nichts geht mehr! Warnweste an, zurück zum Crewgebäude, Rutschpartie zum Parkhaus, Koffer einladen, Rutschpartie auf der Autobahn. Um 15 Uhr komme ich zuhause an. Fast muss ich weinen. Ach so, ne Planänderung gab´s übrigens auch noch. Nächster Dienstantritt morgen früh um 5!

Pleiten, Pech und Pannen

Das Fliegerleben ist voller ungeahnter kleiner Tücken. So schön die Erkundung neuer Weltteile auch ist, so wenig befinden wir uns auf einer nicht endenden Weltreise. Nein, wir sind im Dienst und als solches verpflichtet, ausgeruht, ausgeschlafen, verpflegt und service- sowie emergency-technisch gut vorbereitet, pünktlich auf dem nächsten Einsatz zu erscheinen. Das ist nicht anders als in jedem anderen Job der Welt. Sie können sich Wochenends ganze Nächte um die Ohren schlagen, ihr Chef wird sie dennoch am Montag frisch und fit für alle anfallenden Arbeiten in der Firma erwarten. Nun ist es meist nicht besonders schwierig von der heimischen Trattoria oder dem nahgelegenen Baggersee nach Hause zu finden. Anders bei Stewardessen. Geben wir doch immer alles, beim Weckruf auf dem Zimmer zu sein, da sonst eine großangelegte Fahndungsaktion nach uns eingeleitet wird, gelingt dies einigen Kollegen trotz bestens Willens nicht immer tadellos. Mich hat es zum Glück noch nicht getroffen, daher hier mal die schönsten Pannen aus dem „Layover“, so wie man sie sich erzählt …

Die kalifornische Küste wartet von Mexiko bis Kanada mit ziemlich beeindruckender Schönheit auf. Und hat man das unverschämte Glück, dort zwei Tage frei zu haben, kann man diese besser kennenlernen. Das Rauschen der Wellen im Ohr und den offenen Pazifik im Blick. Als die Crew den Kapitän anruft, der als Einziger nicht zum „Pick-up“ erschienen ist – hören sie selbst das Rauschen als Hintergrundmusik. Er steht kurz vor Seattle und hat sich leider um einen unbedeutenden Tag vertan.

Afrika. Ein Land voller Kontraste, Gegensätze, Magie – und Unwägbarkeiten. So kam es, dass sich eine Handvoll geschätzter KollegInnen auf den Weg zu einem unnahgelegenen Voodoo-Markt machten. In einem Mietauto aus dem Hotel. Auf der Schotterpiste zwischen Dschungeldorf und Hauptstadt blieb das Auto zunächst im Schlamm stecken, verlor im Weiteren seine Radkappen um schließlich mit rauchendem Motor gänzlich seinen Dienst zu quittieren. Die betroffenen Kollegen kamen noch zum Dienst – schlammverschmiert, in Flip-Flops und Khakihosen als die gesamte Besatzung inklusive Passagiere schon im Flieger saßen, welcher inzwischen mit dreistündiger Verspätung auf dem Rollfeld stand. Die „Dschungelqueens“ wurden von unseren Gästen trotz alledem mit großem Applaus begrüßt.

Vor Neapel liegt eine kleine hübsche Insel mit Namen Capri. Davor liegen Motorboote in der See herum. Eine Crew kam auf die nette Idee, sich eines dieser Böötchen auszuleihen um ein wenig vor Capri im Meer herumzudümpeln. Anker geworfen, Blau über und unter ihnen und wärmende Sonnenstrahlen auf der Haut. Blöd nur, wenn zur Aufbruchszeit der Motor nicht mehr anspringt. Das Telefonat mit dem Creweinsatz muss sich nett angehört haben: „Ja, guten Tag wir sind die Crew, die gleich die Maschine aus Neapel nach Hause bringen sollte. Stattdessen treiben wir vor Capri im offenen Meer …“

Tauchen, Segeln, Motorroller fahren, am Meer herumliegen oder auf Strandspaziergänge gehen ... all dies ist ganz besonders schön auf einer der kleineren Inseln vor Athen ... wie z.B. Aegina. Fast stündlich fahren auch die Fähren am Piraeus ab. Eine Kollegin bestieg eine solche Fähre und wunderte sich, dass sie nach drei Stunden noch immer nicht an ihrem Bestimmungsort angekommen war. Die verunsicherte Nachfrage bei der hilfreichen Schiffsbesatzung, brachte zwar keine Hilfe, aber zumindest Sicherheit. Die Fähre befand sich auf ihrem Weg nach Istanbul – nicht, dass es dort nicht auch schön wäre, aber, ihr wisst schon, alles zur rechten Zeit!

Du findest mich am Ende der Welt

Von Kängurus und Koalas

Australien. Land im Süden gelegen … Land am anderen Ende der Welt …

1788 als Sträflingskolonie gegründet, ist Sydney heute ein Schmelztiegel der Nationen: 92% seiner Einwohner haben europäische Wurzeln, 7 % stammen aus dem asiatischen Raum, mit nur noch 2.4 % bilden die Aborigines eine absolute Minderheit. Viele von ihnen haben sich mit der europäischen Einwandererschaft vermischt, dazwischen haben auch Italiener, Deutsche, Kroaten, Serben, Griechen und Asiaten ihr neues Zuhause gefunden. Und sie alle treffen sich am Circular Quay, auf dem Writers Walk, mit seinem modernen Museum, den auslaufenden Walbeobachtungsbooten und den hunderten Straßensängern – im Hintergrund die Berge der Blue Mountains im Eukalyptusdunst … die Oper und die Harbour Bridge.

Speaking of: Das Sydney Opera House, veranschlagt mit dereinst 7 Millionen Pfund, verschlang der Bau bis zu seiner Fertigstellung satte 102 Millionen. „Weißer Elefant“ nennen die Sydney-Einwohner ihre Oper. Mich erinnert das topasfarbene Glas zwischen den aufgetürmten weißen „Muschelschalen" eher an Haifischzähne – an Muscheln mit Haifischzähnen.

Sydney Habour

Angekommen in Sydney werde ich innerhalb Minuten zum Filmstar – ein Studententeam sucht freiwillige für ihr Projekt. Ich singe und tanze vor der Kulisse des Opernhauses und der Harbour Bridge und großer Ruhm wird mir dafür versprochen. Davon träume ich dann auf dem Writer´s Walk of Fame. Dem großen Hollywoodvorbild gleich, wurden metallene Gedenktafeln für australische Poeten, entlang des Circular Quay, in die Bodenplatten eingearbeitet, mit lyrischen Preisungen auf das Land der südlichen Sonne und der See. In Lyrik versinken vor dem Hintergrund des angestrahlten Opernhauses, untermalt von den sanften Tönen der singenden Zunft der Straßenkünstler. Die üblichen Verdächtigen: Bob Dylan, John Lennon und Leonard Cohen, alle vier Meter ein neues altbekanntes Lied. Dann, vor der Anlegestelle der Walbeobachtungsfahrten, tauchen plötzlich ganz neue Klänge auf. So absurd, skurril, verzückend, dass sich Menschentrauben auf dem Asphalt bilden. Spirit of the Land heißen die Jungs, die da mit Digderidoos auf dem Boden sitzen, große Boxen neben sich, aus denen elektronische Klänge klingen und Vögel singen, Frösche quaken, Wildtiere rufen, Wassertropfen plätschern ...

Sieben Jungs, einige mit Aborigine Wurzeln, einige ohne, die sich dem Land, der Natur, den alten Wegen und der Bewahrung der Schöpfung zugewandt haben und dieses kulturelle Erbe durch Musik, Kunst, Tanz, Performances weitergeben möchte, mixen munter Tradition, Naturklänge und Elektrobeats. Sehr cool klingt das und so feiern wir unsere Privatparty am Quay bis spät in die Nacht. Tanzen zwischen Aussie-Cowboys und Touristen am Pier; sich tragen lassen, von einem neuen, unbekannten Rhythmus, von einem neuen, unbekannten Lied. (unbedingt hier reinhören: Spiritoftheland.com.au)
Und früh am Morgen treffe ich bereits die nächsten Ureinwohner. Ganz zahm und friedlich sind sie und rücken sofort nach, wenn ich mich nur einen Zentime-

ter wegbewege, um weiter gekrault und gestreichelt zu werden. Ganz genauso wie Katzen, doch Koalas, Kängurus und Wallabys schnurren nicht. Kuschelig weich und überglücklich machend sind sie trotzdem.

Von Haien und Quallen

Airlie Beach lässt sich stundenlang am Meeresstrand entlang ablaufen. Das Wasser schimmert verführerisch kristallklar, doch Vorsicht: In seinem Innern tummeln sich lebensgefährliche Bewohner. Nicht nur der Hai, vielmehr winzig kleine, unscheinbare, durchsichtige Quallenarten, deren Berührung schwerste Krankheitssymptome, Bewusstlosigkeit, Atemstillstand und das frühe Ende bedeuten kann. Das Paradies um sich, den glitzernden Ozean vor der Tür und eine Qualle als Spielverderber. Neoprenanzüge können das Risiko um bis zu 85% verringern. Handschuhe und Tauchflossen eingeschlossen, lassen sie nur noch ca. 8% des Körpers ungeschützt den Gefahren ausgeliefert. Wer indes ganz sichergehen will, weil er meint, seine Zeit sei noch nicht gekommen, der hüpft lieber in die Lagune: ein angelegtes Salzwasserbecken am Meeresstrand – Palmen, Sonne und Abkühlung gibt's dort garantiert auch – Quallen (und Haie) hingegen garantiert nicht!

Von Korallen und Regenbogenfischen

Unser Schiff treibt vorbei an verrosteten Öllastern, halbverfallenen Schleppern und Schiffsgerippen; Fabriken, Laderampen, Industrieanlagen – im Hintergrund schimmern im Dunst diesig die Berge. Dies könnte auch Deutschland sein, im Hochsommer, aber es ist Australien. Nur kurz darauf ändert sich die Szenerie in etwas sehr sehr Schönes …

Wir kreuzen in der Korallensee. Hunderte von Kleinst-Inselchen, braune Farbtupfer auf türkisfarbenem Untergrund. Korallensee – das ist genauso schön, wie es sich anhört. Hellleuchtendes Babyblau, strenges Preußischblau, grünliches Russischblau, Mitternachtsblau, taubengraublau, bläulich schimmerndes Weiß, Türkisblau, Azurblau, Himmelblau und ein hellschattiertes Violettgrau vereinen sich zu einer melodisch-rauschenden Symphonie.

Ich lausche ihr, bis die Dunkelheit übernimmt, Möwen kreischen und ansonsten nur noch ein tosendes Rauschen zu vernehmen ist, welches mit dem Wind das weite offene Meer erahnen lässt …

Als ein Nebenmeer des Pazifik, beherbergt die Korallensee unzählige Korallenatolle, Koralleninseln und Korallenbänke. Darunter das Great Barrier Reef, eine Kette von über 2000 Korallenriffen 16-240 Kilometer vor der Nordostküste Australiens. Es ist mit über 2600 km die weltweit größte Ablagerung von Korallen und wird von zahlreichen Inseln und Atollen überragt. Auf 600 000 Jahre schätzt man sein Alter. Mehr als 14 000 Tierarten bietet dieser Lebensraum ein Zuhause. 1500 Fisch- und 300 Korallenarten existieren nur hier. Korallen selbst bestehen aus kalkhaltigen Skeletten winziger Wassertiere, welche eine Symbiose mit Algen eingegangen sind. 1981 wurde es von der UNESCO zum Weltnaturerbe erklärt.

Und dann stehe ich selbst an diesem größten Korallenriff der Welt. 25 Millionen Jahre dauerte es, bis die heute 2900 Riffe und 600 Inseln diesen 2600 km langen Wall bildeten, gebaut aus Skeletten winziger Korallenpolypen. Zu den 1500 Fischarten, die ausschließlich hier vorkommen, zählen der Husarenfisch, der Borstenzähner, der Gelbschwanzschnapper …

Leider ist dieses hochsensible Ökosystem extrem in seiner Existenz bedroht. Klimaveränderungen und damit ein Ansteigen der Wassertemperatur, Wirbelstürme und nicht zuletzt der Massentourismus und die damit einhergehende Umweltverschmutzung, auch des Meeres, lassen befürchten, dass dieses einzigartige Naturwunder, wie so viele mit ihm, nicht mehr von unzähligen Generationen bewundert werden kann.

Die Whitsunday Islands sind eigentlich die 74 Gipfel einer im Meer versunkenen Bergkette und beheimaten unter anderem große Brutkolonien verschiedenster Seevögel.

Wassertemperaturen zwischen 20 und 30 Grad lassen einen Schnorchelaufenthalt im Meer rund um die Korallenbänke mehr als verlockend erscheinen. Und doch hat das Paradies seine Schwachstellen. Ohne Ganzkörperneoprenanzug, inklusive Taucherflossen und Handschuhen sollte man sich an diesen Stränden besser nicht ins Wasser wagen, wenn auch auf den Touristenflyern junge Pärchen verliebt in hipper Bademode durchs Meer waten. Unscheinbar, durchsichtig fast, haben hier ebenfalls mehrere, schon bei Berührung lebensgefährliche Quallen, ihre Heimat. Gleiches Recht für alle und so wurde auch an dieser Stelle ein großer Pool direkt an die Strandpromenade gebaut. So bleibt wenigstens ein kleiner Trost für alle, die auch noch all die anderen Ecken der Welt kennen lernen möchten …

In Cairns angekommen, begibt man sich am allerbesten auf schnellstem Wege zum Pier und hüpft auf eines der vielen Speedboote, die einen in etwa 45 Minuten nach Green Island bringen: ein tropisches Paradies mit schneeweißen Sandstränden und dichtem Regenwald, umsäumt vom weltgrößten Korallenriff. Für um die 80 australische Dollar begibt man sich auf einen Ganztagesausflug zur Trauminsel, Regenwald und Korallenriff – inklusive Fahrt im Glasbodenboot über den funkelnden und lebendigen bunten Meeresteppich. Riffhaie, Clown-, Tiger- und Regenbogenfische sind vom Steg aus zu beobachten, wie sie sich über den schimmernden Meerboden schlängeln.

Green Island (Wunyami) ist von größter kultureller Wichtigkeit für die die Guru-Gulu Gundgandiji Aborigines. Sie teilen heute ihr Wissen um ihr Land, das Meer, die Schöpfung, Nahrung und Heilung aus der Natur, sowie die Beziehung zur Erde und allem Lebenden mit der jüngeren Generation, durch Musik, Tanz,

Kunst und Geschichten, in der Hoffnung, diese dadurch für noch viele weitere Nachkommen zu bewahren.

Der Pfad durch den Regenwald macht eine Biegung, vor mir eröffnet sich ein vollkommen einsamer, schneeweißer Sandstrand. Ich schnappe nach Luft. Völlige Stille. Im Wasser schimmern kristallklar Korallen; Riffausläufer auf denen bunte Vögel nach Muscheln, Fischen oder Korallen picken. Die Hochglanz PR Broschüre von gestern kommt mir in den Sinn: „Next Stop is Paradise“ und vollständig hilflos fühle ich mich im Versuch etwas weniger klischeehaftes zu fühlen.

Hüpfende Fischschwärme entspringen im Minutenrhythmus dem Meer, Clown-, Tiger- und Regenbogenfische. Vereinzelt ein Riffhai, welcher zwischen den Korallenformationen schwimmt. Leider auch Sandfliegen aber gegen das lästige Jucken helfen die kleinen weißen Beeren, welche an den Büschen im nahen Regenwald hängen. Schneeweiß-vertrocknete Baumgerippe am Strand, auf denen Reiher oder ihre Australien-Pendants sitzen. Weit draußen, Taucher im Neoprenanzug. Ein Uhu-ähnlicher Ruf aus dem Regenwald, feuchtwarmer Sand und riesige Fischschwärme die vorbeiziehen. Die Luft, ein Gemisch aus Algen-, Muschel- und Salzwassergeruch, fühlt sich samtweich an, der Sand eher kratzig auf der Haut. Geschmack von Salz und frischen Wassermelonen auf den Lippen.

Meine Füße malen kitschige Figuren in den Sand, Herzen und Sterne, schreiben Namen, bauen Häuser auf und aus Sand. Ein einzelner Mensch kommt – und geht.

Der Strand ist wieder leer, bis auf ein Paar Stelzenvögel, angeschwemmte Algen und verwaiste Schneckenhäuser; auf dem Boden des Meeres schimmert es marineblau, goldgelb, elfenbeinfarben, violett, cremeweiß, beige, schwarzbraun und tannengrün. Unzählige Fischarten suchen zwischen den Korallen Schutz und Nahrung, Verstecke und Unterschlupf.

Das große Blau rauscht – vom Nebenbalkon dringen Gitarrenklänge. Wellen türmen sich auf, werden wieder vom Ozean verschluckt. Eine sich sekündlich verwandelnde Welt und damit fast eine Metapher für unser Leben und vielleicht lernen wir von ihm nicht stehenzubleiben, nicht festzuhalten wenn die Zeit gekommen ist, um weiterzuziehen, denn auch das neue Bild wahrt die Harmonie, die Schönheit, den Gleichklang – fast eine Beschreibung des Reisens selbst.

Am Horizont ist ein Gewitter aufgezogen. Orangegelbe Blitze durchziehen die Luft, unterbrochen von Wetterleuchten. Das Meeresrauschen übertönt den Donner, Regen peitscht über die Wellen und der Wind malt wilde Wolkenspiele an den dunkelgrau-schattierten Himmel.

Im Abendrot schimmern die Hügel der Inseln nur leicht hervor, um sie legt sich das diesige Blaugrau – einzig ein Schatten zwischen Himmel und Meer. Salzwasser im Gesicht. Beständig immer weiter, ausgesetzt der gewaltigen Kraft der Elemente ...

Von Krokodilen und Baramundis

Nicht nur Koalas und Kängurus, Leguane und Geckos, sondern auch Fische lassen sich hier gerne streicheln. Auch wenn man sie mit etwas trockenem Brot becircen muss. Aber das Überredungs-Manöver funktioniert ausgezeichnet. Am Doctor's Gully in Darwin kommen sie, täglich bei Ebbe, zu Tausenden angeschwommen. Quasi das Äquivalent einer Suppenküche – nur eben für Fische.

Carl Atkinson begann um 1950 damit, Brotstücke am Doctor's Gully ins Wasser zu werfen, um damit ein paar kleine Fische pro Tag zu beglücken. Heute kommen hunderte freundliche wilde Fische auf der Suche nach einer Gratis Mahlzeit pro Tag vorbei, über 20 verschiedene Arten. Inzwischen sind sie „handzahm" und lassen sich gerne streicheln, so man sie denn zuvor mit dem bereitgestellten Futter bestochen hat. Regelmäßig erscheinen hier beispielsweise Fledermausfische, Welse, Meeräschen, Milchfische, Brassen, Baramundis, seltener aber auch Rochen oder Papageienfische. Ein kleiner Baby Blauhai kommt angeschwommen, schnappt nach dem Brot – es zwickt, in etwa so, wie wenn eine Gans zuschnappt. Ein bisschen aufpassen müssen wir, denn gestern sind giftige Würfelquallen gesichtet worden. Ich kann nicht aufhören, die Fische zu streicheln, sie gleiten unter meinen Händen hinweg, saugen leicht an meinen Fingern. Nach eineinhalb Stunden bin ich klatschnass. Die Flut steigt, Wellen schwappen über mir zusammen, Uhr und Armreife komplett durchgerostet, meine Jeans klebt eng an meinem Körper. Salzwasser rinnt aus den Haaren, trocknet an Hals und Wangen; glitschige Fischhaut gleitet durch Hände, schlängelt sich durch Unterschenkel. Gedränge von hunderten Fischen. Schnappen nach Luft und Brot, große Rochen, kleine Brassen, hunderte Welse im Kampf um die besten Stücke. Nuckeln an Fingern, wildes Wuseln, Zutraulichkeit und fast so was wie Zärtlichkeit – die leider mit den letzten Brotkrumen ganz schnell zuende geht. Manchmal kann man sich Liebe also doch erkaufen.

Box Jellyfische, Seewespen, Steinfische, Haie – Schlangen, Skorpione, Giftspinnen, Krokodile … Dafür dass hier alles so potentiell lebensgefährlich ist, sind die Einwohner ziemlich tiefenentspannt – und wie könnten sie auch nicht? Richtig fies ist eigentlich nur, dass man solche Traumbuchten vor der Nase hat und sich trotzdem nicht in den Ozean werfen kann, denn die erwähnten Würfelquallen, Seewespen und Haie machen die möglichen Nebenwirkungen des Schwimmens hier wenig erfreulich.

Ben, Rastafrisur, Holzketten, zerrissene Jeans, leistet mir beim Mittagessen Gesellschaft. Hier ist Backpackers Paradise, mit leckeren Thai-Imbissen, Irish Pubs, mehr Hostels als man zählen könnte, fast ebenso viel Abenteuer und Safari-Touranbietern, Kunstgalerien und Bushphotografie-Austellungen. Er erzählt mir die Anekdote von den guten Schwimmern in Darwin, die wegen der Krokodile sehr schnell sein müssen. Die schnellsten von ihnen treten bei Olympia an, die langsamsten bei den Paralympics.

Als kleine Extra-Anekdote dazu sei erwähnt, dass diese Krokodile mit solcherlei Aktionen ihr Leben in freier Wildbahn leider beenden und in eigens für sie eingerichtete "Strafanstalten" gebracht werden. Dort geht es ihnen allerdings ganz gut und interessierte Touristen können ihnen für Geld einen kleinen Besuch abstatten. Die „Crocodile´s Cove“ in Darwin ist z.B. eine solche „Rehaeinrichtung“ für gestrandete, straffällige Krokodile.

Häh, was macht das Pferd im Hühnerstall

Ich bin nicht wie alle anderen. Fast alle meine Kollegen sind glücklich, wenn sie zuhause sind. Nicht die Koffer einpacken müssen. Und wieder auspacken. Und dann gleich wieder ein. Bei Robert Lembke musste eine typische Handbewegung in Verbindung zu einem Beruf gebracht werden. Ich hätte da ein Geräusch anzubieten. Meinen Rollenkoffer, der hinter mir auf dem Asphalt scheppert – Sonntags, Samstags, Wochentags, Morgens um 4, Mittags um 3, Abends um 10 oder Nachts um 3. Fragen Sie meine Nachbarn. Drei Schritte und die ganze Straße weiß: gleich hebt sie ab – oder umgekehrt. Doch ich schweife ab. So ein Koffer der drei Wochen lang unangetastet in seiner Ecke steht kann für eine durchschnittliche Flugbegleiterin ein ganz schön schöner Anblick sein. Ich bin nicht wie alle anderen.

Auch eine Stewardess hat also ein Privatleben in dem sie manchmal, nicht oft, aber doch hin und wieder, auf die glorreiche Idee kommt, mal Urlaub zu machen. Ferne Länder sehen, ohne dafür in kräftezehrenden Nachtschichten Rührei und Kaffee zu servieren und dazu massenweise Müll einzusammeln klingt ja auch nur allzu verlockend. Was sie dann erlebt, kann sich allerdings als so ganz anders als erholsam erweisen, wie folgende kleine Begebenheit anschaulich illustriert. Vielleicht sollte ich doch einfach mal zuhause bleiben …
Wurmartig zusammengekrümmt und ächzend am Boden meiner Schiffskabine. Wellen schlagen meterhoch an den Bug, werfen das Boot nach links und rechts und wieder zurück. Ungesicherte Gegenstände im Zimmer wirbeln unkontrolliert herum, alle Balkone gesperrt, Spucktüten im gesamten Schiffsinnenraum verteilt. Seestärke 8 und Seekrankheitsstärke 2. Was, Sie kennen die 4 Stufen der Seekrankheit nicht?

Stufe 1: Sie fühlen sich sterbenselend, zittern und übergeben sich. Ihnen ist so schlecht, dass Sie nicht mehr aufrecht stehen können und das Geschaukel nur noch in der Horizontalen irgendwie aushalten können. Schweißgebadet liegen Sie dort, bis die nächste Brechattacke Sie aus Ihrem Bett zwingt.
Stufe 2: Die Übelkeit hat zugenommen, der Schwindel und der Brechreiz ebenfalls und nun denken Sie, Sie müssten oder würden sterben.
Stufe 3: Sie wünschen sich, zu sterben.

Stufe 4: Sie realisieren, dass man an Seekrankheit nicht sterben kann.

Was hat mich geritten, mich auf diese Fahrt zu begeben? Die Aussicht auf Sonne im schneesturmgeschüttelten Februardeutschland? Erholung statt hartem Arbeitsalltag? Die Entdeckung eines neuen Kontinentes? Was auch immer es war, hier auf dem 70er Jahre Teppich meiner Kabine fühle ich mich fast wie ein Blumenkind – mit viel zu viel halluzinogenen Substanzen im Blut.

Immerhin verhindert dieser an sich unerfreuliche Umstand, ein weiteres abendliches Trauerspiel am Buffet und hat dann damit auch wieder sein Gutes. Gestern zum Frühstück gab es bspw. Obstsalat, heißen Tee und das zweifelhafte Vergnügen der Gesellschaft eines Ehepaares, welches geschlagene 45 Minuten kein einziges Wort getauscht hat – mit niemandem! Am Vorabend saß ich hingegen einem ca. 55 Jahre älteren „Gentleman" gegenüber, der nach dem Digestif ohne Vorwarnung begann, mich zu duzen und dazu eifrig abtastete, good Lord!

Aber nein, nicht jedes Dinner verlief nach diesem Schema. Da gab es noch Geschichten über Rheuma, Arthrose, Herzversagen und den letzten Stuhlgang von vorletzter Woche.

Viel abwechslungsreicher gestaltete sich da schon das Tagesprogramm. Vorträge über Schon- und Reizklima, Beckenbodenschwäche und das Manövrieren des Rollators in den engen Schiffsgängen, gewürzt mit etwas Gymnastik an der Reling und dem obligatorischen Bingo. Sind Sie über 75 Jahre, haben Sie hier vielleicht die Zeit ihres Lebens, vielleicht aber auch nicht. Sind Sie 35 vergeht hier jedenfalls viel wertvolle Lebenszeit. Momentan fühle ich mich in dieser Gesellschaft so wohl, wie eine 14jährige im Kindergarten, eine 40jährige auf einer Abi Feier, eine Rentnerin in einem DeepHouse und HardTrance Club – oder, wie mein Mathelehrer (im verzweifelten Versuch seinem, eher begriffsstutzigen, Grundkurs Matrizenrechnung näherzubringen) immer zu sagen pflegte: „Häh, was macht das Pferd im Hühnerstall?"

Mitunter fange ich mitleidige Blicke von meinen liebenswürdigen Mitreisenden auf und ebensolche Worte: „Ach, Sie Arme, für Sie gibt es ja hier gar nichts zu tun!" Das stimmt so nicht ganz. Morgens früh um 6 startet die sanfte Morgengymnastik für Frühbegeisterte. Mittags lerne ich häkeln und wie man Emails versendet. Am Abend bin ich dann schon fast zu erschöpft zum lustigen Volksmusikabend oder zur Modenschau mit den neuesten Großpunkt-Hauskleidern der Saison.

Aber alles geht einmal zu Ende, das zum Trost.

Heute Abend gestaltet das Meer unser Programm und die Natur sorgt doch immer wieder für Gleichberechtigung. Generationsübergreifend fühlen sich heute zumindest alle besch…

Schuld daran ist übrigens ein Zyklon, welcher auf den hübschen Namen „Rusty" hört – bevor wir in seine Ausläufer gerieten, wusste ich nicht einmal was ein solcher ist. Doch ein Gegenrezept macht bereits die Runde: russische Stabilisatoren. Ein Wodka fürs rechte Bein, ein Wodka fürs linke Bein – in Notfällen auch zwei für jede Seite. Und wenn auch dieses Rezept versagt? Dann war der Wodka schuld daran.

Einmal Himmel und zurück – Lebe Deinen Traum

„Wir haben alle Träume – nur dass manche unermüdlich darum kämpfen, ihre Bestimmung zu erfüllen, wie hoch das Risiko auch sein mag, während andere ihre Träume einfach ignorieren aus bloßer Angst zu verlieren, was sie besitzen. Ihnen wird niemals bewusst, welchen Sinn ihr Leben eigentlich hat“ – Sergio Bambaren

„Gestern war ich in ... nachdenkliche Pause ... Kolumbien!“ Mein Lebensstil ist inzwischen zu dem einer Nomadin, Vagabundin geworden. „Where´s my gypsy wife tonight“ fragt sich Leonard Cohen und manchmal frag ich mich das selbst. Dienstags chévre chaud, Aktmaler und Bohemien Style auf dem Montmartre, sonntags auf Rikshaw Tour durch Delhi´s Hintergassen und freitags auf Pferderücken durchs mexikanische Hinterland.

Pures Leben, ungeplant, unbeständig, mitreißend und zutiefst berührend. Die Chance bekommen, meinem Traum näherzukommen, zu leben ... Elefanten im indonesischen Dschungel geritten, barfuß durch matschige Reisfelder gewatet, Koalas und Kängurus im australischen Outback gestreichelt ... erfüllt und glücklich ... Unerreichbar jedoch machmal, denn meinen Adern fließt Nomadenblut, Gypsy-Rhythmus und Abenteurergeist ... Die wilde Piratin, die Zigeunerin, die nichts so sehr wünscht wie ein wildes Leben im weiten offenen Land scheint nicht aufzuhalten ... Sie träumt von niemals endenden Weltreisen, von Sternenregen, Wolkenspielen, Möwenkreischen, hohen Wellen am Bug, durchtanzten Karibiknächten und Wildpferden zwischen Lavendelfeldern. Von Morgengrauen über Eisbergen und schottischen Elfenlandschaften im Nebelschleier, von Sanddünen und Hitzeflimmern, von Äffchen in Tempelhöhlen und Curryreis aus Lorbeerblättern und all das verbunden mit den Winden der Meere und dem Singen der Kolibris.

„Träumen Flügel verleihen“ – der Text meiner Visitenkarte, gelegt über die Hügelkette schneebedeckter Berge: Mein Reisebegleiter schmunzelt. „Mein Lebensmotto“ sage ich. Er schüttelt den Kopf: „das ist aber mehr als tiefgestapelt!“

Elefantenritt durch den Regenwald, Fallschirmfliegen über dem offenen Ozean, Mojito und Rumpunsch auf dem schaukelnden Katamaran – Möwenschreie über mir, tanzen am Pier mit australischen Cowboys, Ziplining über sprudelnde Wasserfälle und tiefe Abgründe in Südamerika, rasante Rikshaw-Fahrten durch wildbuntes indisches Markttreiben, mit Wildäffchen spielen auf

Bali, kuscheln mit Kängurus und tiefverschneite Waldspaziergänge in den Rocky Mountains – leuchten meine Augen so sehr?

Mit 15 schrieb ich: Mein Wunsch ist es, eines Tages am Strand, am Lagerfeuer zu sitzen, Gitarre zu spielen, mich frei wie ein Vogel fühlen zu können. Dieser Wunsch verließ mich nicht – nie.

Und eines Tages tritt man zur Tür hinaus und man spürt, irgendetwas ist anders. Der Wunsch, einfach loszugehen, ohne Ziel, ohne Sicherheit und ohne zu wissen, was einen erwartet. Man geht einfach. So begann meine Reise vor langer Zeit. Sie führte mich durch unzählige Länder, unterschiedliche Kulturen und brachte mich mit den verschiedensten Menschen – vor allem aber mit mir selbst und meinen wahren Wünschen – in Kontakt. Ich liebe diese Reise. Ich liebe meinen Beruf. Diese Erfahrung ist eine der Wertvollsten, die ich in meinem Leben erleben darf. Eben noch völlig Fremde, öffnen plötzlich ihre Häuser, ihre Herzen – teilen ihr Essen, ihre Ansichten, ihr (Anders-)Sein. Dabei lassen sie einen zurück: beschenkt, beglückt, bereichert. Sie erweitern den eigenen Horizont, die eigene Wahrnehmung, das eigene Bewusstsein.

Es gibt nicht nur schöne Momente auf dieser Reise. Aber die Erfahrungen, die Abenteuer, die Menschen, die Erinnerungen, so man sich mit ganzem Herzen auf diese einlässt ... zaubern einem ein Lächeln auf die Lippen und den brennenden Wunsch ins Herz ... nach der nächsten Straßenecke, hinter der das nächste unbekannte Abenteuer wartet. Nach den nächsten Zielen dieser Welt, dahin, wo sie am schönsten ist, am lautesten, am buntesten, am verletzlichsten.

Planlos – in einem fremden Land. Wenn in der Luft ein Versprechen liegt, dass jederzeit etwas Unerwartetes passieren könnte, das hinter jeder Wegabzweigung, Neuigkeiten darauf warten, entdeckt zu werden. Wenn jede Begegnung Überraschungen bereithält, die so gekonnt aus dem Alltag entführen – und Abenteuer warten ... am Ende jeder Straße.

Jeder Mensch, jede Situation, jeder Ort hat etwas ganz Besonderes zu geben. Was es ist, muss man selbst herausfinden. In meinem Beruf überfliege ich Grenzen, lasse Altvertrautes, Altbekanntes hinter mir; breche ständig auf ein Neues auf, zu neuen Horizonten, zu neuen Herausforderungen – im Himmel wie auf Erden.

Gebe mein Allerbestes, damit Menschen mit einem Lächeln an ihrem Zielort ankommen. Lasse mein westliches Denken hinter mir, um zu verstehen und dem Fremden vorurteilsfrei begegnen zu können. Lasse mich ein, mit ganzem Herzen. Lasse los, was mich beschwert, um fliegen zu können. Und am Ziel angekommen, lasse ich mich treiben und hineinziehen in das ganze laute, bunte Leben was dieser Ort und seine Bewohner zu bieten haben. In seine Gerüche, Geschmäcker, Hinterhöfe und Hinterecken, seine Markthallen und Sandstrände, seine Sonnen- und Schattenseiten, seine offensichtlichen und verborgenen Wunder, seine Kunst und Architektur, seine Musik und Lebensart, und in all das Fremde, Kuriose, Skurrile; in das was Unverständnis hervorruft und Staunen. In das, was mich meine Ansichten und mein Weltbild in Frage stellen, mich selbst hinterfragen lässt und Auftauchen mit neuen Erkenntnissen, neuen Erfahrungen und neuem Bewusstsein.

Das ist es, was mein Leben ausmacht, als hauptberuflich Reisende, als moderne Nomadin oder, wie wir früher hießen, lange bevor wir zur Saftschubse degradiert wurden: als Königin der Lüfte.

Das wirklich Schöne an der Arbeit mit Menschen ist auch, dass es nicht mehr als ein offenes Lächeln braucht, damit sie sich zuhause fühlen. Damit sie das Gefühl haben, wertgeschätzt und ernstgenommen zu werden. Damit sie antworten können, in der einzigen Sprache, die so universell ist, dass sie jeder versteht. Mehr braucht es oft gar nicht. Alle Menschen reagieren unmittelbar darauf, was ihnen entgegengebracht wird. In meinem Beruf wird jeder noch so kleine, von mir selbst unbemerkte, Gesichtsausdruck in Sekundenschnelle von einer riesigen Menschenmasse wahrgenommen und mir zurückgespiegelt. Erstaunlich, wie leicht es damit allerdings auch ist, Stimmungen zu steuern und an Bord ganz und gar beglückende Erlebnisse zu haben und Situationen zu erleben.

Nachhilfe zum Leben gibt es quasi gratis dazu: nicht festzuhalten, ist höchstwahrscheinlich eine der schwierigsten und wichtigsten Lektionen die man beim Reisen lernen kann. Am besten ist, man legt sich, wie beim Fallschirmspringen, in den Wind und lässt sich von ihm an neue, unbekannte Orte tragen – zu neuen Zielen und neuen Abenteuern am ganz andern Ende der Welt!

Und wenn die Salzkruste auf deiner Haut trocknet und die Wüstensonne dich verbrennt und die Eiseskälte dir Tränen in die Augen treibt, samtige Rochen und raue Elefantenhaut dich streicheln, Zikaden musizieren zwischen rauschendem Bambus, das Adrenalin am Stahlseil und im Speedboot durch deinen Körper rauscht, Äffchen im wilden Tempo an dir vorbei durch den Canyon rasen und Delfine im klirrendkalten Ozean mit dir spielen; wenn karibische Musik dich mit sich reißt, Wale dir ihre Sprünge zeigen und Elche gemächlich an dir vorüberziehen, auf Kanutouren durch schwedische Wälder. Dann weißt du wie sich Leben anfühlt und Intensität und sprudelnde Felsbäche um deine Füße und zarte Fledermäuse an deinen Wangen. Und du fühlst dich unbändig lebendig.

Während das normale Leben so vorüberzieht, ist es leicht, seine Träume aus den Augen zu verlieren. Da draußen in der Welt jedoch, ist kein Tag wie der andere. Jeder Moment signalisiert einen neuen Anfang. Orte, Städte, Kulturen, Länder, Menschen – nichts in meinem Leben ist heute so wie gestern! Das Neue, Aufregende, Andere, Abenteuer in jeder Begegnung, jeder Erfahrung, hinter jeder Ecke ist allgegenwärtig. Change Ahead! Ein neues Abenteuer, eine neue Herausforderung, eine neue Begegnung wartet gleich hinter der nächsten Biegung.

Beim Reisen geht es, genauso wie in meinem Beruf und in der Begegnung mit jedem Menschen, immer noch in allererster Linie um Freundlichkeit und ein offenes Herz. Was dann zu uns zurückkommt ist einfach unbeschreiblich. Darum bin ich dem Reisen und dem Dienst an Menschen so komplett verfallen. Tu etwas Gutes und die Welt wird sofort ein schönerer Ort. Es bedeutet allerdings auch, dass wir uns auf dem Weg neu erfinden und unser westliches Denken und Fühlen ablegen – manchmal leichter gesagt als getan – doch dann wird es sofort zum fantastischen Traum. Und für seine Träume zu leben, alle seine Wünsche zu erfüllen, ist immer noch das, was uns wirklich glücklich macht!

„Stewardess ist ja wirklich der absolute Traumberuf!" – Ja, wenn Sie daran glauben, dass eine Ehe auch genauso läuft, wie in einem Hollywoodfilm. Wenn Sie gerne für lange lange Zeit, all ihre eigenen Bedürfnisse zurückstecken um stattdessen die Bedürfnisse der Anderen zu erfüllen. Nachts gerne lieber Rührei servieren, anstatt zu schlafen und demzufolge mit ständiger Müdigkeit kämpfen. Liebend gerne auf ein soziales Leben zuhause verzichten möchten, denn dieses ist quasi nicht mehr existent. Wenn Sie, darüber hinaus, den Großteil Ihrer Zeit in einer länglichen Röhre verbringen möchten, um Menschen Essen und Trinken zu servieren, was diese gar nicht haben wollen; gerne Verantwortung für so gut wie alles übernehmen, was bei einer durchschnittlichen Flugreise so alles schiefgehen könnte – und dabei weiterhin lächeln möchten. Mit viel Freude, morgens um 1, 2 oder 3 aufzustehen, morgens um 10 von einem fast 20 Stunden Dienst zu kommen oder am Wochenende, an Ostern und an Weihnachten zu arbeiten (ich sage nur: Heiligabend 5.01 Uhr – St. Petersburg) und bereit sind, sich finanziell ziemlich einzuschränken. Viele weitere Hobbies bereit sind, getrost zu vergessen. Dann können Sie sehr viel Spaß haben und vielleicht sogar richtig glücklich werden.

Was Sie dann aber daraus machen, liegt ganz allein in Ihrer Verantwortung. Sie müssen sich nicht die Welt angucken. Es ist ebenso gut möglich, sich Badehose, Bügelwäsche oder Steuererklärung mitnehmen – lachen Sie nicht, es gibt mehr als genug, die das tun! Auch ich bekenne mich schuldig, mit Arbeit ins „Layover" geflogen zu sein. Man kann auch um die Welt reisen, ohne die Wildheit, Buntheit und das schillernde Leben darin wahrzunehmen. Und man könnte sich auf die Opfer konzentrieren, die für diesen Job gebracht müssen – und dies, das sage ich ehrlicherweise, sind nicht wenige. Man kann sich immer auf die Erschöpfung, die Müdigkeit, die Anschuldigungen der Passagiere, den Schlafentzug und das fehlende Social-Life fokussieren. Und wenn Sie ein Mensch sind, der auch in Deutschland nicht die Wildblumen am Wegrand und die Marienkäfer in der Luft wahrnimmt, dann wird´s wahrscheinlich in Mexiko nicht anders werden. Auch wer lieber in der Sicherheit des Altvertrauten bleiben möchte, sollte einen anderen Beruf für sich wählen. Für alle die, die immer auf der sicheren Seite sein wollen, ist dieser Beruf und dieses Leben einer modernen Nomadin nicht geeignet – aber wollen Sie das wirklich?

Wenn Sie sich allerdings mit offenem Herzen auf diese Reise begeben, wirklich glücklich damit sind, Menschen glücklich zu machen, den sicheren Hafen einzutauschen gegen den offenen Sternenhimmel, Neuem zu begegnen und bereit, überall die Wunder am Wegrand zu suchen, dann garantiere ich Ihnen – viel besser wird's nicht mehr.

Ich würde einfach mal behaupten: wenn man mal die Möglichkeit außer Betracht lässt, gar nicht mehr arbeiten zu müssen, weil man mehr Geld als genug hat, man also demzufolge einen Job braucht, dann ist dieser hier so ziemlich der Beste, den man kriegen kann – für mich zumindest stimmt das! Auch wenn an manchen Tagen dieser Job alles andere als der Himmel auf Erden ist. Wenn ich mir auch so sehr die Zeit wünschen würde, Orte und Stätten nicht nur oberflächlich skizzieren zu können, sondern zu portraitieren – die tibetische Bauersfrau, die heiligen Zeremonien der Landbevölkerung, die Geheimnisse hinter den touristischen Darbietungen, die Tänze, Bräuche, Riten der Menschen, die einen Ort erst zu dem machen, was er ist; die seine Seele, sein Ausdruck und sein Atem sind. Allein, 2-12 Stunden Aufenthalt in einer Stadt reichen dafür bei weitem nicht aus. Für Eiscafé am Meer, ja – für Exkursionen ins Landesinnere, leider nein. Wer wirklich reisen will, mit allen Sinnen, der spart wohl lieber für seine nächste Abenteuertour. Wer hingegen gerne mal den heimischen Biergarten zum Feierabend vertauscht, gegen die spanische Trattoria, das kroatische Clubschiff, den asiatischen Fluss oder kalifornisches Strandfeeling, dem wünsche ich ganz viel Spaß beim Ausprobieren!

Oft gefragt, doch ich kann beim besten Willen nicht mehr sagen, was mich am meisten beeindruckt und begeistert hat: mit Delfinen zu schwimmen im offenen Atlantik, Schildkröten und Rochenbegegnungen in der Karibik, Jet Ski oder Paragliding übers offene Meer. Steilklippen und Bananenplantagen, kalte unwirkliche Mondlandschaften aus Stein, Eis und Gletschern im Eismeer, grüntanzende Nordlichter über Neufundland, Pasta und Amaretto über dem ligurischen Meer, Sternschnuppen, welche kreuz und quer über den Himmel fallen kurz vor Napoli, dazu den Geruch von Bougainville und Jasmin in der Nase. Die netten Begegnungen mit Menschen von überall aus der Welt, galoppieren durch kakteenbewachsene Weiten, spazieren durch endlose violette Lavendelfelder, während einen der Duft fast betäubt, barfuß die Nacht am Strand verbringen, im Hintergrund Trommelmusik, während die Wellen die Füße umspülen. Sambatanzen in Brasilien, Tangokurse in Buenos Aires, Gebirgsbäche und gigantische Wasserfälle, internationales Kinderlachen, einsame Cottages in der Weite und Einsamkeit des schottischen Hochlandes, radeln durch Alleen von blühenden Bäumen, dabei Honigduft in der Nase, picknicken an plätschernden Bächen und alten Steinbrücken, von Sommerflieder bewachsen ...

Wovon ich aber erzählen könnte, obwohl mir auch hier oft die Worte fehlen, ist von meiner tiefen Dankbarkeit, von dem Wissen um mein Privileg, von der unfassbaren Schönheit der Welt, von der Hilfsbereitschaft der Einheimischen, von dem Zauber, der im Aufbrechen und Neuankommen liegt und von dem unendlichen Glück, was sich einstellt, wenn man seine Träume erfüllen kann.

Für die das Leben eine Reise ist, für die hört das Abenteuer nie auf. Das Leben von dem ich immer geträumt habe, ist jetzt tatsächlich Realität für mich. Zu reisen. Das Herz im Himmel – den Himmel im Herzen. Wenn man, wie ich, das

Reisen und das Schreiben liebt, den Dienst an Menschen und die geheimen Ecken fremder Kulturen, dann wird's nicht mehr wirklich viel besser!
Allerdings, nur, wer mit offenem Geist, Neugier und Kreativität, angst- und vorurteilsfrei reist, sieht die Wunder, die ihn umgeben. Dann macht es Spaß, abends müde, dreckig und hungrig zu sein, weil der Tag voller Unerwartetem und Überraschungen war. Dann weiß man, dass es nicht immer nur das Ankommen ist, was uns erfüllt, sondern dass wir den Weg dorthin genauso genießen dürfen. Das es wirklich glücklich macht, seine Träume zu leben, egal ob sie von Abenteuer, Weite, Aufbruch und dem Duft der weiten Welt handeln oder von etwas ganz anderem. Ob Sie reisen und schreiben möchten und dabei versuchen, Menschen glücklich machen. Oder ob ihre Träume eine komplett gegensätzliche Richtung einschlagen. Das ist völlig gleichgültig. Wichtig ist nur eins: Erfüllt zu leben und die Bewusstheit, nichts im Leben versäumt zu haben. Es heißt, die Welt gehört dem, der sie genießt. Und es heißt, wohin immer Du gehst, geh mit Deinem ganzen Herzen. Man sagt, Träume sind dazu da, dass man sie sich erfüllt. Und dann sagt man noch, vergiss niemals Deine Träume, denn sie zeigen Dir wer Du wirklich bist.

Die Zukunft gehört immer noch denen, die an die Schönheit ihrer Träume glauben. Denn wenn es im Leben nicht darum geht, mit einem offenen Herzen zu leben und seinen Träumen zu folgen, worum geht es dann? Und was wäre, wenn Träume wahr werden könnten, wenn man nur fest genug an sie glaubt? Und wenn das Herz ruft, antworten wir darauf? Denn wenn das Leben es nicht wert ist, intensiv gelebt zu werden, was sonst könnte es wert sein?

Jede Frau braucht ein Abenteuer in der Handtasche! Jeder Mensch braucht ein paar wilde Träume im Handgepäck! Was könnten Ihre sein? Aber entscheiden Sie sich gut: Denn manchmal im Leben bekommt man ganz genau das was man möchte – und manchmal sogar noch ein klitzekleines bisschen mehr! Was immer es auch ist, ich wünsche Ihnen eine gute Reise!

Und nicht vergessen: Hippies hatten die beste Musik, die besten Drogen, den besten Sex – aber vor allen Dingen hatten sie die besten Trips! ;)
Meine Reise ist noch lange nicht zu Ende, im Gegenteil: Sie fängt gerade erst an!!!

Und weiterverfolgen können Sie sie sehr gerne auf www.vor-mir-die-welt.com

HAPPY END

„Life is about great memories – spend some time creating yours!"

„Viel zu spät begreifen viele, die versäumten Lebensziele: Freude, Schönheit der Natur, Gesundheit, Reisen und Kultur. Darum Mensch, sei zeitig weise. Höchste Zeit ist's, Reise, Reise!" Wilhelm Busch

„Reisen schärft den Blick, weitet den Horizont und öffnet das Herz“

„It´s the privilege of the lone individual, fortunate enough and brave enough to follow her dream“

„You´re not going to get rich and comfortable travelling, writing … but you are goin` to have experiences and memories that will put Bill Gates to shame“ Pico Iyer

„Nur, wer mit offenem Geist, Neugier, Kreativität, angstfrei und vorurteilsfrei reist, sieht die Wunder, die uns auf Schritt und Tritt begegnen“

„Wir segeln in verschiedenen Richtungen über den Ozean des Lebens.
Vernunft ist unsere Karte, Leidenschaft der Wind“

„Man muss seine Segel in den unendlichen Wind stellen – erst dann werden wir spüren, welcher unglaublichen Fahrt wir fähig sind“

„Supergirls just fly!“

„Life is a journey – travel it well!“

„Let´s be realistic – try the impossible!“ Che Guevara

„There is no end, there is no beginning – there is only the infinite passion of life“ Frederico Fellini

Brodelndes Asien

Zwischen Ahnenkult und Apple-Unser

Asien zugänglich zu machen ist nicht leicht. Der Autor lebt seit Jahren in Vietnam und schildert das Land in vielen Geschichten und bunten Bildern.
Brochierte Ausgabe

Ca. 202 S
15,90 €

Papua Neuguinea - Leben im Regenwald

Todeszauber, Busencheck, beheizte Klaviere und eine christliche Ohrfeige

Ein außergewöhnliches Buch. Sie ist jung, lebenshungrig, wissbegierig. Die Autorin begleitet ihren Mann, einen Missionar, in den Dschungel. Erlebnisse und Beobachtungen aus einer ganz anderen Welt.
Brochierte Ausgabe

190 S.
15,90 €

Unbekanntes Vietnam

Hondas, Hühner, Heiligtümer, Wasserpuppen, Nudelsuppen

Beobachtungen auf einer Reise durchs Land. Stauen, Wundern und auch so mancher Schrecken. Eine vorsichtige Begegnung mit Asien. Mit einer guten Hintergrundsammlung zur Gesellschaft.
Brochierte Ausgabe und schöne Farbfotos

120 S.
16,90 €

interconnections.de

interconnections-verlag.de, > Katalog oder im Buchhandel

Südseetraum Samoa

Eine Reise zwischen Tradition und Moderne

Liebenswertes Portrait der ehemaligen deutschen Kolonie in der Südsee mit viel Humor und fundierten Kenntnissen.
Brochierte Ausgabe

Ca. 206 S
15,90 €

Kilimandscharo - Aufs weiße Dach Afrikas

Gespensterbäume, Zuckerbüsche in Tansania, ein Halt auf Sansibar

Eine Wanderung auf den höchsten Berg Afrikas, ein Traum für alle Afrikaliebhaber und Bergfreunde..
Brochierte Ausgabe

160 S.
15,90 €

Elternzeit in Thailand

Elefanten, Schnuller, Tempel und Warum-Fragen

Ein paar Monate Auszeit und dennoch Zuhause bleiben? Nicht so die Autorin. Ab geht´s mit Vorschulkind und zehn Monate altem Baby nach Thailand. Bekannte und Nachbarn runzeln die Stirn, aber es klappt. Wie, das beschreibt sie hier.
Brochierte Ausgabe

154 S.
15,90 €

interconnections.de

interconnections-verlag.de, > Katalog oder im Buchhandel